本书的出版得到了河南省高校人文社会科学研究一般工
应链弹性问题研究”（项目编号：2021-ZDJH-40
“突发性能源短缺应急响应的组织体系及‘情景—应对
71173218）的资助。

能源应急多主体协同机制及协同效应研究

Study on Multi-Agent Collaboration Mechanism and Synergistic Effect of Energy Emergency

刘晓燕／著

图书在版编目（CIP）数据

能源应急多主体协同机制及协同效应研究/刘晓燕著．—北京：经济管理出版社，2021. 3
ISBN 978 –7 –5096 –7841 –1

Ⅰ. ①能…　Ⅱ. ①刘…　Ⅲ. ①能源管理—研究—中国　Ⅳ. ①F426. 2

中国版本图书馆 CIP 数据核字(2021)第 046924 号

组稿编辑：王　洋
责任编辑：王　洋
责任印制：黄章平
责任校对：王淑卿

出版发行：经济管理出版社
（北京市海淀区北蜂窝 8 号中雅大厦 A 座 11 层　100038）
网　　址：www. E – mp. com. cn
电　　话：(010) 51915602
印　　刷：唐山玺诚印务有限公司
经　　销：新华书店
开　　本：720mm × 1000mm/16
印　　张：13. 5
字　　数：201 千字
版　　次：2021 年 5 月第 1 版　　2021 年 5 月第 1 次印刷
书　　号：ISBN 978 –7 –5096 –7841 –1
定　　价：88. 00 元

前　言

能源是一个国家正常运转的命脉，由突发事件引发的能源生产停滞、能源运输中断或能源消费突增，将会造成能源短缺，引起能源市场的异常波动，威胁到企业、区域、国家乃至世界的能源安全。近年来，世界范围内由自然灾害、政治冲突等因素导致的能源短缺事件频发，伴随着中国经济的高速发展，能源消费水平激增，能源对外依存度居高不下，中国的能源系统安全问题越发突出。“煤荒”“油荒”“气荒”相继发生，扰乱了国民经济和人民生活的正常秩序，对国家的能源应急管理体系提出了严峻的考验，引起了政府的高度重视。

能源应急涉及利益主体较多，需要各地区、各部门实现多主体、多层级、多环节以及多层面的有效协同，才能保障能源短缺态势尽快得到控制。然而现实中中国能源应急协同过程中出现了一些问题，包括协同主体权责不明，“多头领导、互相推诿”现象严重；应急主体主观能动性不高，造成过度依赖中央政府力量；能源应急协同具有极强的临时性，造成了能源应急协同效率较低。建设和完善有效的协同机制可以为应急主体的协同工作提供方法和保障，降低应急成本，提高中国能源应急效率和能源应急能力，解决当前能源应急协同过程中出现的问题。

本书的工作主要包括以下七个方面：

第一，总结了当前中国在能源应急协同方面取得的成就，同时对能源应急协同实践中存在的问题以及产生这些问题的原因进行了阐述。

第二，阐述了能源应急协同要素，包括应急主体、客体、应急活动、应急资源、环境等。对应急客体，即能源突发事件的定义、特征及分类进行分析。对能源应急涉及的利益主体的职能及角色进行分析，运用 Mitchell 提出的权利—合法—紧急的利益相关者分析模型找到关键利益主体，包括政府（中央政府、地方政府）和能源供应链企业。同时分析了关键利益主体间的利益冲突和共同点。对各应急主体拥有的应急资源和应急活动进行分析。此外，阐述了要素交互的协同机制，包括动力机制、运行机制以及保障机制，能源应急协同要素在三个机制的作用下实现了能源应急协同效应，形成了能源应急协同机制框架模型。

第三，构建了政府和能源供应链企业两个主体的演化博弈模型，研究能源应急主体的行为策略选择，掌握能源应急演化机理。模型求解得到不同参数条件下复制动态系统的演化稳定策略。根据研究结果得出要把握能源应急博弈系统的演化方向，需要考虑能源供应链企业的应急成本、政府的惩罚力度和两个主体之间的协同度三个影响因素。

第四，考虑到主体的应急行动策略受到能源短缺量变化的影响，构建了中央政府、地方政府、能源供应链企业三方的应急协同微分博弈模型，并基于是否引入奖惩补偿机制分两种情况进行比较分析。结果表明各个主体的应急努力程度与应急成本负相关，地方政府的应急努力程度与中央政府的考核标准、监督力度、惩罚力度、补偿力度正相关，能源供应链企业的应急努力程度与地方政府的考核标准、监督力度、惩罚力度、补偿力度正相关。监督考核、奖惩补偿等措施在能源突发事件恶化的情形下不能显著提高地方政府的应急积极性。同时引入奖惩补偿机制可以提高主体的应急努力程度及协同效益。应急成本是影响地方政府、能源供应链企业应急积极性的重要因素，补偿措施相比于监督、考核、奖惩等措施，更能够发挥积极的作用。

第五，针对能源应急协同的临时性问题构建数学模型，研究发现政府和能源供应链企业的边际协同收益以及政府的补偿力度三个参数间的关系决定了政府和能源供应链企业能否在能源应急过程中达到最优状态；应急主体在面对具体的能源突发事件时需全力以赴，不能依赖日常资源投入；政府加大补偿力度会提高能源供应链企业的应急协同参与度，但政府的应急协同参与度越大或补偿力度越大，应急资源投入越多，在建设有效的能源应急补偿机制时，要平衡应急成本、企业的应急积极性与补偿力度三者间的关系；先期应急协同资源投入绩效越大，当期应急资源投入越少，可获得的协同收益越多，说明建设常态化的能源应急管理体制是必要的，但要确保日常应急资源投入的有效性。

第六，构建了中国与他国的能源应急合作微分博弈模型，结果表明国家主体在能源应急合作过程中存在“搭便车”行为，惩罚机制可以提高国家主体的应急努力程度，增加协同收益，促进国家主体间实现应急协同。

第七，运用协同学理论中“熵”的概念研究了能源应急协同效应产生、演化机理。同时以 2017 年 11 月中国爆发的天然气短缺为例，以能源应急主体在应急过程中承担的应急任务作为网络节点，基于社会网络分析构建协同矩阵计算各任务节点及各个主体的协同度、协同熵和协同效率对应急协同效应进行综合评价。结果表明了中国能源应急协同效率较低，政府主体应急预案制定、监督评估、资源协调筹措三个任务节点协同度较高。

本书的创新之处体现在：利益主体的应急干预行为对能源供应突发事件发展演化方向起着至关重要的作用，然而目前学者们并没有较多地从多方利益主体角度对能源应急协同问题进行研究，本书突破了以往的研究视角，如何提高主体间应急协同能力急需相关理论支持和方法指导，本书突破了以往的研究视角，从多主体角度研究能源应急管理问题。构建了能源应急协同机制理论框架模型，分析了各协同要素，包括应急主体、客体、应急资源、应急活动、外部环境的内涵，丰富和完善了能源应急管理理论。在空间维度上，基于能源应急主体间的利益冲突，并将能源供应突发事件这一客体要素纳入到模型构建中，从纵向角度出发研究政府与能源供应链企业两大主体的应急协同行为，从横向角度出发研究国家与国家之间能源应急协同问题；在时间维度上，从应急资源投入角度出发，引入供应链管理理论和方法研究能源应急协同机制的临时性问题，这些研究得到的结论对于能源应急管理实践具有重要的指导意义。将协同学理论中的“协同熵”概念运用到能源应急协同效应及协同效率的评价中，丰富了能源应急管理的研究方法体系，有助于找到制约应急协同效率提高的薄弱环节，这对于提高能源应急协同效率具有重要意义。

本书是在笔者博士论文的基础上略加修改完善形成的。感谢一路走来陪伴我一起经历风雨、给予我帮助和关怀的师长、家人和朋友，正是因为有你们这群我爱的人和爱我的人，我才更加明白自己存在的价值和肩上承担的责任，才能够不忘初心，砥砺前行。

由于笔者水平有限，加之编写时间仓促，所以书中错误和不足之处在所难免，恳请广大读者批评指正。

刘晓燕

2020 年 10 月

目　录

第一章　绪论

第一节　研究背景

能源是一个地区或一个国家生产生活有序开展的基础，自然灾害、安全生产事故、输送障碍等因素导致的能源突发事件都会造成能源供需紧张态势，使能源市场不能有序运行，威胁到该区域或者国家的正常生产生活秩序。目前国际范围内由于恐怖主义军事冲突、输送障碍、自然灾害等因素造成的能源突发事件频频发生，如 2003 年美国、加拿大发生大面积停电事故；2005 年美国南部卡特里娜飓风严重打击了石油和天然气的生产；2008 年西澳天然气管道爆炸造成该地区天然气供应中断面积达 1/3；2009 年俄罗斯与乌克兰由于争夺天然气使得欧洲一些国家的天然气不能正常供应；2009 年底 2010 年初中国的天气使然造成全国大范围内发生天然气和煤炭的短缺；2010 年末至 2011 年初澳大利亚发生的洪涝灾害造成该国家 3/4 的煤矿无法正常生产，港口关闭，煤炭运输受阻；2011 年利比亚战争和 2015 年也门战争引起一定程度的石油供应紧张；2016 年加拿大火灾导致石油生产中断；2017 年 11 月中国国内爆发的“气荒”，使能源突发事件的应急管理问题上升为国家安全问题和国际战略问题。

伴随着中国经济的高速发展，能源消费水平激增，能源对外依存度提高，中国的能源系统相对薄弱，“煤荒”“油荒”“气荒”相继发生，扰乱了国民经济和人民生活秩序，对国家的能源应急管理体系提出了严峻的考验，引起了政府的高度重视。2007 年 4 月，《能源发展“十一五”规划》纳入了“建立应急体系，提高安全保障”的举措；在中国出台的《国家突发公共事件总体应急预案》中将“协同应对”作为工作原则之一，要求建立联动协调制度，形成统一指挥、协调有序的应急协同机制；2007 年 12 月公布的《能源法》征求意见稿指出“国家建立能源应急制度，应对能源供应严重短缺、供应中断、价格剧烈波动以及其他能源应急事件”，第八章明确列出能源应急的应急范围、应急预案、应急处置等内容，并明确指出能源应急的一个重要原则是协同配合；“加强能源预测预警、增强应急保障能力、加快油气储备建设”均被列入 2010 年和 2011 年的能源工作重点；在国务院印发的《能源发展战略行动计划（2014－2020 年）》中指出国务院有关部门、各省（区、市）和重点能源企业应明确协调机制，分解落实目标任务。中国能源发展“十二五”规划以及能源发展“十三五”规划编制原则均指出煤电油气运保障协调机制逐步完善，坚持协同保障原则，建立跨部门的统筹协调机制，促进国际能源应急互助合作，增强各类能源突发事件应急能力；2015 年 8 月 5 日国家发改委通报《能源法》立法工作已被列入国务院 2015 年“全面深化改革和全面依法治国急需的项目”；2016 年 12 月国家发改委和能源局发布的《能源生产和消费革命战略（2016－2030）》中指出“增强战略储备和应急能力，制定应急预案、完善演练制度和应急调度机制，提高能源应急响应能力，有效减少能源中断带来的损失”；2018 年能源工作会议指出要切实提高油气保障水平。

随着全球化的发展，各国各地区之间在政治、经济等方面的交流也越来越频繁，使得能源突发事件不再局限于某一个地区或某一个国家。世界范围内任何一个地区或国家发生能源突发事件都可能会威胁到中国能源市场的正常运转，能源应急协同问题不仅仅局限在中国国内，建立国际化的能源应急协同关系是大势所趋。2015 年中国正式成为了国际能源署（IEA）联盟国，国际能源署的一个重要功能是建立针对短期石油危机的“应急机制”，成员国之间建立

了相当成熟的应急协同机制。只有中国建立有效的能源应急机制才能具有成为国际能源署成员国的资格，共享国际能源署建立的能源应急协同机制。此外，2018 年能源工作会议明确指出要深入推进“一带一路”能源合作，全方位提升能源国际合作水平，其中也包括与“一带一路”沿线国家和地区建立油气应急合作，以更好地应对来自国际范围内的能源突发事件。

第二节　能源应急协同发展现状

一、能源应急协同现状

在具体的能源应急实践中，中国的能源应急协同工作建设尚处于起步阶段，在能源应急组织机构、能源应急预案、监测预警制度、应急协同响应程序等方面取得了一定的成绩。

1. 能源应急组织机构

中国已形成了煤电油气运保障工作部际协调机制，由国家发改委牵头，工信部、财政部、交通运输部、水利部、农业部、商务部、安全监管总局、气象局、能源局、煤炭协会、中国铁路总公司、中石油、中石化、国网公司、南网公司等单位组成，是国务院成立的能源应急工作组，主要负责收集整理与能源应急相关的各方面信息，对跨部门、跨行业、跨地区的煤电油气运工作进行统筹协调，解决影响宏观经济运行的重大煤电油气运保障问题、实施煤电油气运重大突发事件的应急指挥和综合协调等。各级地方政府也相应地成立了煤电油气运综合协调应急领导小组。

2. 能源应急预案

为应对能源突发事件，中国制定了《国家突发公共事件总体应急预案》《国家发展改革委综合应急预案》《国家发展改革委煤电油气运综合协调应急预案》《国家石油供应中断预案》《陆上石油天然气储运事故灾难应急预案》《海上石油天然气作业事故灾难应急预案》。地方部分省（市）也制定了《煤电油气运综合协调应急预案》，包括湖南省、海南省、河北省、常州市、衡阳市、岳阳市等。一些省市按能源品类制定了相应的应急预案，如《天然气迎峰度冬应急预案》《成品油供应应急预案》等。能源供应链企业也制定了能源应急预案，如《中国石油天然集团公司突发事件应急预案》《石油天然气管道突发事件应急预案》等。

3. 监测预警制度

目前，中国能源应急监测预警、信息汇报制度在各级政府部门的专项预案中有明确规定。地方各级经委要对煤电油气运等经济运行情况进行及时监测，特别是重点能源、物资企业，督促其提供市场供储信息的调研、分析、预测，及时提供成品油市场供储状况数据及分析材料。地方各级经委应要求相关重点企业上报煤电油气运等产供销存的日常信息，并将收集到的信息报送给国家发改委经济运行局、相关部门（单位），建立应急监测预警和指挥调度系统。各级地方经委应联合有关行业管理部门（协会）、大型企业集团等，根据行政区域市场消费特点，制定相关物资（如煤炭、成品油、天然气、重要原材料）的进货、库存分级警戒线。能源生产、经营企业负责煤电油气运等供应突发事件的监测预警，应形成自我监测体系，将重要能源、物资（如煤炭、成品油、天然气、重要原材料）的日产供销存信息报送给上级经委。当资源供需失衡时，要加大组织、调节力度，尽可能维持合理库存和供需平衡。当能源供应出现短缺态势，其他相关部门（单位）应第一时间内积极主动地与当地应急协调小组进行信息沟通与交流，有效防范、避免、减缓能源紧缺态势的出现。对各项能源产供销存信息的监测预警要找出可能诱发短缺的因素，根据不同的情形制定相应的监测预警工作制度，动态地监测和分析煤电油气运等信息，使相关部门能够在第一时间发现可能引发能源供应短缺的异常现象。

4. 应急协同响应程序

地方政府对本行政区域内能源突发事件的应对工作负责，对本级和下级政府及有关部门的应急工作进行统筹领导与协调。地方各级应急协调小组应根据上级指示或煤电油气运等紧张状态，会同相关行业、部门（单位），通过对能源突发事件的发展演化态势和对国民经济造成的影响等进行分析判断，确定突发事件响应级别，制定具体的应急措施，并安排相关部门实施。重大举措的实施需要上报并获上级政府批准。当能源短缺影响到两个以上行政区域的，由有关行政区域共同的上一级人民政府负责，或者由各有关行政区域的上一级人民政府共同负责。短缺发生后，发生地政府应当立即采取措施控制事态发展，组织开展应急救援和处置工作，并立即向上一级人民政府报告，必要时可以越级上报。发生地人民政府不能消除或者不能有效控制能源突发事件时，应当及时向上级人民政府报告。上级人民政府应当及时采取措施，统一领导应急处置工作。上级人民政府主管部门应当在各自职责范围内，指导、协助下级人民政府及其相应部门做好有关突发事件的应对工作。①

二、能源应急协同存在的问题及成因

我国在能源应急实践过程中积累的成果在近几年发生的“能源荒”事件中均发挥了积极的作用，但不可忽视的是中国能源应急协同过程中存在诸多问题。

（1）协同主体权责不明，“多头领导、互相推诿”现象严重。

能源应急过程中主体权责不明，“多头领导、互相推诿”现象严重。例如，中国在中央及地方各级政府均设立了相应的能源应急办，大多履行值守应急、信息汇总和综合协调等职责。同时会成立煤电油气运应急指挥中心，与能源应急办存在着一定的职能冲突，在一些问题上出现多头领导。双方的职权均得到分化和削弱，在部门的协调与调动上不能发挥应有的作用。中央层面上应急组织结构主要是在国务院领导下成立了煤电油气运应急指挥中心、应急工作组、现场工作组等协调机构。地方各级政府也效仿中央，在地方人民政府的领

① 《中华人民共和国突发事件应对法》发布［J］．中国安全生产科学技术，2007（5）：143－147.

导下，由各级经委牵头组织相关职能部门、企业等成立应急协调小组，应急工作组、现场工作组等协调机构。这样的应急组织结构形成了直线制结构、职能制结构、直线职能制结构、矩阵制结构、事业部制结构等错综复杂的多种组织形态，严重削弱了组织间的应急职能整合。此外，中国能源资源分布不均，能源应急通常需要政府间实现跨区域协同。由于不同地方政府的部门在应急态度、能源应急制度、技术等方面存在差异，事发地地方政府与其他地方政府以及上级政府之间如何开展应急协同工作极其模糊，没有形成专门的协调机制。在没有硬性规定的情况下，地方政府的应急活动主要依赖上级政府，而跨区域政府在行政级别上往往是平级，并不存在领导与被领导的关系。它们之间的协同程度更多地取决于其自身的选择，增加了主体间的应急协同难度。煤炭、石油、天然气等能源企业属性多为中央或地方国有企业，这些驻地中央、省属等垂直管理的国有大型企业有自己的一套能源应急方案，大多应急工作都是自己负责，地方或中央政府较少干预，缺乏与驻地政府的能源应急工作的衔接。同时驻地企业的行政级别可能还要高于地方政府及其行政部门，地方政府的应急工作无法有效开展。

（2）应急主体主观能动性不高，造成过度依赖中央政府力量。

目前中国突发性能源短缺应急协同过程中，地方政府和能源供应链企业等主体过度依赖中央政府力量，自身参与能源应急的主观能动性差。中央政府在资源的储备、筹措、抽调等方面具有显著优势，加之能源突发事件的公共性和外部性特征，地方各级政府及能源供应链企业等主体在能源应急过程中积极性大打折扣，处于被动状态，消极等待上级部门对应急工作的安排，“搭便车”现象屡见不鲜。面对上级的任务指示，不能最大限度地进行人力、物力资源的调配投入，被动地与其他主体开展信息沟通、资源调配等协同工作，导致中国能源应急利益主体之间无法实现有效协同，贻误最佳应急时机。

（3）能源应急协同具有极强的临时性。

目前，中国针对能源突发事件的应急工作主要在能源突发事件发生后开

展，在非紧张状态下，能源应急主体之间缺乏日常的沟通和联系。在能源短缺情况出现时，主体间才建立起临时的应急协同合作关系，共同应对能源突发事件。这种传统的临时性应对方式导致各个应急环节衔接不够紧密，存在严重脱节现象，难以达到快速有效的反应。同时参与应急的部门、单位等派出的应急人员都是临时抽调的，日常缺乏能源应急知识和技能的培训和演练，应急能力低下。“煤电油气运保障工作部际协调机制”在中国能源应急管理起到至关重要的作用，主要负责跨部门跨区域统筹协调煤电油气运的生产、供应和运输工作，涉及的协调部门之间在应急过程中主要采取会商制度进行沟通，采取增加供给、调节需求、确保重点需求的供应等措施。然而该协调机制仅在能源突发事件发生时才启动，当能源供需紧张态势得到缓解后，协调机制的工作也就意味着结束，具有极强的临时性。

能源应急协同过程中出现这些问题的原因是多方面的。

（1）能源应急法律制度的缺失。

在能源应急管理中，各个主体的权责边界是否明晰影响主体间应急协同能力的强弱。[①] 中国目前并没有关于能源应急方面的法律法规，纳入能源应急内容的《能源法》迟迟未能出台。在有关应急的政策性文件中，如国家《突发事件应对法》、《国家总体应急预案》、《能源法》意见稿、各级政府颁布的《煤电油气运综合协调应急预案》等均没有涉及多个能源应急主体如何进行应急工作协同，包括各个主体实现协同的权限、程序、责任等，仅仅是一些原则性的规定，说明了要做什么，但具体“谁去做”“怎么做”仅用“相关部门”“相关地区”等模棱两可的文字一笔带过，缺乏可操作性和约束力，降低了参与应急协同的积极性，导致地方政府将责任转嫁给上级政府，能源供应链企业、行业协会等主体的消极应对，采取的应急行为往往缺乏持续性和深入性。例如，能源应急过程涉及铁道部门、交通部门、通信部门、财政部门等部门和

① 徐婷婷．应对突发公共事件中政府协调能力研究［D］．郑州大学硕士学位论文，2013.

相应的地方政府，各个部门也建立了相应的能源应急管理体系，但是如何实现各个部门之间的协同运作没有明确规定；在能源应急的主要措施中，能源储备的释放是至关重要的，但在政府和企业责任的承担上具有极大的模糊性，出现互相推诿、转嫁责任的现象。

（2）能源应急组织制度缺陷。

能源应急组织制度缺陷也是造成“多头领导、互相推诿”的原因。中国的能源应急管理遵循统一领导、分级负责、分类实施、协调配合的原则，总体表现为横向协同和纵向协同。其中纵向协同指按照行政层级划分的，包括中央、省（自治区、直辖市）以及市县各级政府应急组织之间的协同，横向协同主要是每个行政层级应急组织内部的协同。这种横向协同和纵向协同形成了中国能源应急“条块结合”的管理组织体系。“条条”是指中央政府与地方政府业务内容相同或职能相近的部门或机构互相贯通的管理形式，包括上级政府部门直接管理下级部门的垂直管理形式，接受地方政府的领导又受上级部门的指导或领导的双重领导形式。①“块块”是指政府的层级化，每一级政府根据管理需要划分不同的部门，形成了层级制和职能制相结合的组织协同运作机制，但是容易形成条块分割的状态，造成多头领导。②同时地方政府的应急行为受到上级“条条”部门的制约，增加应急协调的难度，造成资源和权力的过度分散。权责模糊导致在应急过程中各方主体尽力谋求自身利益最大化，难以形成真正的应急协同。例如，在“条条”关系中的垂直管理模式，地方职能部门可以不受地方政府的约束，直接接受上级主管部门的管理。在能源应急管理涉及的相关部门中，垂直管理的部门包括交通部门、铁路部门等，其实质是中央部委在地方的办事机构，可以不受地方政府的管理和约束，直接与上级直属部门进行沟通。地方政府在应急过程中对其的支配受到一定程度的限制，

① 张锐昕，陈曦．“加强电子政务研究与实践，推进服务型政府建设与发展”——全国“电子政务与服务型政府建设”学术研讨会综述［J］．电子政务，2012（10）：2－9.

② 张翔．从体制改革到机制调整：“大部门体制”深度推进的应然逻辑［J］．上海行政学院学报，2012（2）：61－68.

阻碍了部门间的横向协同。同时，中国政府部门职能划分过细，导致职责范围较窄且职责交叉冲突，权责边界模糊。一个公共职能可能涉及多个不同的部门，造成部门间分工不明、权责交叉和管理脱节，容易在应急过程中出现相互推诿和扯皮现象，导致部门与部门之间、地区与地区之间不能实现有效沟通，应急力量分散而无法得到有效整合。

（3）能源应急主体利益冲突。

能源应急过程中涉及的利益主体众多，包括中央政府、地方政府、各级政府职能部门（交通部门、铁道部门、通信部门、财政部门等）、能源生产企业（煤炭企业、石油天然气企业）、能源运输企业（港口企业、航运企业、管网企业等）、重点用能企业、能源方面专家、行业协会、公众等。能源突发事件的应急过程需要地方各级政府、能源企业投入专业的技术、物资和人员，产生的成本往往是由各个主体自身承担，一定程度上损害了地方各级政府及能源供应链企业等主体的经济利益。《能源法》意见稿中也明确指出各级人民政府处置能源突发事件所发生的相关费用由本级政府按照国家有关规定自行解决。同时，由于能源突发事件本身及成本、收益具有极强的不确定性，使包括地方政府、能源供应链企业等主体在主动投入成本应对能源突发事件的积极性大打折扣。政府采取了“强制性纳入”这种简单粗暴的吸入方式，以其强大的公共权力命令其他主体参与，忽视了主体间的利益诉求差异性。中央政府侧重于全局利益，采取直接、简单、快速的行政命令方式进行资源的调动是最常用的手段，国家最高领导人往往采取电视讲话、命令、指示及奔赴现场进行指挥等措施，出台相关政策文件，将能源应急问题提升到政治层面上是否服从中央政府的领导，引起各参与主体的高度重视。地方各级政府关注地方利益及官员自身利益，能源供应链企业关注自身经济效益。对于企业而言，能源应急过程中涉及的企业在市场活动中具有极强的自主性和独立性，即便能源供应链企业大多是中央或地方国有企业，利益最大化是其存在的根本，社会责任是以实现自身利益为前提的。政府的做法直接忽视了能源企业的利益需求，限制了能源供应链企业的应急积极性，出现“搭便车”行为。这样的协同方式同样对于各级政府及职能部门来讲，尽快恢复能源市场正常秩序是中央政府和地方政府的协同目标。然而在具体的能源应急过程中，地方政府是一个相对独立的主体，对于协同治理目标有着不同的理解。这表现在中央政府注重的是整体利益和长远利益，地方政府注重的是地方利益[①]、部门官员自身发展。当地方政府及职能部门的利益被忽视，应急积极性大打折扣，地方对于中央的能源应急方针、政策、举措会采取有选择地执行或者延迟执行，过度依赖中央的力量。这些主体的利益诉求不同甚至相互矛盾，导致利益主体在能源应急过程中主观能动性差，过度依赖中央政府，一味地消极等待中央政府的救援和支持，错过最佳应急时间，能源短缺事态恶化。

（4）应急协同激励机制的缺失。

协同激励机制包括监督考核机制、奖惩机制、补偿机制等。应急协同激励机制的存在就能一定程度上满足应急主体的利益需求，有效地协调主体之间的利益冲突，但是中国目前并没有建立完善的、有效的应急协同监督机制、补偿机制和奖惩机制。监督考核机制的缺失导致地方政府及相关职能部门、能源供应链企业等主体的应急行为处于无人监管的状态下，应急协同行为具有极强的随意性，导致了能源应急过程中出现主观能动性差、过度依赖中央政府的现象。监督考核机制的缺失直接导致奖惩机制缺乏一定的衡量标准，奖惩就无从谈起。奖惩机制的缺失能够使负外部性会因为成本的转嫁而得到激励，正外部性行为会因为利益的无偿分享而受到限制。中国在能源应急管理责任追究方面，大多是由上级政府对相关责任人进行行政处分，处罚力度相对较轻，无法从根本上起到奖惩作用。关于补偿机制，《中华人民共和国突发事件应对法》《能源法》意见稿中均明确指出有关人民政府须对在应急过程中依法征用的物资设备、设施进行退还，并根据征用过程中出现的消耗和损耗进行相应的补偿；对承担能源应急任务的单位和

① 赵军锋．重大突发公共事件的政府协调治理研究［D］．苏州大学博士学位论文，2014.

个人，可以给予适当奖励或者补偿。但这些政府文件中仅仅是对补偿机制一笔带过，在“谁来补偿”“怎么补偿”等问题上并没有明确的指示，缺乏可操作性，补偿的力度随意性和不确定性比较高。补偿机制的缺失损失了企业的经济利益，会让社会责任成为企业负担，地方各级政府会认为无休止地为中央全局利益让渡自身的地方利益，从而严重影响了它们的应急协同积极性。

（5）能源应急常态化机制缺失。

各能源应急组织机构的职能均是日常状态下设置的，且大多属于内部职能。对于应急状态下的职责职能并未进行详细的设置，导致主体间的协同仅仅依靠能源突发事件发生后的临时动员，无法把能源应急行为渗透到组织的日常运作中。在时间紧、任务重的情况下，各个主体内部、主体之间要花费大量的时间进行协调磨合，缺乏默契的配合与协作。在信息共享、物资设备调用、资源配置等环节缺乏沟通与协调的常态通道和反馈机制，造成各个主体掌握的信息、资源极其不对称，形成“信息孤岛”“资源孤岛”，应急能力分散不能形成合力。能源应急工作难以及时有效地开展，错失控制能源短缺事态的最佳时机，能源应急协同效率低下，造成更多应急人力、物力等资源的浪费。

第三节　能源应急协同研究现状

从研究现状来看，2008 年雪灾引致的突发性煤炭短缺事件以及频频发生的“油荒”“气荒”等引起了学者对能源应急管理的重视，但是由于可借鉴经验和实践素材的不充分，能源应急管理研究缺乏雄厚的客观土壤，相关研究比较滞后。搜索并整理中国关于能源应急管理、应急协同方面文献，发现中国能源应急管理研究内容较多集中在国外能源应急管理体系介绍和先进经验总结、中国能源应急体系现状以及架构设想、单一能源种类应急储备规模和选址布局问题等，关于能源应急协同问题的研究屈指可数。然而能源突发事件一旦发生，必将波及多个行业和地区，需要各地区、各部门实现多主体、多层级、多环节以及多层面的协同联动，主体间的有效协同对于提高能源应急效率具有积极作用。目前极少有学者从多利益主体角度对能源应急协同问题进行研究，如何提高主体间应急协同能力急需相关理论支持和方法指导。

首先，有效的协同机制可以为应急主体的协同工作提供方法和保障，降低应急成本。能源应急协同机制的建设和完善对中国经济社会的发展意义重大，对于提升中国能源应急效率和能源应急能力具有积极作用。基于能源应急突发事件频发的背景以及国家能源应急协同政策发展背景，确立了能源应急协同研究的意义。其次，根据能源应急协同实践中存在的问题，如应急主体主观能动性差、应急过程具有极强的临时性等，以及产生问题的原因，如主体间的利益冲突、激励机制的缺失、常态化机制的缺失等，确定了本书研究的切入点。基于存在的问题及产生的原因，从多主体角度出发建立能源应急协同机制理论框架，厘清能源应急协同主体及其利益关系，奠定模型构建的基础。基于解决应急主体积极性差的现实问题，构建政府（中央政府、地方政府）与能源供应链企业博弈模型以及国家主体间的博弈模型，并在模型中纳入激励机制研究能源应急协同问题。基于解决能源应急临时性的现实问题，从资源投入角度构建模型研究能源应急协同问题。通过这些研究得到主体的应急行为策略选择演化机理，影响能源应急主体应急行为策略的因素以及具体的作用关系，以此凝练出增强能源应急主体主观能动性，提高应急协同效率的方法或举措，为各应急主体提供行动指南，改变能源应急协同现状，完善能源应急协同机制，提升中国能源应急能力。

一、能源应急管理研究现状

1. 国外研究现状

国外对能源应急问题的关注分为两个阶段：第一阶段是 20 世纪 70 ~ 80 年代，关注的是国际石油供应中断及其应急响应问题；第二阶段是 2000 年后，关注的是自然灾害等突发事件引起的能源短缺应急问题。

20 世纪 70 年代的石油禁运发生后，相关学者对突发性石油供应中断及其应急响应进行了大量探讨，有代表性的研究包括：J. H. Sorensen（1983）针对能源短缺突发事件，提出了一个能源应急的框架模型，包括评价应急事件的概况、供应/需求短缺情况、社会和经济影响、应急事件的特征和社会响应等；F. A. Lindsay（1981）认为在经历第一次石油危机后，美国的能源应急能力并没有提高，应该通过政府和企业的合作，建立更加广泛的能源应急准备体系，才能从容应对下一次能源供应中断，否则会重蹈 1973 年石油危机的覆辙，给美国经济带来严重损害；N. L. Ginn（1978）分析了各州政府针对能源应急准备的立法情况，分析了州政府在能源应急中的权力，提出了关于能源应急立法的发展方向。与此同时，战略石油储备也成为研究热点（Oren W.，1986；James E. K.，1981；Murphy，1987）。在这一时期，许多西方国家制定了能源或石油应急法规，石油供应应急体系不断完善。特别是 1974 年成立的国际能源署（IEA）在建立石油供应应急体系方面做了大量工作，包括：组织专门会议探讨石油应急响应问题，对成员国甚至是非成员国进行石油应急培训；定期从应急机构与政策、应急储备、需求限制、储备动用、能源替代、数据收集等方面对成员国的应急能力加以评估；要求成员国建立能源应急共享组织（NESO），促进石油应急的国际合作；提出了一整套石油供应应急响应措施①②③。

在 20 世纪 80 年代末至 90 年代末的十余年中，能源应急问题的研究较少，没有成为能源经济与管理的研究主体。直到 2000 年后，由于遭遇了 2003 年东北地区大停电、2005 年和 2008 年飓风对石油供应的冲击导致南方各州大范围石油供应中断等突发性能源短缺事件，建立能源应急体系又一次引起了西方各

① 国家发改委石油储备办公室．石油供应安全：2000 年国际能源署成员国应急潜力［M］．北京：石油工业出版社，2006.

② International energy agency. Oil supply security emergency response of IEA countries［R］. IEA Publications，2007.

③ International energy agency. IEA response system for oil supply emergencies［R］. IEA Publications，2008.

国政府和学者的重视。

一些学者对能源应急体系进行了研究，如《Energy Bulletin》分别于2008年1月、2009年1月、2010年11月和12月刊登了5篇文献，概述了发达国家应对石油短缺的应急体系研究和实践动态。R. Munroe 等（2008，2009，2010）认为能源应急体系涉及的利益主体众多，应急响应需要各级政府的配合，涉及的管理层次多、管理难度大，能源应急管理的重点在地方政府，要授予它们做出及时响应的优先权。V. A. Lappalainen（2007）从能源安全的角度对欧盟的天然气和电力的应急响应措施进行了评价与分析，并建议欧盟采取更多样化的应急供应策略并加强这方面的立法。A. E. Farrell 等（2004）分析了突发事件发生时石油、天然气、电力、煤炭、核电、水电供应系统的抗损能力，提出通过关键能源基础设施保护来保障突发事件下的能源安全。

同时，国外学者对能源储备最优规模等问题进行了较多的研究，如 Teisberg（1981）、Chao（1983）、Samouilidis（1982）等分别运用随机动态模型、多阶段动态模型、决策树模型模拟和估算最优石油储备规模；Razvai（1997）通过 Trade－off Analysis 方法论和仿真模型研究石油战略储备的最优规模；Read（1982）构建了一个简单的静态最优战略石油储备模型，分别考察了石油供应完全中断和部分中断两种情况下所需的最低战略石油储备；Oren（1986）、Kuenne（1979）等将社会福利模型应用于物资储备尤其是石油储备研究，用以测算石油储备的最优规模和最优购入（释放）政策；Leiby 等（1999）采用美国能源部的历史数据判断能源冲击概率、可能持续的事件研究最优的石油储备规模；Zweifel 等（1995）运用线性规划理论研究处理复杂供应风险的最优石油、天然气战略储备问题；Dan 等（2011）研究了石油价格同 GDP 的弹性关系，估计了中国石油战略储备的最优储备规模；Crow（1997）根据美国实际情况，重新估计了美国石油战略储备与商业应急储备的最优规模；Daivd（2001）、Grewe（2005）、Hoffler（2007）等对天然气战略储备规模进行了研究。

此外，西方发达国家政府也发布了大量关于能源应急体系建设的政策文件和研究报告，如2008年1月，美国联邦政府出台了应急响应的《能源支持功能》;① 2004年、2005年和2009年，美国国家州级能源官员协会先后三次发布《州能源保障指南》;② 2010年美国能源部和国土安全部共同发布了《能源部门基础设施保护计划》报告;③ 2011年1月能源部发布了《能源传输系统安全路线图》研究报告;④ 英国2010年4月公布了最新的《国家天然气和电力应急预案》;⑤ 加拿大2010年12月出台了新的《能源供应应急法案》,⑥ 并发布了《加拿大关键能源基础设施保护》报告⑦；等等。

2. 国内研究现状

中国在经历了“SARS”、矿难、洪水、雪灾、地震等自然灾害和突发事件后，应急管理研究得到了高度重视。2009年国家自然科学基金委员会专门设立“非常规突发事件应急管理研究”重大研究计划项目，用于应急管理与应急决策基础理论研究。清华大学、中国科学院等还专门成立了应急管理研究机构。在这种背景下，中国的应急管理研究发展很快，在应急管理理论（陈安等，2009）、方法与实践（陈安等，2010）、应急选址与调度（何建敏等，2015）、应急体系与预案编制（刘铁民，2004）等方面取得了系统性研究成果。

目前，中国关于能源应急问题的研究内容主要包括能源应急体系、应急预

① National response framework: Emergency support function #12 - Energy annex [R]. Department of Homeland Security, 2008.

② State energy assurance guidelines [R]. National Association of State Energy Officials, 2009.

③ Energy sector - specific plan 2010: An annex to the national infrastructure protection plan [R]. Department of Energy, 2010.

④ Roadmap to secure energy delivery systems [R]. Energy Sector Control Systems Working Group, 2011.

⑤ National emergency plan for gas & electricity [R]. Department of Energy & Climate Change, 2010.

⑥ Critical energy infrastructure protection in Canada [R]. Canadian Centre of Intelligence and Security Studies, 2010.

⑦ Energy supplies emergency act [R]. Minister of Justice, 2010.

案预警、应急响应以及应急储备四个方面。

（1）能源应急体系研究。关于能源应急体系的研究，较多学者针对国外的先进经验进行总结，分析了中国能源应急体系现状，并提出建设和完善的路径。如刘恩东（2009，2011，2012）、李昕（2015）、杨敏英（2002）介绍了国际能源机构（IEA）的石油应急反应机制；冯春艳（2007）总结了美国、德国、日本等国家先进的能源应急体系，以及对中国构建能源应急体系的借鉴意义；钟宪章（2010）回顾了美国 1973 年石油禁运后采取的能源应急对策，认为其应急对策对于保障能源安全功不可没，对中国具有非同一般的借鉴意义；张华娟（2008）分析了中国原油供需的现状，从社会大物流的宏观角度对中国进口原油运输应急机制进行研究，并结合国外的先进经验对中国的原油供应应急机制提出建议；吕涛（2011）介绍了西方国家应对突发性石油短缺的基本经验，通过对中国 2009 年 11 月至 2010 年 1 月的突发性煤炭短缺的起因及其应急响应过程分析，并与西方国家应对突发性石油短缺的对比，指出了中国突发性能源短缺应急体系的不足，提出了中国构建突发性能源短缺应急体系的基本构想；张仕荣（2011）指出中国能源领域突发事件频发，并从静态、动态、内生三个方面分析国家能源安全体系的复杂性，并提出完善中国能源应急管理体制的对策。

国内学者对于能源应急体系的一个重要方面——应急法律制度进行了较多的研究。程荃（2015）梳理了在应对能源危机的过程中，欧盟形成了较为完整的能源应急法律制度的进程；吴菲（2014）以气候变化为背景，指出中国能源立法的不足并构建能源应急法制体系；廖建凯（2009，2010）分析了日本在能源储备以及应急法律制度方面的先进性以及借鉴意义，并提出中国能源应急制度发展和完善路径；于文轩（2014）和苑立杰（2011）分析了中国石油战略储备现状，通过叙述美国、日本等国家的石油战略储备法的发展历史，以及四国的比较提出了构建中国石油战略储备法律制度的设想；朱喜洋（2011）探讨了中国煤炭应急储备立法的必要性、原则以及模型等问题。

（2）能源应急预案与预警研究。李峰（2013）基于中国石油数字化应急预案系统的需求分析，提出了中国石油建设数字化预案系统建设的实施步骤；李凌峰（2006）、郑岩（2013）分别建立了石油和天然气的安全危机预警指标体系；陈湞（2018）运用系统动力学对区域能源安全外生警源影响过程进行研究。

（3）能源应急响应研究。关于能源应急响应的研究，主要集中在应急响应体系以及应急调运、应急决策等任务节点。在应急响应体系方面，牛伟伟（2012）设计出基于 GIS 的城市燃气管道事故应急救援系统的基本框架；陈聪（2015）针对不同应急调峰方案进行优化比选，给出较大规模事故应急与小规模事件应急的不同建议；陈虹（2011）、王祖纲（2010）对美国墨西哥湾溢油事故应急响应和治理技术进行分析，提出完善中国石油企业的应急响应机制的措施。较少有学者从主体的角度研究能源应急响应，朱维娜（2015）运用协同熵的计算方法，以卡特里娜飓风为案例研究响应主体之间协同效率和协同度。在应急调运方面，焦雨洁、穆冬（2010）建立了可靠性的度量模型，对能源应急物流系统结构和运作的可靠性进行分析和量化；张超逸（2012）建立成品油应急运输模型，并基于遗传算法和蚁群算法对运输路径的优化；王利铭（2009）对呼和浩特铁路局拟建的煤炭运输应急物流中心作业量和需求量进行预测，以及选址方案的确定；李家斌（2014）分析了煤炭应急物流体系组成要素，并建立了煤炭应急物流结构模型。在应急决策方面，刘文全（2010）设计了渤海石油平台溢油应急决策支持系统的总体架构和功能，建立溢油应急清除与回收策略决策模型；郭杰（2015）采用 Markov 动态预测来反映天然气中断应急决策的动态特性，运用模糊理论以实现专家决策的量化分析；郭庆（2017）结合突发性石油短缺特征和演化规律，分析了突发性石油短缺应急决策机理。

（4）能源应急储备研究。关于能源应急储备的研究主要集中在能源的最优储备规模方面，且成果显著。例如，周德群（2010）构建了具有石油替代品和关税配额政策影响的石油储备模型，分析了一些储备策略的影响机理；林伯强（2010）构建了一个静态局部均衡模型，考察最优战略石油储备规模；吴刚（2011）基于动态规划模型，模拟分析了不同突发事件下中国战略石油储备的应对策略，以期最小化国家战略石油储备总成本；陈鑫（2014）定量地研究中国石油战略储备在石油价格不确定市场背景下的最优补仓与释放策略；白洋（2012）主要考虑供给、需求、价格、中断等不确定因素，研究了中国的战略石油储备的决策问题；尹峰（2012）应用福利经济学模型和成本收益分析法构建了区域煤炭应急储备规模决策模型；孙金玉（2013）对不同情景下贫煤区、富煤区的煤炭应急储备轮库进行定量仿真分析；刘满芝（2012，2014）采用应急设施选址相关理论和空间聚类的方法研究煤炭应急储备布局，通过敏感性分析挖掘影响煤炭应急储备规模的主要因素。

二、应急协同研究现状

1. 国外研究现状

国外学者关于应急协同的研究主要集中在应急协同响应和应急协同影响因素两个方面。

（1）应急协同响应研究。相关学者从主体的角度对应急协同响应工作机制进行研究，指出了应急主体实现有效协同的重要性，如 Marrewijk 等（2008）认为重大工程执行的不确定性、不同参与组织间的冲突和低效合作是导致重大工程危机的一个重要因素；Janssen 等（2010）认为应急管理协同缺乏复杂性和不确定性的应对能力，以人为核心的方法是应急管理中有潜力的研究领域；McMaster R.（2012）、Curnin（2015）等探讨了突发事件多部门间应急合作的重要性；Chen R.（2008）基于应急响应的生命周期，探讨应急响应的协同问题；Rolando M. 等（2009）讨论了灾难救援中供应链管理的进化和参与者的角色以及如何协同开展工作等问题；Naim 等（2010）对领导、决策、政府之间、组织之间的关系展开调查，研究了应急管理中的协同网络；Rosenthal

(2001)、Boin (2008，2009) 均指出必须重点发展跨区域的协调与合作能力，建立跨区域、跨政府、跨国界的应急管理的合作机制；Vugteveen 等 (2014) 结合了成本效益分析法、层次分析法与 D－S 信用函数理论，证明了通过中央和地方政府的协同实现对海洋环境突发事件的检测与管理。

另外，一些学者从应急决策角度进行协同问题研究，如 Machairsi 等 (2012) 提出应急协同决策；Rosmuller 等 (2004) 考虑到应急决策的复杂性，提出利用群体决策的方法来实现事故应急决策；Farahani 等 (2014) 在灾害准备阶段设计了救援物资的物流网络，建立模型使得各层级中心可以同步决策。一些学者从调运角度对应急协同问题进行研究，如 Allwinkle 等 (2011) 论述了应急调度协同优化方面的概念特征和带来的影响；Yi 等 (2007) 提出了一种对紧急事件和自然灾害做出响应的协调物流支持和疏散行动的整合选址—路径模型。

(2) 应急协同影响因素研究。学者们分别研究了信息、组织结构、应急资源等因素对应急协同的影响作用，如 Comfort (2004)、Chung (2009)、Bharosa (2010)、Jonseher (1994)、Petter (2011) 及 Gonzalez (2009) 等指出信息传递共享是影响部门间应急协同能力的重要因素；Jackson (2002) 从组织结构是影响应急协同的重要因素，应当简化应急组织机构；Qurantelli (1988) 认为突发事件影响范围越广，危害越大越会增加部门所承受的时间压力和紧迫感，不利于应急部门协同配合；Warm (2011) 指出充足的应急资金可以满足公众的需求和期望，保证地方政府间应急合作的持续和深入。

2. 国内研究现状

国内关于应急协同的研究主要包括应急协同机制、应急协同决策、应急物流协同、应急协同影响因素以及应急协同评价。

(1) 应急协同机制研究。目前，国内学者关于应急协同机制问题的研究主要是结合案例来分析当前的协同机制发展现状，然后提出构建应急协同机制的路径（仝鹏，2016；陈静，2016；岳清春，2016；王兴鹏，2016；谢俊贵，

2016；赵隽，2012；雷喆，2010）。一些学者定性地从应急主体的角度研究协同问题，如王树文、韩鑫红（2015）研究了政府和公民协同治理安全危机问题；夏一雪等（2012）梳理了应急活动中涉及的联动力量，从组织和功能上分析了联动的体系，设立了国家层面、省级层面、县级层面的联动体系模型；周宏（2016）从协同治理视角对城市暴雨内涝应急管理进行研究，结合案例总结多元主体协同治理的运行机制；吕向峰（2013）以汶川地震为背景，分析了政府与非政府主体间的协同问题；陈婧（2016）通过对国内外案例的梳理，总结出应急管理中三类信息主体，并提出主体对应急信息的协同影响机制；李墨舒（2016）、周之婷（2016）分析了突发事件应对中政企协同治理的困境、产生的原因并提出对策建议；郭秋雁（2016）对辽宁省环境群体事件中的关键参与主体进行行为分析，从协同治理的角度构建协同治理机制；崔延鑫（2013）构建了基于知识元的多主体协同工作超网络模型；钱洪伟、洪誉文（2017）分析了政府和民间救援组织的协同问题以及影响因素。

少数学者针对能源应急协同机制进行了定量的研究，如孙柏清等（2017）通过构建合作博弈理论模型讨论了应急物流协同机制；刘奕（2010）研究了电力、能源、公路、铁路在南方雪灾中的相互影响和作用模式，通过仿真主体部门之间无协同、弱协同、强协同三种模式，指出协同减灾作用明显；曾庆田等（2013）给出了应急联动任务的形式化模型，研究了应急处置流程资源冲突检测以及部门内部任务简化等问题；康伟等（2018）运用社会网络分析法和指数随机图模型对城市公共安全应急协同治理网络结构和关系进行定性和定量综合研究，探究了同质组织间、异质组织间的协同治理网络。

（2）应急协同决策研究。国内学者对于应急协同决策的研究更多是基于应急主体构建模型进行定量分析，为本书研究能源应急多主体协同机制给出了一定的启示。例如，陈述（2014，2015）分析了重大突发事件协同应急的特征，构建了应急响应协同网络，定义协同矩阵表征各个部门之间决策的影响程度，求解与优选应急处置方案；王莉（2012）利用协同矩阵和协同熵构建了

核电站事故应急协同决策主体间协同度模型和基于多主体的可靠性仿真模型；宋艳（2014）对应急协同决策主体的关联关系进行分析，建立测度模型进行仿真；戴湘龄（2017）基于多主体构建了飞机/偏出跑道的应急救援协同决策模型，仿真得到优化处置和资源调配方案；王海霞等（2017）建立了多主体多阶段的应急决策模型，模拟得出各部门各阶段的最优决策。

（3）应急物流协同研究。学者们关于应急物流协同的研究集中在运输路径优化、协同调度优化等方面，如何新华等（2017）构建应急供应协同模型和应急交通路网协同优化模型；王雷等（2017）建立了多个地点发生协同恐怖袭击的多个警务资源有效分配救援的模型；康凯等（2016）提出了战区、区域和网格三种协同形式，构建了协同调度模型和流程；朱昌峰等（2014）运用虚拟运作理论分析了虚拟应急物流协同体系的运作机理；朱莉等（2018）构造三种异构运输服务协同优化的路径集成模式及运输路径优化模型；陈业华（2017）研究突发事件情景下串联式需求应急物资协同调度问题；段倩倩等（2018）综合多阶段、多主体和跨区域三个协同目标构建储备库选址模型；朱莉等（2017）构建了应急物资跨区域协同调配的系统动力学模型；孙昌玖等（2018）考虑时间、成本和物资满意度等建立基于横向转运的应急物资协同调度模型。

（4）应急协同影响因素研究。学者们认为资源、突发事件、组织结构、信息沟通等因素是影响主体应急协同的重要因素。例如，潘潇、樊博（2014）认为资源因素、事件因素、部门交流因素、信息沟通因素是影响跨部门协同能力的重要因素，技术因素间接影响应急协同能力；陈玉梅（2018）运用主因子分析法归纳应急协作中影响信息共享的关键因素，发现组织内的支持、组织间的协调、法律保障与监督激励应急外部环境是关键影响因素；肖花（2019）分析了信息产生主体、使用主体、管理主题之间以及各主体与各子系统之间的协同关系，构建了应急信息资源共享的协同管理模式；樊博等（2017）将政府部门之间的资源协同需求引入模型，揭示了应急资源协同需求对联动信息系统成功的因果机理；林冲等（2008）从技术资源共享、物质资源共享、专业救援队伍共享三个方面阐述了资源协同建设；沈星辰、樊博（2015）认为事件、技术、部门权限、部门沟通正向影响应急救援资源的协同储备能力；樊博等（2017）研究了应急资源协同对于跨部门应急信息系统构建的影响；任国友（2015）分析了区域一体化应急管理中的脆弱性及其影响因素，阐述了基于应急资源保障率的区域应急协同类型。这些研究对于能源应急协同机制的分析提供了一定的基础。

（5）应急协同评价研究。目前，学者关于协同评价的研究多是构建指标体系开展的，如宋英华等（2017）构建了应急产业集群协同创新网络运行机制，利用灰色多层次综合评价法进行实证分析；王永军（2011）、江新（2015）及王景春（2019）等构建协同度评价指标体系进行应急协同问题的研究；任国友等（2018）构建了应急支援服务组织应急协同能力指标体系并建立相应的评估模型。这种评价方法对于可量化指标数据的要求较高，能源突发事件应急数据获取难度较大，需要选取新的研究思路和方法进行研究。

三、研究述评

通过梳理国内外学者在能源应急管理和应急协同两方面的研究，从以下四个方面作出述评。

第一，从研究内容来看，针对能源应急管理的研究尚处于起步阶段，相关研究主要集中在能源应急体系和能源应急储备上，关于能源应急协同问题的研究基本是一片空白；应急协同方面的研究包括应急信息协同、应急资源协同、应急物流协同等许多方面，研究的领域包括军事、交通、核电站、地震等，对于能源领域应急主体协同的研究几乎没有。能源应急同样涉及众多主体，这些主体行政、管理、技术等层面的行为干预直接决定能源突发事件能否在最短时间内得到有效控制，需要多方主体之间实现一种高效的、地域的、各类要素的协同，才能尽快地控制事态，减少对社会生产生活造成的损失，对于能源应急

协同的研究具有一定的理论价值和现实意义。

第二，从研究视角来看，首先关于能源应急管理的研究宏观上目前都是针对单一能源子系统的，对于整个能源系统的应急管理一般性理论和实证的研究比较缺乏，而一般性研究是能源应急管理理论发展的基础和根本；微观上从应急主体的角度进行能源应急管理问题的研究几乎没有，而应急主体在能源应急管理中起着主导作用，决定着能源应急管理效率。其次关于应急协同的研究已经有学者从多主体的角度出发对问题进行分析，但多从行政层面描述部分参与者的角色与作用；少有的定量研究多是构建协同矩阵进行协同度测量，极少有学者能够从主体的角度客观地分析主体的利益诉求，找出主体间的利益冲突解释现存的问题或可能的困境，进而寻求适合各利益主体可持续发展的应急协同模式。能源应急涉及众多主体，且能源应急通常涉及跨区域筹措问题，这些主体在纵向协同和横向协同方面均存在着利益冲突，如何调和利益冲突从横向和纵向两个方面提高应急协同效率是能源应急体系建设和完善的一个重要方面。

第三，从研究方法来看，对于应急协同机制的研究停留在文献梳理和案例分析方面，找到应急协同存在的问题，然后定性地提出应急协同机制建设的框架，缺乏从多主体视角下协同要素如何交互作用的定量研究，不能为能源应急体系的建设和完善提供有力的支撑。

第四，从研究范畴来看，目前关于能源应急管理和应急协同的研究更多地停留在一个国家内部，缺乏国际化的能源应急协同研究。随着全球化程度的进一步加深，世界范围内建立应急协同关系是必然的，如何与国际上其他国家建立能源应急协同关系是一个亟待解决的问题。

为此，本书对能源应急协同涉及的主体在应急过程中的角色、职能、利益诉求进行分析，找到利益冲突，结合能源应急实践面临的协同问题，从多主体的角度出发构建模型研究能源应急协同机制，指导能源应急主体的应急行为，提高能源应急协同效率，为建设和完善能源应急协同机制提供理论支持。

第四节　研究意义

一、理论意义

本书构建了能源应急协同机制的理论框架，丰富了能源应急管理理论。界定了能源应急协同主体的职能与角色，分析了它们之间的利益共同点和差异性，为解释能源应急协同存在的问题提供理论支持。基于多主体研究应急协同问题，拓展了能源应急管理研究视角。针对利益主体构建协同演化博弈模型，提出的促进能源应急协同演化的路径有助于丰富能源应急研究领域和研究内容。本书从纵向维度研究了政府（中央政府、地方政府）与能源供应链企业间的协同机制，从横向维度研究了国家与国家之间的能源应急协同问题，引入“熵”概念对能源应急协同效应产生机理进行研究，基于应急活动要素构建能源应急协同网络进行协同效率评价，一定程度上丰富了能源应急协同理论和研究方法，弥补了能源应急管理研究上的缺失，为解决中国能源应急存在的问题，建设和完善中国能源应急协同机制、能源应急管理体系提供理论支持。

二、实践意义

本书的研究结论具有很强的实践性。通过博弈模型研究各能源应急主体的应急协同行为，并根据研究结果总结和提炼出提高主体应急协同积极性及应急协同效率可采取的措施，对于政府指导具体的能源应急工作，建设和完善能源应急协同机制具有重要参考价值，为能源应急相关利益主体提供应急行动指南。考虑资源要素投入的能源应急协同研究得到主体协同参与程度、应急资源投入、补偿力度以及协同效益之间的关系，为提高能源应急主体主观能动性，建设能源应急管理常态化机制给出一定的启示。能源应急协同效应评价研究对于提升能源应急效率和应急能力，降低能源短缺风险，保障突发事件情况下中国的能源安全具有重要的意义。

第五节　研究目标与研究内容

一、研究目标

本书理论上以“丰富能源应急管理理论和内容”，实践上以“提高能源应急协同效率，增强能源应急能力”为目标，具体研究目标如下：

第一，界定中国能源应急协同涉及的利益相关者，基于利益相关者理论找出关键利益相关者，厘清它们在能源应急中角色、职能、协同路径及利益共同点和差异。

第二，阐述能源应急协同包括协同要素以及要素间的协同机制，构建能源应急协同机制的理论框架，奠定本书研究的理论基础。

第三，鉴于应急主体的主观能动性差的问题，以关键利益主体政府和能源供应链企业构建演化博弈模型，探寻能源应急协同演化路径，找出影响能源应急主体行为及协同演化方向的因素。考虑到主体的应急行为随着能源突发事件的发展而变化，构建中央政府、地方政府及能源供应链企业三方主体的能源应急协同微分博弈模型，探究各主体如何在应急成本、监督考核力度、奖惩补偿力度、能源突发事件等因素的作用下实现应急协同。同时，通过有无奖惩补偿两种情形的比较分析，明确应急激励机制建设的必要性，找出影响主体应急积极性的关键因素；构建国家主体之间能源应急协同的微分博弈模型，研究国家主体行为与应急成本、监督考核力度、奖惩力度等因素的作用，明确国际能源应急合作过程中建设监督考核、奖惩机制对于避免“搭便车”现象的重要作用。

第四，考虑到能源应急协同临时性问题，从资源投入角度构建数理模型研究政府与能源供应链企业间的能源应急协同机制，得出主体协同参与程度、应急资源投入、补偿力度以及协同效益之间的关系，明确建设能源应急协同常态化机制的必要性，主体间如何平衡协同参与度降低应急成本以及政府如何建设合理有效的应急补偿机制。

第五，运用“协同熵”理论分析能源应急协同效应产生、演化机理，并结合具体案例进行协同效率的实证分析，以期对能源应急协同提供理论基础和分析方法参考。

第六，根据研究结论提出相应的对策建议，为能源应急相关利益主体实现有效协同提供行为指导。

二、研究内容

能源应急过程涉及众多利益主体，这些主体是研究能源应急协同不可或缺的部分，因此本书基于多利益主体研究能源应急协同问题。具体研究内容如下：

第一，构建能源应急协同机制的理论框架。首先，分析能源应急协同要素包含哪些，以及这些要素的内涵是什么，重点分析主体间的利益共同点和利益冲突，为文章模型的构建打下基础。其次，分析能源应急协同机制包括哪些以及这些机制的内涵。基于协同要素以及协同机制的分析构建能源应急协同机制的理论框架。

第二，从能源应急主体积极性不高的问题出发，基于政府与能源供应链企业间的利益冲突构建两个主体应急协同演化博弈模型进行研究，找到影响能源供应链企业协同行为策略选择的因素和可以提高能源供应链企业应急积极性的措施。

第三，考虑到中央政府与地方政府间的利益冲突，将模型扩展到三方，同时考虑到能源应急主体的行为会随着能源突发事件的发展态势变化而变化，构建中央政府、地方政府及能源供应链企业应急协同微分博弈模型进行研究，找到激励措施、应急成本、能源突发事件自身等因素如何作用于地方政府和能源供应链企业应急行为，解释能源应急过程中主体应急主观能动性差的现象并找到解决方案。

第四，根据能源应急协同存在的临时性问题，结合供应链管理理论与方法，设置只有当期资源投入、有先期和当期资源投入两种情形表征能源应急协同的临时性，从资源投入角度研究政府与能源供应链企业的应急协同问题，为提高能源应急主体应急积极性，建设常态化能源应急协同机制给出启发。

第五，考虑到能源应急国际化趋势，借鉴国际能源组织成熟的石油紧急共享机制，构建中国与他国的能源应急协同微分博弈模型对国家主体间的能源应急协同机制进行探索性分析。

第六，能源应急系统在协同机制的作用下实现协同效应，基于协同学理论中“熵”的概念对协同效应的产生演化机理进行分析，并以 2017 年天然气短缺为例评价分析当前中国的能源应急协同效应。

第六节　研究方法与技术路线

一、研究方法

本书综合运用文献分析法、利益相关者理论、比较分析法、演化博弈理论、微分博弈理论、协同学理论、社会网络分析方法、案例分析法、协同熵、数理推导等多学科理论与方法进行研究。

（1）基于大量国内外相关文献，运用文献分析方法研究能源应急方面的研究现状，结合中国能源应急现状，在此基础上进一步明确和定位研究问题，构建符合中国实际情况的能源应急协同模型。

（2）基于利益相关者理论，对能源应急协同主体的职能和角色进行分析，然后运用 Mitchell 提出的权利—合法—紧急的利益相关者分析模型找到关键利益主体，分析关键利益主体之间的利益共同点和利益冲突，为下文的模型构建提供理论支持。

（3）基于演化博弈论方法，构建了政府和能源供应链企业两个主体的演化博弈模型，得到了影响主体应急协同行为的因素，并对两个主体的协同演化策略均衡点进行定性分析，研究了不同演化情形下的演化稳定性，提出了促进能源应急主体实现应急协同的对策。

（4）基于微分博弈论方法，分别构建了中央政府、地方政府、能源供应链企业三方以及中国与他国的微分博弈模型。同时，运用比较分析法，设置了不同的情形，比较分析不同情形下主体之间是如何相互作用实现有效协同，以及情景变量对能源应急协同的影响作用。

（5）用数学建模、数理推导方法，从应急协同资源要素投入角度研究能源应急协同临时问题，运用比较分析法，设置仅有当期资源投入、有先期和当期资源投入两种情形，并比较分析两种情形下的最优参与度、最优资源投入等指标。

（6）运用协同学理论、数理推导方法对能源应急协同效应产生、演化机理进行阐述。然后运用社会网络分析方法构建了能源应急协同网络，采用案例分析方法分析了 2017 年中国发生的天然气短缺事件中各个主体的表现，基于此构建协同矩阵，基于社会网络分析和协同熵计算方法，得到了应急协同网络各节点以及各主体的协同度、协同熵、协同效率，进行案例研究。

二、技术路线

本书遵循文献研究、问题提出、理论和实践基础、横向和纵向两个维度能源应急多主体协同问题、能源应急协同效应评价分析的逻辑主线，研究能源应急协同机制问题。围绕研究内容，本书的具体技术路线如图 1－1 所示。

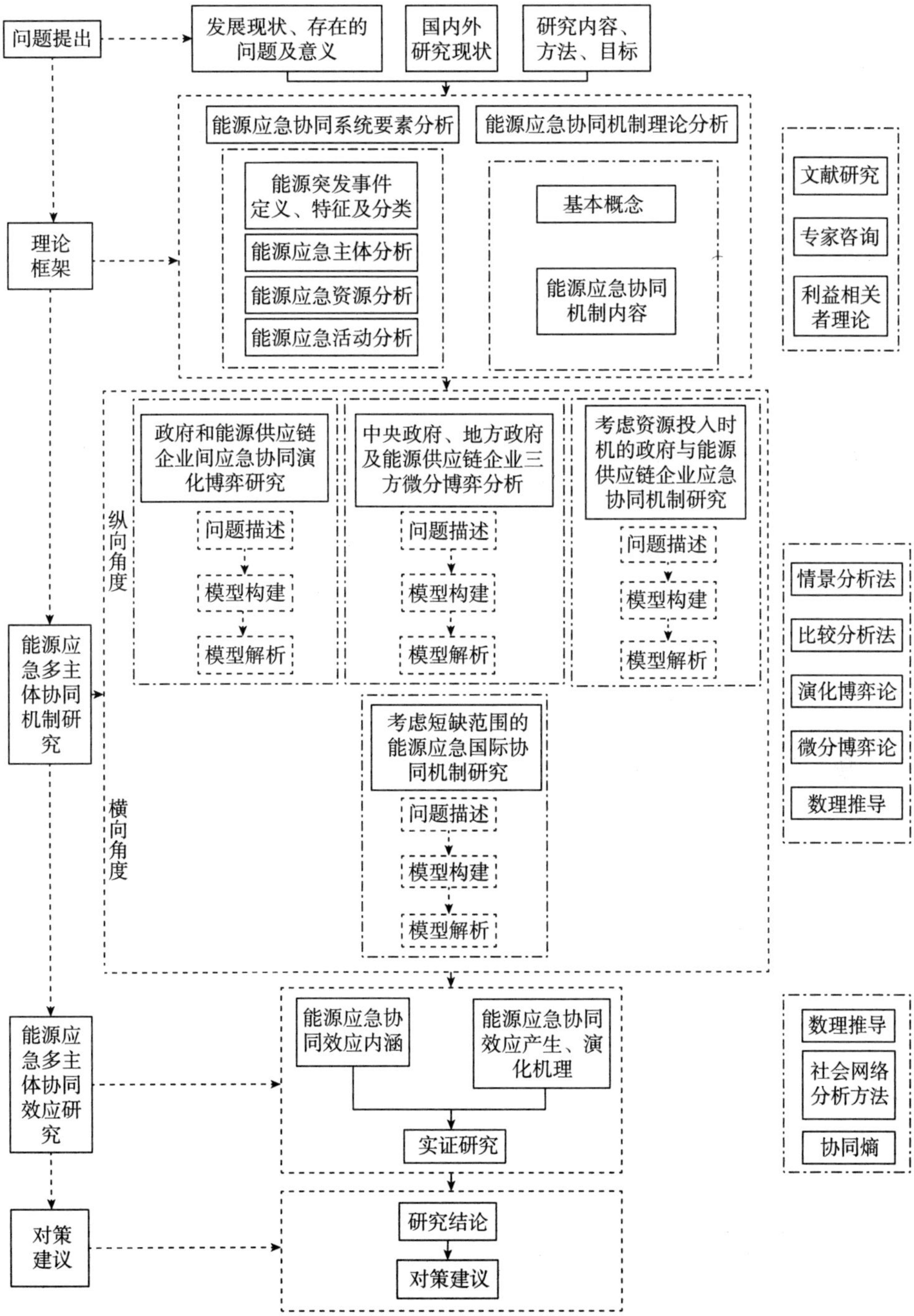

问题提出 → 发展现状、存在的问题及意义；国内外研究现状；研究内容、方法、目标

理论框架 → 能源应急协同系统要素分析：能源突发事件定义、特征及分类；能源应急主体分析；能源应急资源分析；能源应急活动分析
能源应急协同机制理论分析：基本概念；能源应急协同机制内容
（文献研究；专家咨询；利益相关者理论）

能源应急多主体协同机制研究 →
纵向角度：
政府和能源供应链企业间应急协同演化博弈研究：问题描述 → 模型构建 → 模型解析
中央政府、地方政府及能源供应链企业三方微分博弈分析：问题描述 → 模型构建 → 模型解析
考虑资源投入时机的政府与能源供应链企业应急协同机制研究：问题描述 → 模型构建 → 模型解析
横向角度：
考虑短缺范围的能源应急国际协同机制研究：问题描述 → 模型构建 → 模型解析
（情景分析法；比较分析法；演化博弈论；微分博弈论；数理推导）

能源应急多主体协同效应研究 → 能源应急协同效应内涵；能源应急协同效应产生、演化机理 → 实证研究
（数理推导；社会网络分析方法；协同熵）

对策建议 → 研究结论 → 对策建议

图 1－1　技术路线

第二章 能源应急协同研究的理论基础

第一节 能源应急管理理论

从20世纪六七十年代开始，美国、新西兰、澳大利亚等西方国家的学者就开始研究应急管理（Emergency Management）理论。2003年“非典”暴发后，应急管理的理论与实践在中国兴起，它是一门源于危机管理的综合性学科。学者们从不同的角度对应急管理进行定义，然而到现在为止学术界尚没有统一关于应急管理的定义。本书认为应急管理是指为了降低突发事件的危害，基于对突发事件发生、发展、演化过程进行分析，筹措整合社会范围内一切可利用的应急资源，对突发事件进行有效预警、控制和处理的过程。应急管理的客体主要是突发事件。由于任何领域任何地域均可能发生突发事件，使不同的突发事件有着不同的发展演化规律，增加了应急管理工作的开展难度。要制定有效的可行性应急方案，需要根据突发事件的类型、涉及的领域、发生区域的地理特性进行有针对性的具体分析。[①]

能源应急管理是公共危机管理在能源领域的延伸，指针对各类能源突发事

① 林建伟. 城市突发公共事件应急管理能力评价研究［D］. 厦门大学硕士学位论文，2009.

件而开展的预警预防、预备、响应和恢复等一系列管理过程。对能源应急管理进行一般理论阐释，需要将其与相关概念进行区分。

能源危机管理是指为维持某个地区或国家能源供应持续、稳定状态，实现能源、经济社会的和谐有序运行，采取有效的措施应对由全球需求过快增长、地缘政治、战争、自然灾害、恐怖主义等因素引致的各种突发事件。由此可知探究能够引发危机的因素是能源危机管理既根本又重要的内容，这些潜在性的因素包括战略性因素和突发性因素两个方面。根据这种潜在因素的种类划分，能源危机包括能源战略危机、能源突发事件两种，同样地，能源危机管理包括能源战略危机管理和能源突发事件应急管理两个方面。①

能源战略危机的解除措施包括探明更多的能源储藏量、扩大能源的可开采规模、能源能够通过技术手段实现有效的大规模替代以及全球的政治经济格局发生重大变化等，以上列举的举措均需要一定的时间周期才能达到缓解能源战略危机的目的，其管理过程称为能源战略危机管理。能源突发事件对能源供应形成的压力往往是短期的、区域性的，需要建立合理的应对机制，能源危机便可解除，能源供应恢复常态，其管理过程称为能源突发事件应急管理。

有些学者根据能源突发事件的分级，将能源应急管理分为国家能源应急管理、区域能源应急管理和重点用能/供能单位能源应急管理。其中，国家能源应急管理是指针对特别重大，已经将要危害到全国或跨区域经济社会安全的能源突发事件，应由中央政府负责组织实施的应急管理过程；区域能源应急管理是指针对不同级别，已经或将要危害到区域经济社会安全地能源突发事件，应由各级地方政府负责组织实施的应急管理过程。区域能源应急管理又可分为省、市、县三级；重点用能/供能单位能源应急管理是指自身对能源需求较大的单位或者社会供给能源的重点单位针对突发事件实施的应急管理过程。② 中国发布的《能源法》（意见稿）中指出对能源应急管理采取分级管理制度，根

①② 李江涛．能源应急管理：国际实践与中国探索［M］．北京：经济科学出版社，2011.

据实际或者合理预计的可控性、严重程度、影响范围和持续时间，分为特别重大、重大、较大和一般四级。

能源应急管理除具备一般应急管理的特征，自身也具备一定的差异性特征。

（1）公共性。由于能源应急管理起源于公共危机管理，而公共危机事件的应急管理具有典型的公共物品特征，市场机制不能发挥其作用，依靠政府力量实现能源应急管理是必需的。

（2）差异性。不同的能源子系统造成其出现突发性短缺的原因不尽相同，应对方式也不尽相同。因此能源应急管理需要针对不同的能源子系统设计相应的应急管理体系。同时由于各子类能源之间产业差异，能源应急管理保障的重点不同。石油突发事件应急保障重点是建立物资战略储备，煤炭突发事件应急保障重点是交通运输和应急储备等，天然气应急保障的重点是管网设施和储备调峰。

（3）全球性。由于能源是一个国家正常运转的血液，已经成为世界各个国家的战略武器。能源应急管理必然具有世界性的特征，且不同的能源子系统其国际依赖程度也是有差别的。

（4）可替代性。由于各类能源之间存在转化替代的关系，能源替代可以称为能源应急管理的重要手段之一，对于保障能源供应的持续性和稳定性具有一定的现实意义。

第二节　能源供应链理论

广义能源供应链是指通过对能源的信息流、物流和资金流的控制，围绕着能源活动主体，从能源开发开始，经过能源的生产和处理形成最终的能源产品，最后由能源供应网络把能源输送到消费者手中的将能源供应者、生产者、

分配者、消费者和处理者连接成一个整体的结构网络。狭义的能源供应链是在一定条件下，为了满足用户的需要，集成一次能源供应、一次能源加工转换得到二次能源、多种能源流整合、能源流分配最终到达用户等运营活动，这个过程中实现物流、信息流、资金流的同步运转。①

能源供应链上的节点企业包括能源生产企业（煤炭企业、石油天然气企业、发电企业等）、能源运输企业（港口企业、输配电企业、管道运输企业等）和用能企业如钢铁企业、化工企业等。

能源供应链是一个开放的供应链系统，包含多个流程，具体包括能源供应、加工转化、配送等众多流程，每个流程又由众多的工作节点组成。这些节点企业之间是供需关系，同时也是一个整体。一旦能源供应链上任何一个节点发生变化，整个供应链都会发生变化。通过能源供应链的有效运作，客户对产品或者服务的需求得到满足。例如，能源供应链在运行过程中，在市场机制的作用下，煤炭企业、发电企业根据钢铁的市场价格和供需情况对自身的生产经济活动进行调整，钢厂等下游企业根据煤、电的价格与供需情况也相应地调整自身的生产经营活动，这个过程中节点企业间形成了一种相互影响、相互制约的关系。能源供应链处于能源资源不断输入、能源产品不断输出并被下游企业所使用、生产出其他产品的一种动态过程中。

能源供应链的有效运作需要各个企业和部门等的积极参与，同时为了维持供应链的运作，各个节点企业需要协调一致，制定相应的生产计划并投入大量人力、物力、财力、技术、管理等资源。由于能源是能源供应链的产品，而能源又是国家经济和人民生活有序运行的基础要素，能源供应链上的各个节点企业会受到来自外部政策和季节的影响。如若能源供应链发生扰动，轻则可能造成局部瘫痪，严重的可能造成社会经济和居民生活无法正常运行。由此可知，能源供应链的有效运作需要具备高度稳定和有效的供应链控制系统，要求供应

① 莫傲然．基于主成分分析的北京市能源供应链动态优化［D］．华北电力大学硕士学位论文，2013.

链上的各节点企业及时地进行沟通协调，避免扰乱社会经济运行和居民的生产生活秩序。

第三节 利益相关者理论

“利益相关者”（Stakeholder）这一词条是1708年由《牛津字典》收录其中的，该书对它的解释是人们在某种活动或公司里“下注”，在活动结果或者企业运营结果中抽头或赔本。真正形成利益相关者理论基础的是1959年Penrose在《企业成长理论》一书中指出的企业是人力资产和人际关系之集合。斯坦福研究院（SRI）在20世纪60年代提出利益相关者是支持企业生存下去的一个团体，企业除了满足股东的利益诉求，还要兼顾与企业正常生产经营活动密切相关的人的利益诉求。宾夕法尼亚沃顿商学院于20世纪70年代开设“相关者管理”课程，目的是运用利益相关者理论对企业的战略管理进行分析。Freeman（1984）于1984年出版了《战略管理：利益相关者方法》，这是一部具有里程碑意义的著作，该书认为利益相关者是能够影响组织目标实现或者被组织目标实现过程所影响的人或团体，并着重指出考虑到利益相关者影响到企业的可持续生产经营活动，在企业的管理过程中，要考虑到外部环境因素的影响，促进利益相关者理论在企业战略管理研究中的应用。20世纪90年代，美国《宾夕法尼亚州1310法案》中明确指出企业经理人在反兼并问题的处理上要兼顾到利益相关者的利益诉求。为了抵制恶意收购，该法案在信托责任、控股、股权转让、解雇员工赔偿、劳动合同五个方面做出了明确的规定，很好地维护了企业利益相关者的利益。这项法案的出台转变了企业“股东利益至上”的观念，推动了利益相关者理论的发展。

20世纪90年代，利益相关者理论在研究框架和实践应用两个方面取得了显著成果，这是Freeman、Blair、Donaldson、Mitchell、Clarkson等学者共同努

力的结果。加拿大学者 Clarkson（1995）认为企业是一个由利益相关者组成的系统，为所有的利益相关者创造财富是企业开展生产经营活动的目的。利益相关者理论中的“克拉松原则”也是由他提出来的，该原则是指企业在进行生产经营活动决策时要考虑到所有利益相关者的利益诉求；及时与利益相关者进行沟通，获取他们的需求、贡献以及存在的潜在风险；采取行之有效的行为模式；明确利益相关者与企业间相互依存的利害关系；通过合作的方式降低企业的风险；等等。美国学者 Blair（1995）在其著作 *Ownership and control*: *Rethinking corporate governance for the twenty - first century* 中从思想史、法律、制度的角度探讨了美国公司在治理、绩效和竞争力的内在联系。他认为不能将企业认为是股东的，企业的经理人只有考虑到企业所有利益相关者的利益，才能使企业得到可持续发展。债权人、工人、基层管理者都与企业的生产经营密切相关，它们也是企业的一分子。如果有任何一个相关者的利益诉求不能被满足，企业的正常生产经营活动将会受到影响，严重的可能导致企业走向衰亡。

第四节 协同学理论

德国学者赫尔曼·哈肯（H. Haken）最早提出了协同学（Synergetic）理论。他认为协同学的研究对象是系统，系统是由各个子系统组成，探究影响子系统间相互作用关系的因素是关键。哈肯将协同学解释为“协调合作之学”“协同工作之学”，其中心议题是讨论支配某一系统结构和功能的自组织形成过程的普遍原理，开放性、协同性、随机性是该过程的三个重要特点。开放性是指系统要处于相对开放的环境中，并且要与外部环境不断地进行物质、能量以及信息等资源的交换；协同性是指组成系统的各子系统之间实现同时变化；随机性是指系统能够随时发生变化，且这种变化会出现涨落的趋势。当系统状态达到临界点时，自组织就会随之出现决定性的或平衡或失衡的情况。

协同学理论中包含两个重要的基本概念：序参量和控制参量。其中，序参量是系统内部大量子系统相互竞争和协同的产物，描述了系统的有序程度。序参量一旦形成会支配整个系统从无序走向有序，影响和决定了系统自组织的程度和方向。控制参量是指系统与外部环境之间的相互依存和相互制约的关系，控制参量是非关键因素。协同学就是通过增加控制参量，使系统在自组织的作用下发生质的变化。整个过程中的初始阶段，系统包含的各个子系统不仅各自进行运动，也与其他子系统相互影响实现协同运作。伴随着系统与外部环境的交互，系统的控制参量逐渐增加，序参量也逐渐增加，系统开始由无序向有序方向发展。最终序参量在不断增加的控制参量的持续作用下达到临界点，促使整个系统向更高一级的有序状态发展。系统中各子系统的相互作用受到序参量和控制参量的共同影响，从而决定了系统的自组织发展方向，体现在系统的有序程度上。系统逐渐由无序发展为有序，并形成更高层的稳定结构，是子系统协同作用的结果，称之为协同效应或整体效应①。

协同学理论要求被解释的客体具有开放性、非线性作用、非平衡相变等特征。能源应急系统需要不断地与外部环境进行物质、能量以及信息等资源的交换才能控制能源突发事件，因此具有开放性的特征；能源应急系统的各组成要素之间的关系不是简单的相加，而是复杂的非线性关系；能源应急系统处于起步阶段，存在的问题仍有很多，需要继续发展和完善，因此具有不平衡性。各级政府、能源供应链企业等主体可看作能源应急系统的子系统。因此可以运用协同学理论对能源应急系统进行研究。能源应急协同是由各个参与方组成的一个系统，为了实现一个共同的目标，舍弃个人利益和目标，通过团结协作最终从整个系统角度上实现协同效应。系统在其组成要素的协同作用下，系统的整体状态表现为由无序逐渐发展成有序，即能源突发事件得到控制，能源短缺态势得到有效缓解，社会生产生活平稳有序开展。

① 哈肯．高等协同学［M］．北京：科学出版社，1989.

学者们利用“熵”度量系统无序状态。在系统处于相对封闭状态时，系统内部熵会逐渐增多，降低系统的无序度，即所谓的“熵增效应”。负熵是用来度量协同有序状态的。负熵产生的一个必要条件是系统要实现与外部环境的物质、能量、信息等相关资源的传递和交换，这是促使系统向更加协同有序方向发展的前提。同时这些负熵必须是能够促进系统有序发展的物质、能量或信息等，不能促进系统有序发展的部分不能称为负熵，即所谓的“熵减效应”。这正是普利高津的耗散结构理论指出的对于开放的系统，系统的总熵变由两部分组成，一个是熵增，即正熵，表示熵函数的正向变化量；另一个是熵减，即负熵，表示熵函数的负向变化量，[①] 表示为：

$$\frac{dS}{dt}=\frac{d_iS}{dt}+\frac{d_eS}{dt} \tag{2-1}$$

$$\frac{d_eS}{dt}=\frac{d_cS}{dt}-\frac{d_rS}{dt} \tag{2-2}$$

其中，dS/dt 是系统总熵变，度量系统协同有序状态；d_iS/dt 指系统内部熵产生率，且 $d_iS/dt \geqslant 0$；d_eS/dt 是系统与外部世界进行物质、信息、能量交换时产生的熵变，亦正亦负；d_cS/dt 和 d_rS/dt 分别代表系统熵流入率和熵流出率。

当 $dS/dt>0$ 时，表明此时系统自身产生的正熵流多于系统从外部环境获得的负熵流，系统正在逐渐变得无序；当 $dS/dt<0$ 时，说明 $d_iS/dt<|d_eS/dt|$，说明系统从外物环境获得的负熵流多于系统自身产生的正熵流，系统正在从无序向有序方向发展；当 $dS/dt\approx 0$ 时，表示流入系统的负熵流等于系统产生的熵流，系统的协同有序度不变。要使系统向协同有序方向发展，必须开放系统，从外界获得足够多的负熵流，使流入系统的负熵大于系统产生的熵。

① 胡晓峰，胡岗，姜璐，等．普利高津与耗散结构理论［M］．西安：陕西科学技术出版社，1998.

目前，“熵”这一概念被扩展应用到社会学、经济学以及环境学等许多学科领域。随着科研工作的发展，学者们提出了越来越多的喻义熵的概念，如经济熵、社会熵、环境熵、学习熵、生态熵、管理熵、协同熵等。

协同熵这一概念将熵和协同学进行了很好的融合，并被众多学者用来研究多主体系统的协同机理。例如，于丽英、蒋宗彩（2014）构建了城市公共危机治理网络，并运用协同熵分析了城市公共危机多主体系统的演化机理；夏超（2016）运用协同熵度量了服务型网络节点间的协同水平；白礼彪、白思俊、Victor Shi 等（2017）运用协同熵项目组合配置组件之间的协同管理问题；蒋定福（2015）采用协同熵度量了汽车后服务链的协同评价指标，对汽车后服务链的企业内部、企业之间和整个服务链的协同进行度量，并结合 BP 神经网络进行了协同性的仿真；周凌云（2011）运用协同熵的概念研究了区域物流多主体系统的协同发展过程。

第五节　博弈论

博弈论起源于 20 世纪中期，是现代数学的一个重要组成部分，随着它的发展和完善，目前已经是微观经济学的一个重要内容和重要方法，学者们运用该理论研究和解释社会、经济、生活等领域的问题或现象。由于能源应急问题涉及政府、企业等多方主体，主体间存在一定的利益冲突，会通过博弈的方式在应急过程中为各自争取更多的利益，所以用博弈论来研究主体间的能源应急协同问题。

一、演化博弈论

传统博弈论的一个重要前提是假设所有博弈方都是完全理性的，实际上由于人们囿于社会这样一个大环境，博弈方在做出任何决策时无法实现完全理性，运用传统博弈论得到的研究结论的现实意义也有待考量。演化博弈论区别于传统博弈论的关键在于假设博弈参与者的策略选择是在有限理性的前提下作出的，使学者们运用演化博弈论可以更科学地解释和分析社会经济生活中存在的现象，推动了博弈理论的发展和完善。① 演化博弈论是由生物进化论发展而来的，人类与动物的行为模式是相近的，在进行行为策略选择时都是根据自身的本能反应或者学习模仿能力，唯一的区别在于人类具有推理能力。人类在参与个体决策或者集体决策时往往囿于理性的局限性，不能完全客观、全面地分析问题而做出错误的行为决策。② Marshall 根据达尔文的进化论思想，认为可以用“物竞天择、适者生存”的进化论观点阐释现实问题，③ 其实早在 Nash 对纳什均衡中的群体行为进行解释时就运用了相对比较完整的演化博弈思想。④ 演化博弈论基于这些学者的研究成果逐渐得到了发展。⑤ 演化博弈论与经典博弈论不同之处在于关注策略的动态改变而不是策略均衡的性质，其实质在于将个体之间的博弈放到演化的背景下：考虑一个群体进行许多轮的演化，群体的个体采取某个的策略，个体在下一轮中的策略变化是由它的适合度与采用其他策略的个体的适合度的比较来决定。在自然选择的假设下，适合度越高的个体具有更高的繁衍能力。⑥ 自然选择趋向于选择产生高的适合度的策略，合作者因为其牺牲个体利益而将趋向于被淘汰。演化博弈形成的条件多种多样，除自然选择外，个体学习或模仿⑦、人类社会的文化选择都可能促进演化的形成。

① 赵佩华．基于演化博弈理论的跨国公司技术转让策略研究［D］．华南理工大学博士学位论文，2009.

② 谢识予．经济博弈论（第三版）［M］．上海：复旦大学出版社，2010.

③ Marshall A. Principles of economics（8th Edition）［M］. London，Macmillan，1948.

④ Nash J. Non－cooperative games［D］. Princeton University，1950.

⑤ 易余胤．基于演化博弈论的企业合作与背叛行为研究［M］．北京：经济科学出版社，2010.

⑥ Hofoauer J.，Siglnund K. Evolutionary game dynamies［J］. Bulletin Amerienn Mathematical Society，2003，40（4）：479－520.

⑦ Szabo G.，Fath G. Evolutionary games on graphs［J］. Physics Reports，2007，446（4－6）：197－216.

生物学、社会学、政治学等许多学科都已经引入了演化博弈理论开展了具体的研究工作。应急管理领域的专家学者也已经运用演化博弈理论做出一定的学术成果。演化博弈理论为分析突发事件演化规律提供了良好的研究范式，学者们已将该理论用于研究突发事件演化机理，谢百帅、张卫国等（2014）基于演化博弈模型研究了政府在群体性突发事件中的协调作用；李勇建、王治莹（2014）基于社会公众和政府部门两个主体构建演化博弈模型研究了突发事件中的舆情传播机制；刘德海、王维国等（2012）运用演化博弈理论建立了基于政府和社会公众两个主体的重大突发公共卫生事件的疫情传播模型，根据三种演化情景对疫情进行预测，并提出防控措施。从演化博弈的角度分析，突发性能源短缺的应急过程是政府和能源供应链企业两个主体观察、学习和调整行为策略的过程，同时两个主体的行为策略决定着能源应急演化方向。

二、微分博弈论

微分博弈论最早出现于20世纪40年代，在20世纪70年代学者提出了微分动态博弈模型，社会科学、经济、生物、军事等许多学科领域已经运用该方法进行了相关研究，并取得了一些研究成果，同时在市场竞争及定价等问题方面也更多地运用了动态微分博弈模型。

国内学者对于微分博弈的研究起步较晚，张嗣瀛（1987）于20世纪80年代首先介绍了微分博弈问题起源、发展简史及性质。近年来，微分博弈理论应用的领域不断拓宽，洪江涛、黄沛（2016）运用微分博弈模型研究了供应链质量协调问题；赵黎明等（2016）运用动态微分博弈模型研究了政企低碳合作问题；周倩倩（2016）运用微分博弈模型研究了雾霾跨域治理多主体的协同机制问题，动态微分博弈模型的优势得到很好的体现，可以很好地刻画多主体的动态竞争和利益均衡问题。相关学者将动态微分博弈模型引入到应急管理领域，王长峰（2013，2017）和庄文英（2014）借助动态微分博弈模型研究了重大工程应急管理决策问题；姜雪、张召珍（2012）运用微分博弈模型研

究了面对突发事件时微博舆论意见主流与政府之间是如何相互影响的。因此拟运用微分博弈理论，结合能源应急实际情况，构建中央政府、地方政府及能源供应链企业三方的微分博弈模型，研究能源应急协同问题。

参与者、行动、信息、策略、支付、目标、行动顺序、结果和均衡是组成一个完整博弈所需的要素。学术界将博弈分为静态博弈和动态博弈两种，静态博弈是指各个博弈方同时采取行动，反之则称为动态博弈。动态博弈又分为离散动态博弈和微分博弈，其中前者是指博弈过程包含两个或两个以上阶段的动态博弈，后者是将每个阶段的时间差收窄至最小极限，整个博弈就变成了一个连续时间内的动态博弈，记为 $\Gamma(x_0, T-t_0)$，其中，x_0 表征博弈的初始状态，$T-t_0$ 表征整个博弈过程持续的时间。

在一个微分博弈中，n 个参与者 $i \in N = \{1, 2, 3, \cdots, n\}$ 的支付函数可以表示为：

$$\max_{u_i}\int_{t_0}^{T} g^i[t, x(t), u_1(t), \cdots, u_n(t)]dt + Q^i(X(T)) \tag{2-3}$$

其中，$g^i(\cdots) \geqslant 0$ 表示参与者的瞬时支付，$Q^i(\cdots) \geqslant 0$ 表示博弈的终点支付，$s \in [t_0, T]$，支付函数受制于确定性的动态系统：

$$x(s) = f[t, x(t), u_1(t), \cdots, u_n(t)],\ x(t_0) = x_0 \tag{2-4}$$

其中，$f(\cdots)$，$g^i(\cdots)$，$Q^i(\cdots)$都是可微的。

微分博弈将博弈理论扩展到了连续时间上。在微分博弈中，每个博弈方的策略称为控制，控制随着时间和系统状态变量的变化而变化，获得的反馈纳什均衡是马尔科夫完美的。

第三章　能源应急协同机制理论框架

协同的概念最早是由德国物理学家哈肯提出的，他通过研究激光和其他非平衡系统发现系统中各个子系统除了进行自发的独立运动，还同相互关联的其他子系统进行协同运动，强调的是系统中各个子系统相互协调合作的行为。从宏观的角度来看协同使系统包含的各个子系统从无序向有序转化，是系统整体性、相关性的内在表现。顾保国指出协同是为实现系统总体目标各子系统或各要素之间相互配合、相互协作、相互支持，是系统目的性、关联性、网络性、动态性的内在表现。[①] 各个子系统的交互作用使系统呈现出 1 + 1 > 2 的效果，即系统整体性能大于各个子系统性能之和，通常称为协同效应。从微观的角度来看，协同就是系统各要素通过交互合作完成同一个目标的过程。这种要素之间的交互作用称之为“机制”。由此可见协同的概念可以总结系统内各协同要素在协同机制作用下实现协同效应。

“机制”一词源于希腊文。根据《辞海》的解释，学者们认为机制是机器的构造和动作机理，是事物的内在运作机理，包含系统内各要素间的关系以及如何相互作用。它是一种相关部门之间协调的工作方式、行为规范及互动方式，是部门与部门之间联系机理的表现。根据系统论的观点，机制是指系统内不同子系统或要素之间相互联系、相互作用，使整个系统以一定的方式运行。[②] 由此可知，机制的产生和存在是以事物的各个组成部分为基础的，而且

① 顾保国．企业集团协同经济研究［D］．复旦大学博士学位论文，2003.

② 孟琦．战略联盟竞争优势获取的协同机制研究［D］．哈尔滨工程大学博士学位论文，2007.

各个组成部分之间必然存在一定的相互关系，各组成要素在特定的外部环境下通过相互作用关系达成系统目标。对整个进程中的每个环节，运用无形的力量进行协调，整合和调配每个组成要素，推动整个系统高效有序运行。

根据上述对“协同”“机制”概念的阐述，如果将它们与具体的能源应急活动相结合，就可以概括出“能源应急协同机制”的内涵。能源应急协同机制是指在能源突发事件应急过程中，相关主体内部、主体之间以及与外部环境之间相互作用，促使各协同要素进行有机整合和动态调整，实现整体协同效应的各种制度化、程序化的方法和措施的综合。它能够保证各个参与主体在政府的领导下实现有序开展能源应急工作，对各参与主体的行为起到约束和调节作用。

由上可知，能源应急协同机制研究的是能源应急协同系统所包含的各要素之间的关系及协同规律。本章首先对能源应急协同包含的要素进行分析，其次对能源应急协同机制进行理论分析。

第一节 能源应急协同要素分析

从定义可知，能源应急协同具有多维网络和应急协同两个特性。多维网络的研究客体是能源应急主体，每个主体具有独自的组织网络和资源网络，且网络之间相互关联。应急协同是各应急主体的决策和行为形成协同，实现协同效应。同时可知，能源应急协同由五个基本要素组成，具体是应急主体、应急活动、应急资源、外部环境、能源突发事件（应急客体）。这些要素有其自身的体系结构，并相互关联作用，构成了能源应急协同系统。

能源应急主体是协同系统的关键和核心，包括政府（中央政府及职能部门、地方政府及职能部门）、能源供应链企业、能源专家及能源行业协会等非政府组织、国际能源应急力量、公众等。这些主体通过相互沟通和信息共享，在应急决策和行为方面实现协同合作，共同应对能源突发事件。

外部环境要素是由能源突发事件自身、政策环境、自然环境、社会人文环境、技术、国际环境等组成的环境系统，是宏观环境层面。能源应急主体的应急决策和行为基于宏观环境，这些宏观环境会影响应急主体的决策和行为，从而影响应急协同效率。

应急资源要素包括能源应急活动中所需的专业的基础设施、设备，以及应急资金、应急信息、应急知识、应急技术、应急人员、应急方法等。这些资源要素是能源应急主体开展应急活动的基础，通过资源的有效配置和利用提高应急活动效率。

应急活动要素是在能源应急过程中，不同的主体承担不同的应急任务，开展各自不同的应急活动，主体内部及主体之间的应急活动相互联系和相互影响，构成能源应急协同网络。

应急客体要素是能源突发事件。能源应急主体开展一系列决策和行为是针对能源突发事件的，控制能源突发事件是能源应急的目标。

能源应急协同系统不是这些组成要素的简单累加。各应急环节需要通过一定的协同机制，实现资源的高效配置，产生协同效应。

能源应急系统根据协同运作目标可分为战略层协同、战术层协同、业务层协同，整体协同效应的实现就是这些不同层次协同共同作用的结果。战略层协同是能源应急发展目标、体系制度的制定以及能源应急系统与经济、社会、自然的和谐统一，是能源应急系统外协同。战术层协同指的是应急主体关系网络、应急协同资源网络及应急协同活动网络等应急系统内部的协同，应急协同活动网络是能源应急是应急任务节点与任务协同关系的集合，应急主体关系网络是政府、能源供应链企业、公众、能源专家、国际应急力量、能源行业协会等非政府组织等形成的协同交互关系集合，应急协同资源网络是人力、物力、财力、信息、技术等资源在主体间的流动。业务层协同是能源应急过程中具体应急活动节点的协同，包括应急物资生产、应急物资储备释放、应急物资运

输、应急物资分配，以及相关设施设备、技术等的协同（见图3－1）。较高层次的协同是实现较低层次协同的保障，较低层次的协同是实现较高层次协同的基础。

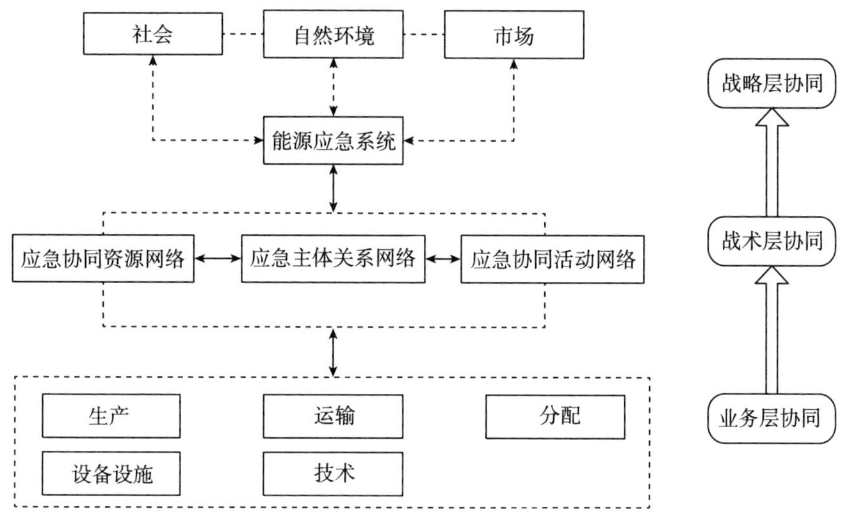

图3－1　能源应急协同层次

后面的章节基于应急协同要素开展一系列研究，包括政府主体与能源供应链企业之间、国家主体之间如何实现有效协同，考虑资源要素的主体间如何实现有效协同，以及基于各主体应急活动节点构成的协同网络协同效应评价的研究。

一、能源供应突发事件定义、分类及特征

能源突发事件是开展应急协同的客体，深刻理解能源突发事件的定义和特点，是研究能源应急协同问题的基础和前提。

1. 能源突发事件定义

应急管理将突发事件分为一般突发事件和非常规突发事件。一般突发事件

规模较小，应急过程涉及的单位比较少，一般由本单位动用自身的资源就能完成应急管理工作。应急单位具有丰富的处置经验，成熟的应急预案和操作程序；非常规突发事件通常表现为一定时间和空间内多个同时发生且相互耦合和关联的突发事件集合，发生的规模比较大，影响范围广，应急工作涉及多层次政府、多部门和社会单位。由于该类事件发生的概率低，往往是突然发生的，缺乏对事件发生、发展演化机理的认识和相关应急经验，很难做出有效预防。该类事件对国家的经济、社会平稳发展造成或可能造成严重危害，需要多方主体参与应急工作予以应对。①

能源突发事件是指非常规能源突发事件，是一种由自然灾害、军事冲突等突发事件引起的能源（主要指煤炭、石油、天然气等一次能源）的供应安全及持续性问题，具体包括能源供应严重短缺、供应中断、价格剧烈波动等能源突发事件。由于能源价格剧烈波动一类的突发事件涉及能源贸易、能源金融市场，增加了研究的复杂性，因此本书不考虑价格引起的能源突发事件。

2. 能源突发事件分类

根据突发事件发生的过程、性质及机理标准，《突发事件应对法》将突发事件划分为四类。第一类是自然灾害，即指那些因自然原因而导致的突发事件，如水旱灾害、台风、冰雹、雪、高温、沙尘暴等气象灾害，地震、山体崩塌、滑坡、泥石流等地质灾害，森林火灾和重大生物灾害，等等；第二类是事故灾难，指人为原因所造成的紧急事件，即由于人类活动或者人类发展所导致的计划之外的事件或事故，如民航、铁路、公路、水运等重大交通运输事故，工矿企业、建筑工程、公共场所及机关、企事业单位发生的各类重大安全事故，造成重大影响和损失的供水、供电、供油、供气等城市生命线事故以及通信、信息网络、特种设备等安全事故，核辐射事故，重大环境污染及生态破坏事故，等等；第三类是公共卫生事件，即由病菌病毒引起的大面积的疾病流行

---

① John H. Sorensen. Managing energy emergencies［J］. Geoforum, 1983（14）：15 –24.

等事件，如突然发生造成或可能造成社会公共健康严重损害的重大传染病疫情、群体性不明原因疾病、重大食物和职业中毒，重大动物疫情，以及其他严重影响公众健康的事件；第四类是社会安全事件，即指由人们主观意愿产生，会危及社会安全的突发事件，如重大刑事案件、涉外突发事件、恐怖袭击事件、暴乱、游行引起的社会动荡、战争、能源和材料短缺导致的紧急事件、金融危机、经济危机等。①

依据以上突发事件的种类划分，能源突发事件根据其引致因素可以分为以下五类：

（1）重大自然灾害类能源突发事件。严重的气象灾害、地质灾害等会造成能源短缺。例如台风会造成沿海地区炼油设施的损坏，引发石油短缺；雨雪冰冻灾害会造成煤炭运输受阻，引发煤炭短缺；等等。

（2）能源输送障碍类能源突发事件。能源生产和消费的区域性特征决定了能源运输的重要性。例如燃气管道事故会造成天然气供应中断，石油运输管道事故会造成石油供应中断，能源运输航道中断会造成突发性能源短缺，等等。

（3）重大安全生产事故类能源突发事件。能源生产环节位于能源供应链顶端，重大能源安全生产事故会造成人员和财产损失，影响能源正常供应。例如，煤矿安全生产事故会影响对下游用户的煤炭供应等。

（4）恐怖主义和区域冲突类能源突发事件。恐怖主义和国际上国与国之间的战争冲突是影响能源供应安全的重要因素之一。例如，中东地区是石油重要产区，但是频繁的战乱极易造成石油供应中断。

（5）市场经济类能源突发事件。能源已经成为世界各国的战略要素，能源市场并不局限在一个国家内，而是受到世界经济的影响。能源价格例如石油价格的波动会对一个国家能源安全运行造成重要影响，可能会导致供需失衡造

① 廖洁明．突发事件应急管理绩效评估研究［D］．暨南大学博士学位论文，2009.

成能源短缺。

能源突发事件根据其严重程度、可控性和影响范围等几个方面指标，可划分为特别严重、严重、较严重和一般四个等级，并根据分级管理原则，分别由事发地省级、市级和县级政府统一领导和协调应急工作。

3. 能源突发事件特征

能源突发事件除具有突发事件的一般性特征外，同时由于中国能源资源的特殊性，赋予了能源突发事件自有的特征。

中国能源突发事件具有的一般性特征①如下：

（1）稀缺性。能源突发事件发生概率低，无法有效掌握其发生发展机理和规律，应急工作人员缺乏相应的处置经验。

（2）突发性。指能源突发事件的发生通常是一个很短的过程，导致应急工作人员不能做好充分的应对准备。

（3）紧迫性。首先，能源突发事件扰乱了社会生产生活的秩序，要求应急主体在短时间做出决策，完成应急任务，这是时间上的紧迫性。其次，应对能源突发事件往往需要大量的人力、物力、财力等资源，这些资源的筹措调配需要一定的时间，这是资源上的紧迫性。

（4）信息高度缺失。信息高度缺失指的是信息的不对称性，主要是由于能源突发事件发生时，应急管理人员在有限的时间和空间内无法收集全面的信息。同时由于信息量巨大，不能找到有效的信息对事件的发生、发展、演化趋势做出准确的评估和判断。

（5）复杂性。能源突发事件的复杂性指的是能源突发事件的发生往往是一系列相互耦合和同时发生的突发事件，致灾因素不是单一的。能源突发事件随着时间和空间的变化发展演化过程复杂，应急管理人员无法准确预测事件发展趋势，并制定有效的应对措施。

① 唐攀．非常规突发事件应急响应管理方法与技术［M］．广州：暨南大学出版社，2012.

（6）影响范围广。能源突发事件往往发生在一定范围内，并逐步扩展和蔓延。随着影响范围逐渐扩大，导致应急过程跨地区、跨部门，甚至是全国范围内的应急。

（7）公共性。指能源突发事件影响的主体不是单一的，对于企事业单位、公众等的正常生产生活产生严重影响，这种公共性使政府必然成为能源应急的责任主体，而政府不能完全解决所有问题，需要更多应急力量的参与。

（8）差异性。不同的能源系统其引致因素具有差异性。石油天然气的突发性事件更多地受世界范围内重要产油区的局部战争、国际恐怖主义对航洋运输航线的切断、自然灾害、国际炒家对国际市场价格的冲击以及重大油气设施的安全运行等外部因素影响。煤炭突发事件更多地受开采生产、自然灾害如旱涝雨雪以及区域、季节等国内因素的影响。

（9）衍生性。能源突发事件往往是非相关因素的衍生物。自然灾害、战争、恐怖事件等因素在发生之初，与能源供应链并无过多的直接联系。例如，2005 年美国加州的卡特里娜飓风、2008 年中国雪灾等自然灾害衍生出了能源短缺事件，一定程度上增加了能源突发事件预测的难度。

中国能源突发事件自有特征如下：

（1）区域性。由于中国能源供应和能源消费在区域分布上存在较大的非对称性，因此中国能源突发事件具有明显的区域性特征。随着中国中西部经济的崛起，能源供需矛盾加剧，能源突发事件的区域性特征在逐步向全国范围内蔓延。

（2）季节性。中国的夏季和冬季是居民生产生活用能的高峰期，同时这两个季节容易发生旱涝、雨雪等自然灾害，能源突发事件发生的可能性极强。因此中国的突发性能源短缺事件具有季节性特征。

（3）垄断性。从中国目前发生的“煤荒”“电荒”“油荒”“气荒”等事件可看出，中国的能源体制问题是造成中国能源荒频发的根本原因。中国的能源具有很强的垄断性，国家对能源的很多方面实行了严格管制，比如油价等，虽然起到了稳定民生的作用，但是造成了能源供应链上下游企业之间的利益冲突。在冲突难以协调的情况下，上下游企业间的合作关系就会破裂，能源荒事件就应运而生了。

二、能源应急协同主体分析

能源应急协同过程涉及众多的利益主体，这些主体的干预行为决定着能源突发事件的发展态势，同时干预行为的协同程度是应急能力高低的一个重要表征。然而主体的应急行为是由其在应急中的功能定位、角色、利益诉求等因素决定的。厘清应急协同利益主体都包括哪些，以及各个主体在应急协同过程中的功能、角色定位、协同路径及利益共同点和差异是研究能源应急协同机制的基础。

1. 能源应急协同主体职能与角色分析

基于已有的能源应急管理研究成果，结合各级政府出台的相关政策文件、应急预案等提取出中国能源应急协同参与主体。包括政府及职能部门（中央政府及职能部门、地方政府及职能部门）、能源供应链企业（生产企业、运输企业、用能企业）、相关能源专家、能源行业协会等非政府组织、公众、国际范围内能源应急组织等。这些主体在能源应急过程中有着不同的职能，扮演着不同的角色。

（1）政府及职能部门。能源是中国居民生产生活的根本，能源突发事件扰乱了公众正常的生产生活秩序，即能源突发事件具有强烈的“公共性”，意味着能源突发事件无法完全通过市场机制得到解决，政府的介入是必须的。同时由于应对能源突发事件需要借助一定的权力和资源，从法律层面来看，政府是唯一可以代表着具有紧急处置权力的机构。国家紧急处置能力是根据宪法和法律的特别规定，暂时克减、限制或中止某些正常权利，迅速采取法定紧急措施的权力，这种紧急处置权力是中国突发事件应急处置的权威保障。① 这也体

---

① 刘小冰．国家紧急权力制度研究［M］．北京：法律出版社，2008.

现了在能源应急过程中，政府处于权威地位和领导地位，政府及其职能部门要依法行使国家赋予的权力协调各种关系，调配各种资源，应对能源突发事件。《能源法》征求意见稿能源应急一章明确指出对能源突发事件进行分级管理，按照实际或者合理预计的可控性、严重程度、影响范围和持续时间，分为特别重大、重大、较重大和一般四个等级。特别重大级别的能源应急事件以及相应的预警由国务院认定；重大级别的由国务院能源主管部门会同有关部门认定，报国务院批准；较重大级别的由省级人民政府认定，并报国务院能源主管部门备案。一般级别的由县级以上地方人民政府认定，并报省级地方人民政府批准。能源应急事件的处置实行统一领导、分级负责、分类实施、协同配合的原则。能源应急事件认定批准后，有关人民政府应当及时启动能源应急预案，实施应急处置措施。[①] 据此本书认为在能源突发事件的应急过程中，涉及的政府分为中央政府及相关职能部门和地方政府及相关职能部门，其中地方政府及相关职能部门综合了省级政府及相关职能部门、市级政府及相关职能部门、县级政府及相关职能部门和乡（镇）级政府及相关职能部门等。

1）中央政府及相关职能部门包括国务院以及相关部委，如国家发展和改革委员会、能源局、交通运输部、中国铁路总公司、安全生产监督管理总局、财政部等。它们代表着全国人民的利益，更多关注的是全局利益。在能源应急的过程中，具有多元化的政策目标，保障能源市场的平稳发展，维护国家能源安全，促进社会稳定，等等。同样，其在能源应急中的角色也是多元化的，扮演着能源应急的总指挥和宏观调控者角色，是能源应急制度的构建者，能源应急方案制定者，能源应急响应的决策者，能源应急效果的评估者。中央政府及职能部门统一决策、部署、指挥和监督地方能源应急工作，其他任何利益相关者的应急工作开展一定是受到中央政府的领导与监督。

2）地方政府及相关职能部门包括省、市、县（乡）等地方人民政府及其

① 《能源法》征求意见稿面向社会征集意见（全文）[EB/OL]. 2007-12-04 [2015-11-19]. http://www.gov.cn/gzdt/2007-12/04/content_824569.htm.

组成部门，如发展改革委、交通运输厅（委）、财政厅（局）、能源局、安全监管局等。地方政府及相关职能部门代表地方人民的利益，目的是维护其行政区域内公众的利益，而且已成为一个相对独立的经济利益主体。其主要能源应急目标是保障行政区域内能源供应正常，企业恢复正常生产活动，居民生活生产用能得到保障，维护地方经济有序运行。在能源应急管理中扮演着多重角色，第一，地方政府及相关职能部门通常处于应急一线的位置，是中央政府及相关职能部门应急方针政策的具体贯彻实施者，是应急举措的重要执行者，需要根据中央政府及相关职能部门的决策、指示及要求，结合地方的实际情况，采取恰当的应急举措，利用自身的权力和资源协调人力、物力、财力，统一领导和组织开展具体的能源应急工作；第二，地方政府及相关职能部门是地方能源应急工作领导者，是地方具体能源应急制度、应急方案的制定者，对地方参与能源应急的其他利益相关者的应急工作进行督导；第三，地方政府及相关职能部门也是能源突发事件的受害者，由于地方是能源突发事件的“第一现场”，地方居民的生产生活秩序会被扰乱，地方政府及相关职能部门必然会受到来自各方的压力，如若应急工作不到位，还会损毁自身形象；第四，地方政府及相关职能部门也是能源突发事件的诱发者，能源突发事件的持续发酵及蔓延多是由于地方政府及相关职能部门的应急处置不及时、控制不力、监管工作不到位导致的。

由于中国对于能源突发事件的应急是针对能源短缺的严重程度采取相应的措施，不同级别的突发性能源短缺参与的应急主体及其扮演的角色不尽相同，在特别重大级别的突发性能源短缺的应急协同过程，涉及的主体相互之间的协作是四个级别中最全面的、最具代表性的，因此界定本书研究的能源突发事件均指的是特别重大级别的能源突发事件。

（2）能源供应链企业。能源供应链企业包括供能企业、用能企业、能源运输企业等。在能源短缺应急过程中，由于能源的生产、运输、销售、消费企业具有同质性，为简化模型将其统一为能源供应链企业。由于能源供应链企业

是独立经营、独立核算、自负盈亏的追求经济利润的组织，在能源突发事件应急过程中的主要应急目标是维护良好的市场环境，尽快恢复企业正常的生产活动，降低企业经济损失。由于能源领域受各种非能源因素的影响，能源一直处于国有垄断状态下。能源供应链企业是能源这一重要应急资源的生产者、提供者，是能源应急技术和应急专业设备和专业技术人员的拥有者。因此，在中国的能源应急管理体系中，国有能源企业承担着几乎全部的一线能源应急工作，包括扩大能源生产、积极组织协调运力、降低能源消耗等，是能源应急举措的一线实践者。同时由于能源突发事件的引致因素中包括能源企业的生产经营活动可能出现的生产事故、设备设施故障等，能源供应链企业同时也是能源突发事件的"诱发者"。此外，能源突发事件干扰了能源市场的有序运行，对企业正常的生产经营活动产生破坏，能源供应链企业同样是能源突发事件的受害者。

（3）相关能源专家。相关能源专家是由能源领域具有丰富的专业知识、技术、应急处置经验的人员组成的专家工作组，主要应急目标是辅助政府作出正确的决策，尽快控制能源短缺态势。在能源应急管理中其主要的职责是对当前的能源短缺态势进行专业分析，找出应急难点和重点，并为政府提供专业的咨询与建议，辅助其进行应急决策。

（4）能源行业协会等非政府组织。能源行业协会等非政府组织是从事与能源相关的单位、企业、科研院所等成员，自愿组成的能源行业非营利性非政府的社会组织，接受业务主管单位如发展和改革委员会、能源局、社团登记批准机关的业务指导和监督管理。其主要的应急目标是恢复能源市场的正常秩序，维护能源行业与成员单位的利益。由于能源行业协会掌握着该领域大量的信息、专业技术和人才，在能源领域具有强大的号召力，能够在短时间内实现应急资源的聚集和整合，是能源应急过程中的一个有力补充。此外，能源行业协会在能源应急过程中是一个很好的"中介"，促使企业与政府之间、企业与企业之间可以进行有效的沟通，在能源应急过程中协助各级政府和职能部门督促企业单位贯彻落实各项应急举措。

（5）公众。公众在面对能源突发事件时更注重自身的切身利益，其应急目的主要是尽快恢复自己的工作生活秩序，减少对自己生活的影响。在能源应急管理中公众扮演着多重角色，首先，能源突发事件给公众正常的生产生活造成较大程度的影响，公众是能源突发事件的受害者；其次，在能源应急过程中公众要节约用能，避免不必要的浪费，是能源应急措施的实践者；再次，当能源突发事件爆发后，公众掌握信息的偏失，其舆论极易造成社会恐慌，增加应急难度，是能源突发事件的“加害者”；最后，公众也是能源应急中的“重点保护对象”，中国能源应急有一个重要的指导方针就是在发生能源短缺时要先保民生，限制工业用能。

（6）国际范围内能源应急组织。国际范围内的能源应急组织是指国际上以及其他国家能源应急队伍、相关能源非政府组织、能源供应链企业等。在能源应急管理中，其代表的是各自国家的政治或经济利益。由于当前中国在能源应急方面并未与其他国家建立实质性的合作关系，国际范围内的能源应急力量是中国能源应急的一个潜在的利益相关者，对于中国能源应急来讲是一个重要的补充力量。

2. 能源应急主体协同路径分析

根据国家层面及地方各省、市出台或发布的相关突发事件应对法和应急预案，总结提炼出了不同层级能源应急主体的协同路径。

（1）中央层级政府及职能部门协同路径。能源突发事件发生后，国家成立以国务院总理为首的，由国务院全部或者部分相关部委领导组成的应急领导小组，评估短缺态势，统一决策、部署和指挥全国的能源应急管理工作。①②③国务院办公厅设立应急管理办公室，协助中央应急领导小组的应急响应工作。

---

① 国务院召开电视电话会议部署安排当前煤电油运保障工作［N］. 人民日报，2008-01-28（2）.

② 国家突发事件总体应急预案［EB/OL］.（2008-08-07）［2015-10-14］. http：//www.gov.cn/yjgl/2005-08/07/content_21048.html.

③ 公路交通突发事件应急预案［EB/OL］.（2009-06-02）［2015-10-15］. http：//www.gov.cn/gzdt/2009-06/02/content_1330169.html.

在能源应急过程中负责值守应急、信息汇总和综合协调工作，协调能源应急预测预警、应急响应、调查评估和应急保障工作，协调督促省级政府、市级政府相关委办局的能源应急管理工作。

由国家发展改革委牵头，工信部、财政部、交通运输部、水利部、农业部、商务部、安全监管总局、气象局、能源局、煤炭协会、中国铁路总公司、中石油、中石化、国网公司、南网公司等单位组成煤电油气运保障工作部际协调机制是国务院成立的能源应急工作组，负责及时掌握有关方面的综合情况，统筹协调煤电油运跨部门、跨行业、跨地区的工作，解决影响宏观经济运行的重大煤电油气运保障问题、实施煤电油气运重大突发事件的应急指挥和综合协调等。该组织接受国务院能源应急领导小组的领导，各个部门按照中央的指示成立能源应急机构，制定各自职能范围内的应急预案。[①] 煤电油气运保障工作部际协调机制成员单位向国务院领导小组汇报能源应急工作进度、应急信息及遇到的重大问题。国务院领导小组总结煤电油气运保障工作部际协调机制成员单位的应急工作，并对下一步各成员单位的应急工作和应急重点进行统筹安排，针对能源应急过程中遇到的重大问题商讨具体的应急措施。[②]

在煤电油气运保障工作部际协调机制的成员单位中，发改委经济运行调节局主要负责中央、省、市的国有能源企业煤电油气等能源的调度和产运需衔接，应急物资设备的调度、紧急采购和进口，以及能源储备的动用及生产方式特殊、需求量波动较大的物资的生产能力储备工作，针对地方省、市经济运行部门能源、物资设备的应急调度以及产运需衔接工作做出指示和要求；[③] 能源局负责部署地方省、市能源主管部门的应急工作；中石油、中石化、煤炭企业

① 温家宝．在全国煤电油运保障工作电视电话会议上的讲话［N］．人民日报，2008－02－01（02）．

② 积极发挥协调机制作用　全力保障煤电油气运供应［EB/OL］．（2008－08－21）［2015－11－01］．http：//www.ndrc.gov.cn/fzgggz/jjyx/gjyx/zhfx/200808/t20080821_231810.html.

③ 经济运行调节局具体职责［EB/OL］.［2015－11－20］．http：//yxj.ndrc.gov.cn/jgsz/200506/t20050602_5953.html.

等能源企业负责对地方省、市的分公司、子公司进行能源应急工作部署，制定具体的应急措施实施方案，采取的应急措施目前主要包括扩大能源产出、释放能源储备和降低能源消耗等，这些措施需要能源生产企业增加产能，能源销售企业释放其商业储备，能源运输企业协调运力，保障能源运输畅通，能源消费企业降低能源消耗量，提高能源利用率。同时要协调不同区域企业的人力、物力、能源等资源，加强企业内部的协同。

交通运输部与铁道部负责维持能源运输主要通道、港口、交通枢纽的运输秩序和运力调度，充分挖掘路网运能潜力，合理配置运力资源，组织能源及其他物资设备的突击抢运作为首要任务，对地方省、市铁道和交通运输部门的应急工作做出指示和要求。安全监管总局在负责核查报告中央、省、市的国有能源企业煤电油气等能源的产量、库存等，对地方省、市安全监督管理部门的具体工作进行部署。①财政部要为能源应急提供充足的资金支持，对地方省、市财政部门的财政应对工作做出要求和安排。工信局要保障能源应急过程中通信畅通，为地方省、市的通信管理部门和通信企业的应急工作做出要求和部署。其他成员的单位需要在各自的职能范围内做好相应的应急保障工作，对地方省、市相关职能部门的应急工作做出指示和要求。②

同时煤电油气运保障工作部际协调机制成员单位成立现场工作组赴地方参与地方能源应急管理工作，与地方省、市的应急领导小组就地方能源应急工作进行会商，指导地方应急工作，帮助地方与其他省、市开展应急协调工作。同时各成员单位对地方相关职能部门的能源应急工作进行督导，检查应急政策的落实情况（见图3－2）。

① 张毅，刘铮，黄全权，等．各部门力保煤电油运［N］．人民日报，2008－01－28（02）．

② 胡跃平，申琳，顾兆农，等．各地各部门应对冻灾保障生产生活［N］．人民日报，2008－01－27（01）．

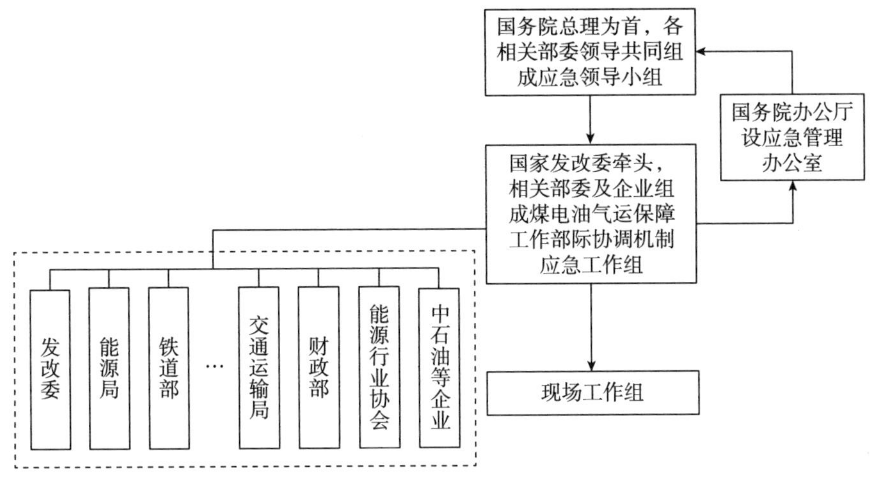

图3-2　中央政府及职能部门协同路径

（2）地方层级政府及职能部门应急协同路径。事发的地方省的能源应急工作由省委、省政府统一领导，贯彻和落实党中央国务院的决策和要求，结合地方的实际情况，对所辖的市、县（区）的应急任务和应急方案做出具体的部署，并组织各市（区）各部门提供人力物力开展能源应急工作。具体的煤电油气运应急工作由省发改委牵头，其他各相关职能部门（省能源局、财政厅、省工业和信息化厅、省交通运输厅、省商务厅、省铁路局、省天然气分公司、中石油（化）驻省分公司及其他能源企业）组成的煤电油气运保障工作综合协调小组完成。省应急工作组贯彻和落实中央职能部门的应急决策和要求，制定符合地方实际情况的具体的应急方案，督导市、县（区）相关职能部门的应急措施执行情况。①②③ 省国有能源企业需根据省委省政府的应急工作

① 浙江省突发公共事件总体应急预案［EB/OL］.（2006-03-22）［2015-10-17］. http://www. gov. cn/yjgl/2006-03/22/content_ 233591. htm.

② 江苏省突发公共事件总体应急预案［EB/OL］.（2006-03-22）［2015-10-17］. http://www. gov. cn/yjgl/2006-03/22/content_ 233536. htm.

③ 李仰哲，周平，万平，等. 编制省级地方应急体系建设规划需要把握的几个共性问题［J］. 中国经贸导刊，2007（14）：16-17.

要求，制定相应的应急方案，积极应对能源短缺，中央国有企业驻地方分公司或子公司需要积极地参与到地方政府的应急工作中去，对地方政府提出的应急要求给予最大程度的支持，对地方政府部署的应急任务尽最大努力完成。省应急工作组派出现场工作组赴市、县（区）指导和协调、督查其应急工作，并与市、县（区）应急领导小组进行会商，听取市、县（区）应急领导小组的工作报告，探讨应急工作的重点难点，制定下一步的应急措施。[①] 市、县（区）级党委、党政府统一领导指挥辖区的能源应急工作，贯彻落实省委、省政府的能源应急决策和举措，调动各区、各部门的人力物力等资源投入到具体的应急工作中去。市、县（区）的煤电油气运应急保障工作由市经信委经济运行处、交通运输部门、铁道、财政、通信、能源企业（市石油公司、燃气公司等）等组成的煤电油气运综合协调小组统一负责。市、县（区）所属国有能源企业在当地政府的领导下，积极响应政府的应急举措，制定应急方案，切实完成政府分配的应急任务[②③④⑤⑥]（见图 3 – 3）。

（3）能源供应链企业协同路径。能源供应链企业是能源应急管理过程中关键主体之一。在能源应急过程中，尽可能增加煤炭产量是各省市区的国有或地方煤矿生产企业承担的重要任务之一。同时也要发挥具备安全生产条件的煤矿应有的作用，为保供工作做出贡献，实行集中抢运和超合同进度供应，统筹安排省内外煤炭供应，做好省外煤炭供应保障工作，一律不得限制煤炭出省，优先满足国内煤炭需求，限制或减少煤炭出口。相关部门要监督生产企业的安全生产工作，在扩大产量的同时也要保障生产的安全性，避免发生严重的生产

① 刘志达. 国资委要求央企在特殊时期发挥特殊作用［N］. 光明日报，2008 – 02 – 03（02）.

② 天津市突发公共事件总体应急预案［EB/OL］.（2006 – 03 – 22）［2015 – 10 – 23］. http://www.gov.cn/yjgl/2006 – 03/22/content_ 233422. htm.

③ 谢文，唐湘岳. 郴州攻坚战［N］. 光明日报，2008 – 02 – 13（05）.

④ 夏静. 宜昌抗击雪灾最大限度降低损失［N］. 光明日报，2008 – 02 – 10（03）.

⑤ 上海市突发公共事件总体应急预案［EB/OL］.（2006 – 01 – 27）［2015 – 10 – 20］. http://www.gov.cn/yjgl/2006 – 01/27/content_ 173385. htm.

⑥ 周平. 政府应急动员、协调和保障机制研究（摘要）［EB/OL］.（2004 – 07 – 19）［2015 – 10 – 24］. http://yxj.ndrc.gov.cn/yjxt/200507/t20050728_ 38144. html.

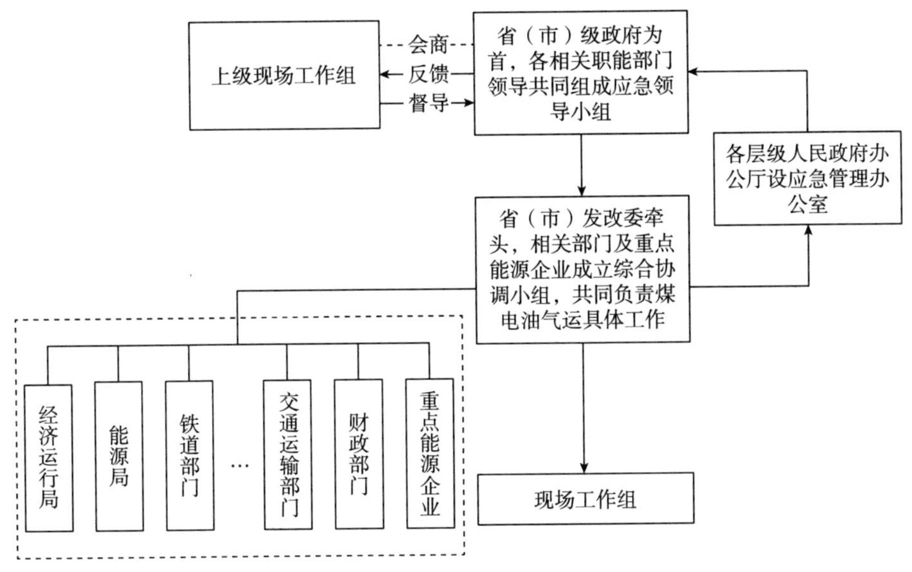

图3-3　各级政府及职能部门协同路径

事故，加剧能源短缺态势。同样地，石油、天然气等能源资源的生产企业要增加石油、天然气等的产量，释放储备、缩减出口来增加市场的供给量，运输和销售企业要做好天然气、石油等资源的运输和销售工作。石油、天然气等资源的供应链企业应当在非常时期优化管网运行，通过技术手段实现管网互通互联，使资源筹调更加及时，有效降低应急成本和缩短应急时间，提高应急效率。在增加供给的同时，要对天然气、石油等资源的生产、销售、储备、运输等环节用到的专业设备设施进行及时的安全检查，避免节外生枝。此外，抑制需求也是一项重要举措，要合理分配工商业用能和居民用户用能比例，限制工商业的用能需求，优先保障居民以及公共设施用能。

能源运输企业加强运输组织调度，建立能源和应急物资设备的绿色通道，保障运输需要，保持能源运输主要通道、港口、交通枢纽有序畅通。对供应偏紧地区及时组织抢运，保证运价稳定。重点用能企业需要提高能源利用效率，推广使用替代能源，增加库存和储备。能源生产企业、能源运输企业和重点用能企业需加强能源产运需三方的点对点衔接，积极组织落实资源。

由于能源应急往往需要跨区域进行调运。A 地负责指挥、协调、监督行政区域内能源供应链企业的应急工作，B 地负责指挥、协调、监督行政区域内的能源供应链企业的应急工作。能源的跨区域调运由 A 地、B 地的上级政府进行指挥、协调、监督，上级政府对其行政区域内的能源供应链企业下达具体的协调措施，能源供应链企业在接受各自地方政府领导的同时，接受来自上级能源供应链企业的应急工作安排，实现跨区域协同（见图 3 －4）。

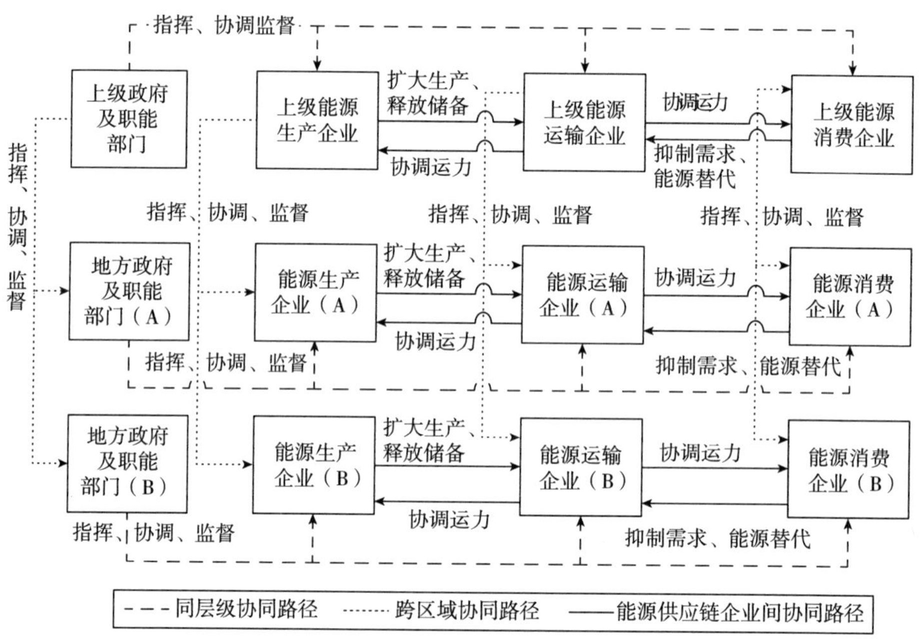

图 3 －4　能源供应链企业协同路径

综合中央层级政府及职能部门、地方层级政府及职能部门以及能源供应链企业等不同层级的协同路径，可以得到如图 3 －5 所示的能源应急协同路径。由图 3 －5 可知，中央政府指导、协调、监督相关部委职能部门的应急工作，同时对地方层级政府及职能部门的应急工作进行指导、监督，协调跨区域地方

政府间的关系。地方政府指导监督协调隶属的职能部门的应急工作，同时指导、监督和协调所属行政区域内能源供应链企业的应急工作。能源供应链企业按照各行政层级隶属关系进行人力、物力、财力以及资源的调配，接受上级公司的跨区域协调。

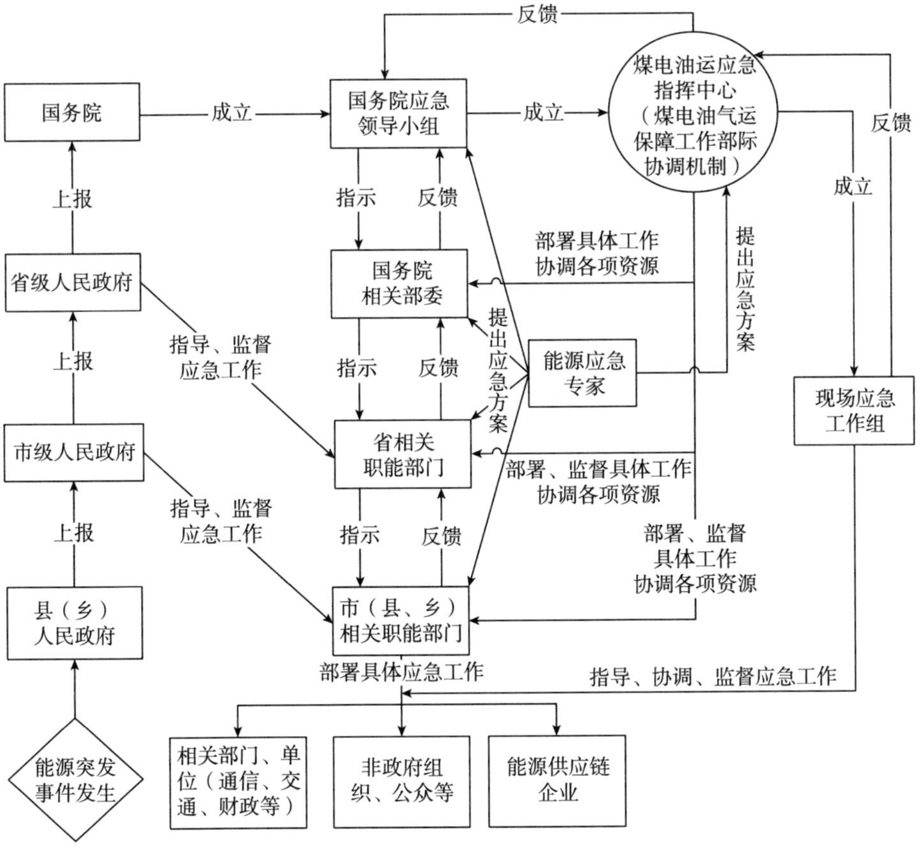

图 3－5　能源应急主体协同路径

以煤炭突击调运为例具体说明协同路径，如图 3－6 所示。当煤炭发生短缺时，由煤电油气运保障工作部际协调小组出面发出应援指示，发改委与交通运输部门进行沟通，并对下级部门进行调运指示，通力协调运力，地方交通运输部门为能源生产企业、用能企业提供运力，全力为煤炭资源的调运提供绿色通道，确保煤炭及时运输到短缺发生地。

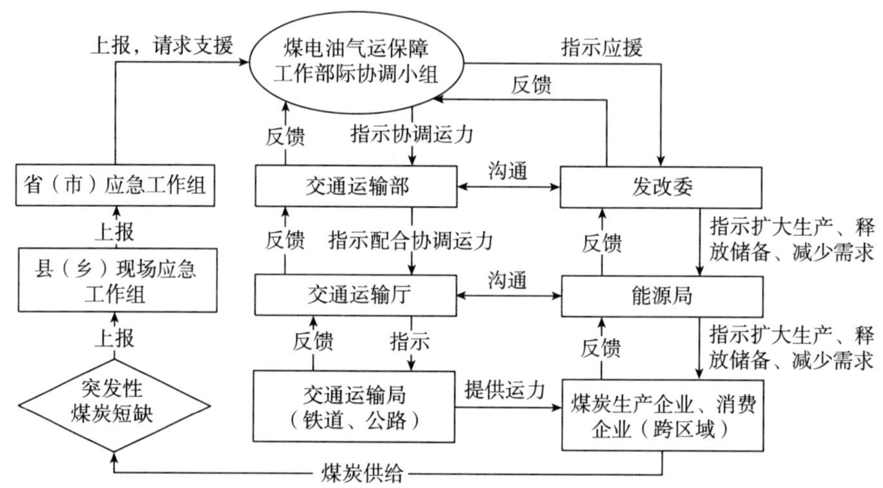

图 3-6　煤炭突击调运的协同路径

3. 关键能源应急协同主体分析

通过前文对能源应急过程涉及的主体扮演的角色以及职能的描述，本节根据利益相关者理论对能源应急主体的属性进行归类分析，析出关键应急主体，对于把握能源应急主体间的关系，挖掘当前能源应急协同中的问题以及后文模型构建均有重要作用。

弗里曼提出的利益相关者概念指出其与组织目标之间的关系是影响和被影响两个方面。Mitchell 提出的权利—合法—紧急的利益相关者分析模型，从权利、合法性和紧急性三个属性来划分利益相关者，并且一个利益相关者可以同时具备两种或者三种属性。三重属性可细分为七种利益相关者，其中具有单一属性包括潜在型、随意型、苛求型；具有双重属性的包括支配型、依赖型、危险型；具有三重属性的包括决定型（见表 3-1）。该模型是一个动态模型，任一利益相关者获得或者失去了某一属性，其在应急协同过程中的地位和作用也会发生变化。樊博（2013）对应急响应协同研究下的权利性、合法性和紧急性进行了定义。在应急响应协同的研究框架下，权力性用掌握的应急资源类型衡量，各个利益相关者拥有不同的权利且都不可或缺。应急响应研究中的合法性指的是各利益相关者的应急行为在制度上和实际运作中被其他利益相关者认可的程度。应急紧急性是指利益相关者对响应速度的敏感性以及应急响应成功对其的重要性。同时具有三重属性的利益相关者在应急协同中处于决定地位，具有单一属性或者双重属性的主体同样直接或者间接影响应急协同。本书通过对利益相关者进行分类，将具有三重属性的利益相关者确定为能源应急的关键主体。

表 3 – 1　利益相关者分类

类型＼属性		权力性	合法性	紧急性
单一属性	潜在型	√	×	×
	随意型	×	√	×
	苛求型	×	×	√
双重属性	支配型	√	√	×
	依赖型	×	√	√
	危险型	√	×	√
三重属性	决定型	√	√	√

潜在型利益相关者一般拥有丰富的应急经验或者先进的应急技术，具有较强的应急能力。国际上以及其他国家能源应急队伍、相关能源非政府组织等都属于潜在型利益相关者，但是由于在中国境内参与能源应急缺乏合法性和紧急性，其能对中国能源应急做出的贡献有限。

随意型利益相关者具有参与应急协同工作的合法性。由于缺乏权力性和紧急性，该类型的利益相关者会根据情况决定自身的应急协同行为。

苛求型利益相关者具有极强的紧急性，缺乏权力性和合法性。这种类型的利益相关者不属于任何组织，在应急过程中缺乏合法性和应急能力，但是却会积极参与到能源应急工作中去，一定程度上会增加应急的无序性。由于其对于应急协同工作影响力极小，可以忽视。

支配型利益相关者具有权力性和合法性，但是缺乏紧急性。这种类型的利益相关者拥有专业的资源，会向合作伙伴、客户或者其他利益相关者提供技术或者物资支持，如能源应急过程中能源供应链企业的专业设备提供商，包括外企或民企，会大力支持应急工作。

依赖型利益相关者具有合法性和紧急性，但是缺乏权力性。处于事发地的受到能源突发事件直接影响的公众、企事业单位等往往被视为首要救助对象，由于能源突发事件造成其无法正常生产生活，恢复和维护自身利益的能力有限，相对来说比较依赖其他主体。能源应急专家在应急过程中，专业的应急知识或者经验会影响政府的应急决策，应急成功与否对于其专家权威具有直接影响，故能源应急专家属于依赖型利益主体。注册在案的、接受政府统筹安排的能源行业协会等非政府组织掌握着较多的能源企业信息资源，但关键的能源资源还是由能源供应链企业自身掌握，在应急的权利性方面相对比较缺乏，故能源行业协会等非政府组织同样也属于依赖型利益主体。

危险型利益相关者具有权力性和紧急性，但是缺乏合法性。在能源应急过程中会出现一些没有注册在案的非政府组织，其参与到能源应急过程中没有在政府的统筹范围内而增加了应急现场的混乱和无序。

决定型利益相关者具有权力性、合法性和紧急性三个属性。中央政府及职能部门的权力性表现在其是人民权利的最高行使者，国家法律赋予它“紧急处置权力”，充分拥有国家各项应急资源筹措配置的权力；合法性表现在由于能源突发事件的“公共性”，单依靠市场机制无法得到解决，政府的介入是必然的。它在能源应急过程中负责统一领导、统筹协调、整合资源，其他主体需在其领导下开展应急工作；紧急性表现在其代表着全局利益，在尽可能短的时

间内控制能源短缺态势才能降低能源突发事件给社会生产生活带来的危害，维护人民的利益，同时能源突发事件能否短时间内得到有效控制代表其权威和执行力高低。因此，中央政府及职能部门具有的属性最全面，是关键的利益主体。地方各级政府及职能部门的权力性表现在其按照中央政府及职能部门的指示，领导地方能源应急工作，对行政区域内的各项应急资源拥有筹措配置的权力；合法性表现在地方政府是其辖区内的最高行政层级，代表中央政府及职能部门在地方行使紧急处置权力；紧急性表现在其代表的地方利益，能源应急效率越高，地方社会经济损失越小，社会生产生活才能尽快恢复稳定有序发展，故地方政府及职能部门为关键的利益主体。能源供应链企业的权力性表现在由于能源的垄断性特征，拥有专业的应急人员、应急物资设备、能源资源、能源运输通道等；合法性表现在由于能源供应链企业的专业性是各级政府及职能部门或者其他企事业单位无法取代的，政府命其参与能源应急工作，接受政府的工作部署；紧急性表现在能源突发事件直接波及能源供应链上下游企业，能源市场受到震荡，不利于企业的正常经营活动，尽快地控制能源突发事件能源市场才能平稳有序发展，企业才能正常地开展生产经营活动，故能源供应链企业同样是能源应急过程中的关键利益主体。

综合以上对能源应急相关利益相关者的属性分析，找到了能源应急过程中的关键参与者，包括中央政府及职能部门、地方政府及职能部门、能源供应链企业（见图3－7）。在下文的研究中主要考虑中央政府及职能部门、地方政府及职能部门以及能源供应链企业三个利益相关者的应急协同问题。

4. 能源应急协同主体利益关系分析

能源突发事件发生时，参与应急协同的主体之间关系复杂多样，有独立的关系也有依赖关系，但更多的是依赖关系。应急举措的提出与实施需要多个主体协同完成，平衡和协调各主体的利益极其困难。各主体在应急协同过程中的利益诉求满足程度决定其在能源应急协同过程中的主观能动性及发挥了多少作用等。根据前文对中央政府及职能部门、地方政府及职能部门、能源供应链企业的角色、定位的分析，可以总结出三个关键主体在能源应急中的利益诉求（见表3－2）。

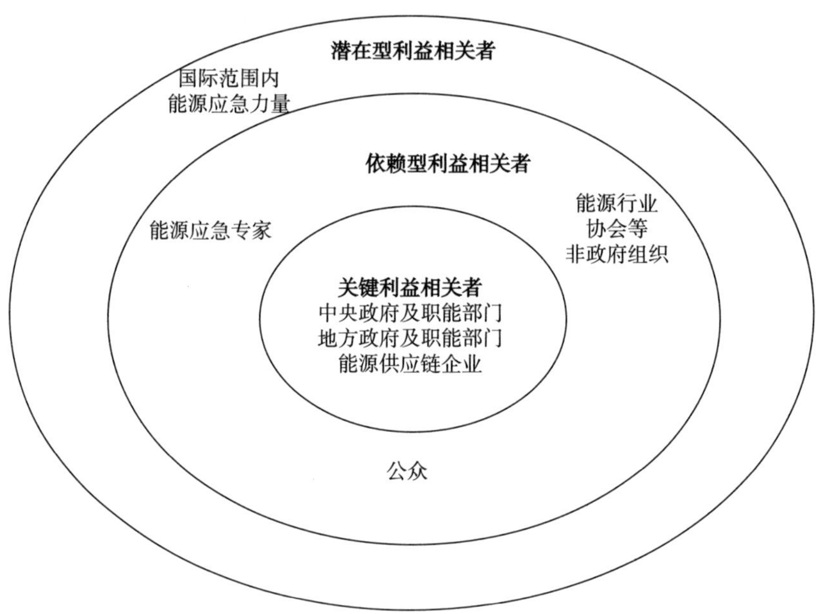

图3－7　能源应急协同利益相关者划分

表3－2　利益相关者的利益诉求及利益目标

利益相关者	利益诉求	利益目标
中央政府	维护国家利益、全局利益	能源突发事件尽快得到控制 促进国家经济、社会稳定有序地发展 能源行业的可持续发展
地方政府	维护地方区域利益 干部自身发展	控制能源突发事件发展态势 地方经济、社会稳定发展，经济效益最大化 政绩最大化
相关职能部门	维护部门利益 干部自身发展	部门利益最大化
能源供应链企业	维护企业利益 企业自身的生存与发展	能源突发事件得到控制 企业利益最大化

由表3－2可知，中央政府、地方政府、相关职能部门、能源供应链企业各自有着不同的利益诉求和利益目标。中央政府维护的是国家利益和全局利益，地方政府维护的是地方利益和个别干部自身发展，相关职能部门代表了部门利益或个别干部自身的发展，能源供应链企业代表了企业自身利益，追求的是企业自身的生存与发展。

（1）能源应急主体利益共同点分析。能源突发事件威胁到国家经济的稳定发展，扰乱了企业的正常生产经营活动，对公众的日常生活带来诸多不便。此时包括中央政府及职能部门、地方政府及职能部门、能源供应链企业、能源专家、能源行业协会等非政府组织、公众等在内的所有主体的共同利益和目标就是尽快控制能源突发事件发展态势，尽可能最小化能源突发事件给自身经济和日常活动带来的损失。这也是在面对能源突发事件时各应急主体的利益共同点。

（2）能源应急主体利益冲突分析。面对能源突发事件，整体上来看各应急主体的当前利益是一致的。然而在能源应急协同过程中，各个主体因其社会属性和立场的不同又有着不同的利益诉求。对能源应急关键利益主体，中央政府及职能部门、地方政府及职能部门、能源供应链企业三个主体之间的利益冲突进行分析。

1）中央政府及职能部门和地方政府及职能部门之间的矛盾体现在中央政府及其职能部门因其法律上的职能地位代表的是党和人民的利益，其更看中的是全局利益和长远利益，考虑的是国计民生之大事。在能源应急协同过程中采取的办法和措施通常是命令式的，缺乏对其他主体利益的考虑，只是单方面地要求其他主体让渡自身利益，全心全意应对能源突发事件。地方政府及其职能部门代表地方区域人民的利益，而且地方政府在经济社会的发展过程中已经成为一个相对独立的经济主体，对地方经济和民生的发展负有相对独立的责任，其“经济人”的利己特性表现得比较明显。在能源应急过程中需要考虑自己人力、物力、财力等要素投入给地方带来的经济负担与经济收益，部分地方官员会考虑到应急对自己政绩的影响，没有把全局利益、公众利益放在第一位，导致中央到地方各级政府及职能部门在应急协同过程中存在利益冲突。在缺乏有效的监管情况下，中央的应急政策、方案或办法等在地方施行过程中大打折扣，地方在应急过程中会有所保留，不能全心全意配合中央。同时，由于地方政府考虑到中央政府因其立场必将全力应对能源突发事件，因此在能源应急协同过程中表现出转嫁应急责任，过度依赖中央政府。

2）政府和职能部门之间也存在一定的利益冲突，体现在职能部门的财政上也是相对独立的，其投身能源应急中会对部门产生一定的应急成本。政府在财政方面不能给予有效支持，由各个部门自行解决，形成了政府和职能部门之间的利益冲突。职能部门代表着各自部门的利益，由于能源应急责任不明晰，职责范围较窄或职责交叉冲突，形成了部门间的利益冲突。它们为了自身利益在能源应急中互相推诿，应急协同效率也会受到影响。

3）跨区域地方政府及职能部门间也存在利益冲突，体现在能源应急往往要跨区域进行资源的筹调，如专业的能源应急人员、能源资源、专业的能源应急设备、能源运输运力协调等，需要地方与地方之间实现有效协同。然而地方政府及职能部门代表着各自行政区域的地方利益，参与能源应急必然要支付一定的应急成本，让渡地方的利益必然会损害到辖区的利益，而这部分损失往往由地方自己承担，形成了利益冲突。

4）政府和能源供应链企业之间的利益冲突体现在能源供应链企业是自主经营、自负盈亏的个体，其在能源应急过程中更多注重的是其经济效益。由于能源供应链企业是能源应急工作的一线实施者，往往需要其投入更多的人力、物力和财力等资源。同时，由于能源资源的垄断性，能源供应链企业承担的不只有企业责任，政府赋予它过多的民生责任、能源安全责任，导致其经济利益严重受损。

中国能源应急措施包括扩大供应、限制工业用能，先保民生用能，确保运输通畅。“限非保民”这一举措由于中国能源价格双轨制导致居民用能和工业用能存在价格差，使供能企业“赔本保供”，经济利益受到损失。工业企业由

于能源来源受限制，企业的订单无法及时完成造成商业损失。能源运输企业的输送管网、储备设施等基础设施的建设需要投入大量的资金和技术，目前主要靠能源供应商承担，给其带来了巨大的企业压力。目前，中国政府并未建立有效的机制来弥补这一损失。这样的利益冲突导致能源供应链企业在应急协同过程中比较被动，应急主观能动性受到限制，政企之间不能实现有效协同。

由图3－8可知，能源应急主体内部、主体间存在着复杂的利益关系，利益冲突的存在一定程度上影响了各应急主体的协同行为表现，如果应急主体的利益诉求不能得到有效的协调，主体之间必然会展开以自我利益为中心的博弈。首先，地方政府从博弈论的角度来看也是一个“经济人”，追求更多的是地方经济利益和社会效益，中央政府的决策下达到地方不会完全有效地实施，出现地方政府消极应对能源突发事件的行为。其次，政府职能部门考虑到部门利益，不能与党委政府之间实现高效协同，同样出现消极应对能源突发事件的行为。最后，能源供应链企业更多的是追求经济利益最大化，况且在没有有效的、明确的经济保障情况下其应急积极性受到抑制，来自政府及职能部门的行

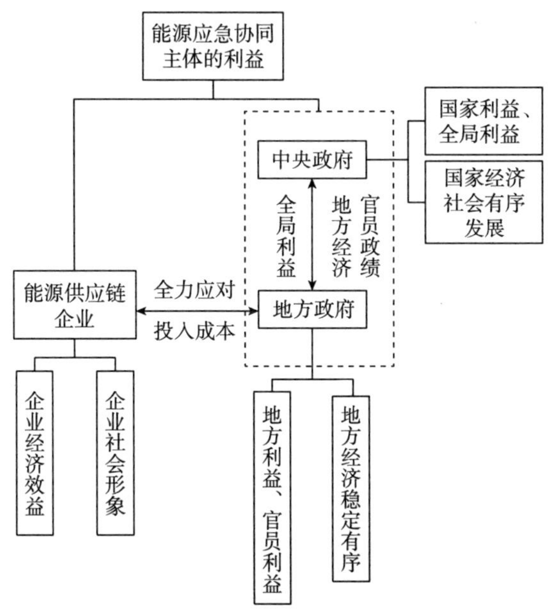

图3－8　能源应急主体利益关系

动指示不能变成有效的应急行动。主体间由于这样的利益关系和利益冲突开展博弈，建立自身的利益优势，尽可能实现自身利益最大化，导致主体间应急协同行为受到抑制，出现各自为政、互相扯皮、转嫁应急责任等现象。

关键利益主体之间的利益冲突，设置一定的协同规则，研究这些规则对主体间协同的影响作用，为建设和完善能源应急协同机制提供理论支持。

三、能源应急协同资源分析

《国家突发公共事件总体应急预案》中指出广义的应急资源可分为人力资源、物资资源、财力资源、信息资源、技术资源等，狭义的应急资源指应急救助所需的各种物资。资源根据形态可分为有形资源和无形资源两类，其中人力资源、物资资源、财力资源属于有形资源，信息资源、技术资源属于无形资源。能源应急主体在协同活动过程中，各主体拥有的资源要素各有不同，要对各项应急资源进行科学的筹调和配置，有利于提高能源应急效率。接下来将对各主体拥有的应急资源及关系进行分析。

1. 政府拥有的应急资源

政府主体统一决策、部署和指挥全国的能源应急管理工作，需要监测煤电油气运的产、供、销、运、存等的动态信息，并根据这些数据进行预警，做出应急决策，制定应急预案，协调多方主体进行各项资源的优化配置，并对各主体的应急表现进行考核与评估，而这些更多地依赖于政府主体的信息资源，决定了整个能源应急举措的正确性和有效性。具体的应急资源如表 3－3 所示。

表 3－3　政府拥有的应急资源

有形资源	人力资源	各级人民政府及相关职能部门人员
	物资资源	办公场所及设备、政府应急物资储备
	财力资源	政府专项应急资金
无形资源	信息资源	政府应急预案、经济运行状况、应急法规政策、能源应急管理方法和知识
	技术资源	信息整合技术、产供运需监测平台建设技术

2. 能源供应链企业拥有的应急资源

由于能源供应链上下游主体拥有的应急资源有所不同，因此分别对能源生产主体、能源运输主体、能源消费主体拥有的应急资源进行分析。

（1）能源生产主体拥有的应急资源。能源生产企业拥有人力资源、生产技术、应急知识和方法、财力等，承担着扩大能源供应的应急责任，需要利用所拥有的资源进行能源应急活动。具体的资源如表3－4所示。

表3－4 能源生产主体拥有的应急资源

有形资源	人力资源	能源生产企业各层级管理人员、一线生产人员
	物资资源	能源资源、生产设备设施、管理办公场所、生产作业场地
	财力资源	现金、股票和债券等金融产品、风险投资
无形资源	信息资源	生产企业应急预案、生产供应信息、企业应急管理制度、市场信息
	技术资源	生产技术

（2）能源消费主体拥有的应急资源。能源消费主体在能源应急过程中担任的主要职责是抑制能源需求，其需要遵循抑制能源需求的目标，制定相应的应急预案，采取能源替代或者先进的节能技术应对能源突发事件。其拥有的具体应急资源如表3－5所示。

表3－5 能源消费主体拥有的应急资源

有形资源	人力资源	能源消费企业各层级管理人员、一线作业人员
	物资资源	能源资源库存储备、专业设施设备
	财力资源	现金、股票和债券等金融产品、风险投资
无形资源	信息资源	能源需求信息、应急预案、应急管理制度
	技术资源	节能技术、能源替代技术

（3）能源运输企业拥有的应急资源。能源运输企业拥有人力、应急知识、信息、技术、财力。区别于其他主体，能源运输企业拥有的关键物资资源是能

源物流设施，包括物流节点和物流线路，物流节点如港口、码头、货运场站、储备库，物流线路如公路、铁路、水运航道、航空、管道运输通道。具体的应急资源如表3－6所示。

表3－6　能源运输主体拥有的应急资源

有形资源	人力资源	能源运输企业各层级管理人员、一线作业人员
	物资资源	港口、货运场站、储备库、码头、水运航道、铁路、公路、航空、管道运输通道、运输工具
	财力资源	现金、股票和债券等金融产品、风险投资
无形资源	信息资源	应急设施选址和建设的知识和方法、能源目标需求点、运输路线选择、资源点、运力
	技术资源	基础应急设施建造技术、专业设备制造技术、输送技术

3. 其他主体拥有的应急资源

其他能源应急主体，包括能源行业协会、相关能源专家、公众、国际应急力量拥有的资源对能源应急协同起到润滑和促进的作用，具体如表3－7所示。

表3－7　其他主体拥有的应急资源

主体	应急资源
能源行业协会	应急政策信息、行业信息
相关能源专家	能源应急知识和方法、能源应急经验
公众	应急意识和方法、生活用能需求信息
国际应急力量	国际应急人员、应急技术、应急经验、能源

由上可知，在各类主体拥有的应急资源中，人力、财力、信息、知识和技术等应急资源是所有主体都拥有的，各主体通过这四种资源的沟通与交流，合理配置各项资源，提高能源应急效率。

四、能源应急协同活动分析

能源应急的主体包括政府主体（中央政府及职能部门、地方政府及职能

部门），能源供应链上、中、下游企业主体，公众，能源应急专家，国际应急力量等。由于不同主体在能源应急过程中有着不同的职能和角色，且掌握着不同的资源，每个主体有着不同的分工，承担着不同的应急活动，共同协作完成能源应急工作。基于前文关于利益主体职能与角色的分析，以及《国家突发公共事件总体应急预案》、《国家发展改革委综合应急预案》、《国家发展改革委煤电油气运综合协调应急预案》、地方部分省（市）制定的《煤电油气运综合协调应急预案》，归纳总结出能源应急各主体承担的任务。

（1）政府主体。能源应急的政府主体包括中央政府及职能部门、地方各级政府及职能部门，如国家应急管理办公室、发改委牵头成立的煤电油气运保障工作部际协调机制、各级地方政府经济运行主管部门设立的经济运行应急协调领导小组等。政府主体在能源应急过程中的应急活动包括应急组织机构设置、应急法律制度完善、市场监测与预警、制定应急预案、价格管制、应急资源协调筹措、信息发布、能源外交、监督评估、奖惩补偿等。

（2）能源生产企业。能源应急生产主体承担的应急任务主要包括扩大生产、释放储备。

（3）能源运输主体。能源运输主体承担的应急任务主要包括运力协调、物资调运。

（4）批发/销售主体。主要涉及能源的销售和流通环节。譬如，石油、天然气批发机构、终端加油站、加气站等。批发/销售主体的主要应急任务为维护价格稳定、释放库存。

（5）能源消费主体。能源消费企业主要应急任务是减少能源消耗、生产能源替代。

（6）国际应急主体。国际应急主体的主要应急任务是保障能源进口。

（7）公众。公众的主要应急任务是避免恐慌和节约用能。

（8）能源应急专家。能源应急专家的应急任务是辅助决策。

第二节 能源应急协同机制分析

能源应急协同不是各协同要素的简单累加，应急过程中各要素要通过一定的协同机制实现系统协同效应。能源应急协同机制是指在能源突发事件应急过程中，相关主体内部、主体之间以及与外部环境之间相互作用，促使各协同要素进行有机整合和动态调整，实现整体协同效应的各种制度化、程序化的方法和措施的综合。它能够保证各个参与主体在政府的领导下实现有序开展能源应急工作，对各参与主体的行为起到约束和调节作用。针对能源突发事件，只有建立高效的应急协同机制，才能促进能源应急主体内部以及主体之间形成良好的协同关系，激发应急主体强烈的协同意愿并保障协同机制的有效运行。本书认为能源应急协同机制包括三个方面，分别是应急协同动力机制、应急协同运行机制以及应急协同保障机制。

一、能源应急协同动力机制

根据协同学理论，协同机制的形成是系统无序的自组织过程形成的，该自组织过程受到系统内部和外部动力因素的共同作用。因此，能源应急主体协同关系的形成是由系统内外部动力因素共同作用的结果。

能源应急协同动力由内部动力和外部动力两部分组成，能够使系统各组成要素实现有效协同的重要推动力。内部动力存在于能源应急系统内部，主要来自于能源应急主体自身的需求；外部动力是存在于能源应急系统外部，主要来自于能源制度、能源市场、政府政策、国际能源环境等。在能源应急过程中各个主体通过协同行为缓解能源短缺态势，恢复正常的能源供应和消费秩序。

能源应急协同机制的动力要素分为内部动力因素和外部动力要素，内部动力因素是存在于能源应急协同系统内部的，驱动应急主体协同响应的动力因素。

外部动力因素是存在于能源应急协同外部，驱动应急主体协同响应的动力因素。

1. 内部动力因素

（1）自身利益需求。能源突发事件破坏了居民正常的生产生活秩序以及企业正常的生产经营活动，干扰了能源市场的有序运行，对中国的经济社会发展造成严重损失。中央政府、地方政府、能源供应链企业、公众等主体的利益均受到威胁和损害，而能源应急管理系统是一个复杂系统，单个主体的力量不足以控制能源短缺事态。为了维护各自的利益，这些主体需要协同合作，建立应急协同机制，才能在尽可能短的时间内恢复能源市场正常的秩序，避免造成更多的利益损失。

（2）能力互补需求。能源应急系统是一个跨区域、多行业、多部门的复杂的系统，需要的应急资源同样多而繁杂。然而由于资源本身具有不对称性，单个应急主体能力不同且有限，不足以应对能源突发事件，需要主体间的协同合作才能高效地开展能源应急工作。政府是"国家紧急处置权利"的执行机关，且中央政府相对地方政府拥有强大的筹措调配的力量，在跨区域抽调人力、物力和财力等方面具有绝对优势；能源供应链企业等能源供应链企业拥有专业的人员、设备及技术，是能源的重要提供者；能源专家拥有丰富的知识、经验，能够洞察能源短缺应急的重点难点，给出专业的建议和应急措施；能源行业协会等非政府组织掌握大量企业资源，能够实现企业和政府之间的良好沟通；公众在能源应急中的积极配合，不散播谣言滋事，为能源应急提供良好的环境。由此可见，各个主体单凭自身的力量是无法应对能源突发事件的，需要其他主体的协同配合才能走出困境，在协同过程中实现优势互补、维护自身的利益。

（3）资源整合需求。能源应急系统是个复杂系统，应急过程中各个主体会需要大量的信息、物资、人力、设备、能源等资源对事态进行分析，做出合理的决策，采取恰当的应急措施。这需要应急主体内部及主体之间进行应急合作、协同，实现信息、物资、设备、人力、能源等资源的交换、共享、互补和整合，从而使资源在整个应急系统进行流动并得到优化配置，提高应急效率。

（4）降低应急成本需求。能源突发事件对中国的经济社会造成严重的损失，其应急管理过程需要耗费大量的人力、物力、财力，造成能源应急成本居高不下。各个应急主体在资源、技术、信息、人力等方面实现有效协同，可大大缩短应急时间，提高能源应急效率，减少可能造成的损失，降低各主体承担的能源应急成本。

2. 外部动力因素分析

（1）能源突发事件特性。能源突发事件具有突发性、紧迫性、衍生性、公共性等一系列特征。这些特征要求各级政府及职能部门、能源供应链企业、公众等主体实现应急信息、资源、过程等方面的协同，才能把握住能源应急最佳时机，尽可能在短时间内控制能源短缺态势，减少损失。

（2）政府政策制度。当前中国的能源应急效率低下，能源应急能力不足，而应急协同水平是制约能源应急管理能力的决定性因素。《能源法》意见稿中已经明确指出能源应急的一个重要原则是协同配合，在中国出台的《国家突发公共事件总体应急预案》中将“协同应对”作为工作原则之一，要求建立联动协调制度，形成统一指挥、协调有序的应急协同机制。在具体的能源应急实践中，中国已经成立了由政府及相关职能部门、重点能源企业、行业协会等非政府组织组成的“煤电油气运综合保障部际协调机制”，负责能源突发事件的应急指挥和统筹协调工作。在国务院印发的《能源发展战略行动计划（2014－2020年）》指出国务院有关部门、各省（区、市）和重点能源企业应明确协调机制，分解落实目标任务。中国能源发展“十二五”规划以及能源发展“十三五”规划编制原则均指出煤电油气运保障协调机制逐步完善，坚持协同保障原则，建立跨部门的统筹协调机制，促进国际能源应急互助合作，增强各类能源突发事件应急能力。“一带一路”倡议促进了与“一带一路”沿线国家开展深入的能源应急合作。政府采取的以上政策制度推动了能源应急协同机制的建设和发展。

（3）能源资源的不对称性。中国能源在地域分布上整体呈现不均衡的特征，煤炭资源的分布特点是北多南少，中国的石油资源主要分布在东北、华北、西北区域。同时中国的能源消费和产地在地域分布上也极其失衡，目前东南沿海经济发达地区的能源消费量在全国能源消费量的占比相当大。这样的分布特征使得能源突发事件具有极强的区域性特征，能源应急往往需要跨区域筹调。能源应急管理是一个多部门、多行业、跨区域的复杂系统，要求区域间各主体的通力合作，协同开展能源应急工作，才能在短时间内控制能源短缺蔓延态势，避免造成更大的损失。

（4）国际能源环境。伴随着中国石油天然气对外依存度的持续攀升，该子类能源突发事件的国际化程度越来越高，国际社会发生的恐怖事件、冲突战争等因素也日渐成为引发油气突发事件的主要因素。中国的能源应急管理刚刚起步，能源应急协同机制存在重重问题，能源应急效率和能力尚不足以应对来自国际社会的冲击。此外，在2015年11月18日国际能源署（IEA）部长级会议上，中国正式成为了国际能源署联盟国，而不是成员国。国际能源署的一个重要功能是建立针对短期石油危机的“应急机制”，包括“能源应急信息共享机制”“与石油公司的协商机制”“长期的国际能源合作机制”，成员国之间建立了相当成熟的应急协同机制，各个成员国本身也分别建立了相当完善的应急协同机制，这也对中国的能源应急协同体制形成了挑战。只有中国建立完善有效的协同机制才足以提高中国能源应急水平，获得国际能源署正式成员国的资格，共享国际能源署油气应急机制，应对来自国际社会的威胁。

（5）科学技术发展。科学技术在不断地发展和变化，这种发展对应急管理知识、技术、经验提出了更高、更全面的要求。这种要求不是单一组织能够达到的，需要各个应急主体通过协同合作来适应科学技术的发展，促进能源应急管理现代化水平的提高。

（6）社会人文环境。社会人文环境是指公众整体的能源应急意识的提高。伴随着社会经济的快速发展和文明程度的提高，频发的能源突发事件引起全社会的重视，政府注重能源应急知识的传播、能源应急能力的演练、能源应急规章制度的完善、应急基础设施的建设，能源供应链企业越来越注重企业所承担的社会责任、能源安全责任，公众的应急意识和应急素质越来越高，整个社会能源应急意识的提高促进了能源应急实现有效协同。

能源应急协同系统的动力要素并不是独立存在的，而是相辅相成、相互制约的关系。能源应急主体协同基于动力要素的驱动，同时动力要素功能的发挥依赖系统的协调。内部动力是促使能源应急主体应急协同的关键驱动力；内部动力要素在外部动力要素的驱动下得到强化，进而产生更强的应急协同动力；外部动力要素通过作用于内部动力要素来实现其驱动效能，进而促进能源应急协同的发展（见图3－9）。

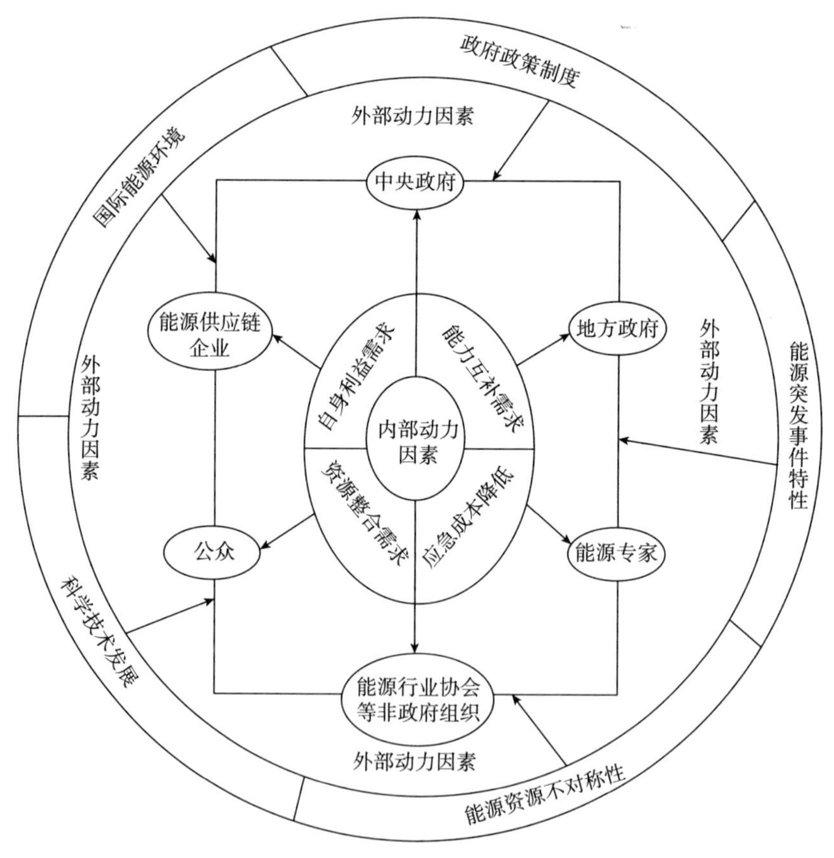

图3－9　能源应急协同动力模型

二、能源应急协同运行机制

能源应急管理分为四个阶段，分别为预测预警阶段、准备阶段、响应阶段和恢复阶段。每个流程阶段有着各自的应急任务，每个应急任务需要相应的应急资源。能源应急协同运行机制就是中央政府及职能部门、地方政府及职能部门、能源供应链企业及其他相关主体在不同的阶段根据收集到的信息，制定相应的对策和实施方案，落实相应的部门、人员，整合配置相应的资源，包括专业设备、专业救援人员、应急所需的技术、运力、能源资源等，实现流程协同、资源协同共同应对能源突发事件，如图 3 – 10 所示。

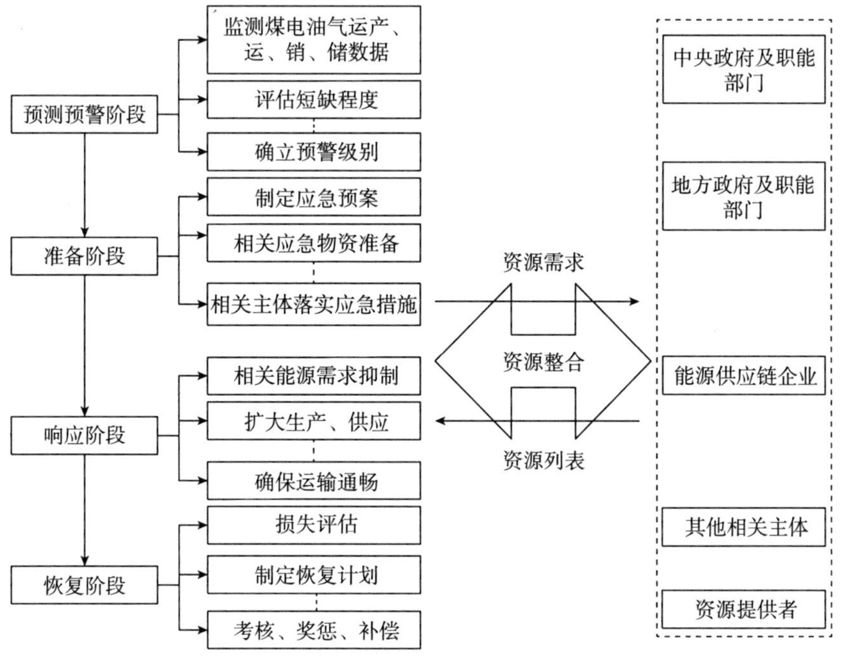

图 3 – 10　能源应急协同运行机制

三、能源应急协同保障机制

为保障能源应急协同机制的有效运行，需要一系列的协同保障机制。

1. 信息协同

由于能源突发事件应急主体的多元化以及应急的紧迫性，迫切需要分布在不同地域、不同领域的各个主体之间进行及时有效的信息共享、沟通交流，包括突发事件发生地区，影响范围，短缺程度，演化趋势以及相关能源品类的产、供、销、运、储等信息，保证各应急主体可以无缝连接地获取需要的资源，降低信息搜寻成本，实现各项应急资源共享配置，快速对能源突发事件做出反应。各主体能够更加准确地把握能源突发事件的实际情况，对发展态势做出准确的研判并做出正确的应急决策，尽快控制能源短缺态势。

2. 组织协同

能源应急过程涉及多元主体，中央政府及职能部门、地方政府及职能部门、能源供应链企业、公众、国际力量等主体承担着不同的应急任务。建设统一指挥、功能完备、反应迅速、长效的应急组织，通过规章制度明确组织中各个主体在能源应急中的角色、职能、职责权限，以及各个主体在不同应急任务上的分工，避免出现多头领导、互相推诿、转嫁应急责任的现象，促进主体内部及主体间实现有效协同，保障能源应急协同机制的高效运行。

3. 监督考核

能源应急监督机制目的是为了“防怠减漏排偷”，对于实施公平公正的奖惩具有重要作用。建立能源应急监督考核机制，对各个主体应急在预警、准备、响应、恢复等阶段的行为进行监控和督促，及时对人员、物资的使用调度，应急人员的工作效率，应急主体“搭便车”行为以及其他各种不合理、不合法的行为进行处理。同时对各主体制定相应的应急任务指标，如需求抑制标准、储备释放指标、跨区域调运指标等，并进行及时考核，为奖惩问责机制和补偿机制的实施提供依据。通过对应急主体的监督考核，可以保障应急资源使用的公平性和有效性，明确各主体的应急责任，调动各应急主体的积极性，提高应急协同效率，保障应急协同机制有效运行。

4. 激励机制

激励机制包括奖惩机制和补偿机制。

（1）奖惩机制。奖惩机制是对能源突发事件应急过程中各主体行为的一种反馈。它的存在能够调动各应急主体的协同积极性和创造性，保障能源应急协同机制的有效运行。在中国出台的《突发事件应对法》以及部分省市出台的《煤电油气运综合协调应急预案》中均明确指出对在应急工作中表现突出、成绩显著的单位或个人给予表彰或奖励，对于不按规定履行责任的政府及职能部门、企事业单位或个人给予相应的处分或处罚。2007 年出台的《能源法》意见稿中在能源应急一章中指出对承担能源应急任务的单位或个人给予适当奖励。奖惩机制的建立能够一定程度上给各应急主体带来收益，有效解决应急主体间利益冲突，提高各应急主体的应急主观能动性，促进主体间的有效沟通与协作。相关研究也表示个人或组织在通过充分激励后所发挥的作用是激励前的 3 ~4 倍。因此有效奖惩机制将很好地将激励化为动力，是能源应急协同机制高效运行的重要保障机制之一。

（2）补偿机制。补偿机制是对承担能源应急任务的单位或个人进行相应的补偿。由于能源突发事件的突然性、紧迫性、信息高度缺失等特点，在处置过程中对各项应急资源的需求呈动态变化，往往无法准确估计。如何高效地利用各项资源并公平公正、及时有效地进行物资补充等关系到未来应急资源分配和调度实施的难易程度和可靠性，影响到相关主体参与应急工作的积极性。应对能源突发事件需要短时间内调动大量的资源，包括人力、物力和财力等，这些应急成本投入需要各级地方政府及职能部门、能源供应链企业独自承担，一定程度上限制了这些利益相对独立主体的应急积极性。若对因能源应急依法征收征用的物资、设备和设施的损失部分，以及对承担能源应急任务的单位或个人进行相应的补偿，可以切实保护应急主体的利益，提高能源应急主观能动性，积极协同上级主体开展应急工作，保障能源应急协同机制的有效运行，促进能源应急协同的可持续发展。

第三节　能源应急协同机制理论框架模型

能源应急各协同要素在协同形成机制、运行机制、保障机制相互支持、相互作用下，进行有机整合和动态调整，实现整体协同效应。构建能源应急协同机制理论框架模型，如图3－11所示。

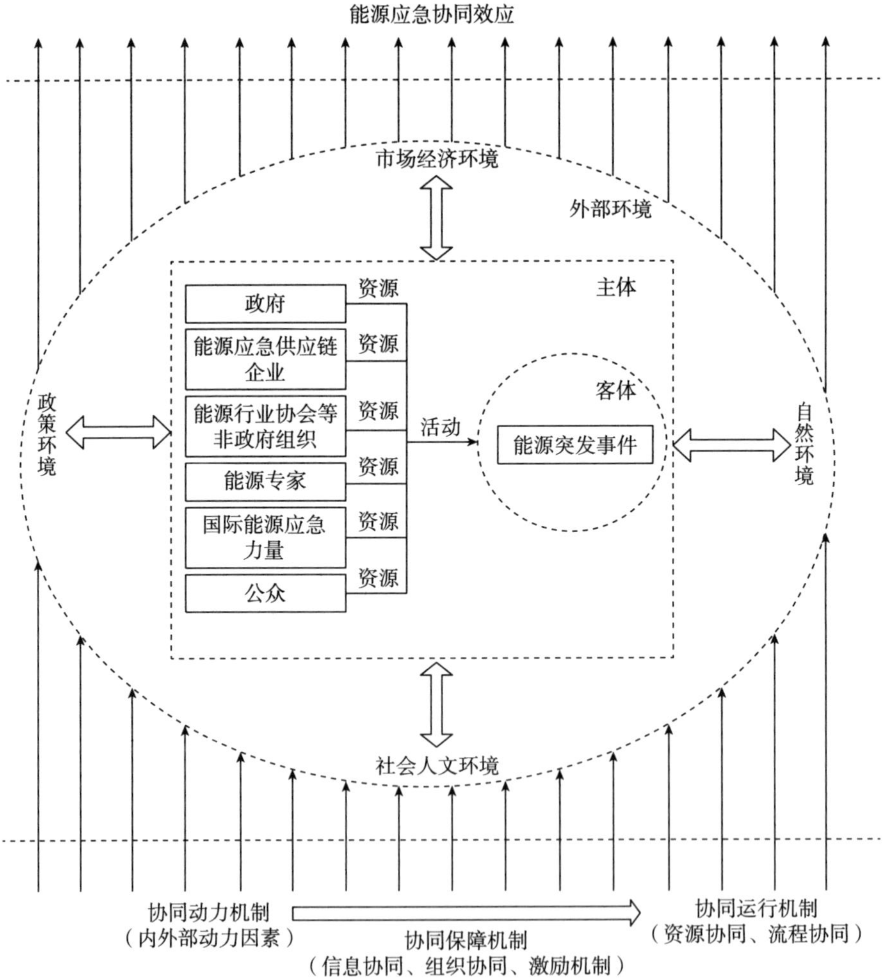

图3－11　能源应急协同机制理论模型

第四节　本章小结

本章首先指出能源应急协同包括五个基本要素：应急主体、应急活动、应急资源、外部环境、能源突发事件（应急客体）。这些要素在协同机制（动力机制、运行机制、保障机制）的作用下使系统实现协同效应。其次介绍了能源应急客体即能源突发事件的定义、分类及特征。再次介绍了能源应急主体要素，对能源应急协同的相关主体，包括中央政府及职能部门、地方政府及职能部门、能源供应链企业、能源行业协会及非政府组织、能源应急专家、公众、国际范围内能源应急组织等在能源应急中的职能及角色进行阐述，厘清了同一层级主体内部、不同层级主体之间的协同路径。基于 Mitchell 提出的权利—合法—紧急的利益相关者分析模型，析出能源应急协同过程中的关键主体。对关键主体的利益诉求进行分析，找到中央政府及职能部门与地方政府及职能部门之间、政府及职能部门与能源供应链企业之间的利益共同点和利益冲突，为下文的研究奠定了基础。又次对各应急主体拥有的协同资源，包括人力资源、物资资源、信息资源、技术资源、财力资源进行具体介绍。最后对各个应急主体的应急协同活动要素进行分析。阐述了实现要素间协同的机制，包括动力机制、运行机制、保障机制。在能源应急协同形成机制研究中，分析了内部动力因素和外部动力因素，并构建了能源应急协同的动力机制模型，指出运行机制是应急活动、应急资源的协同，保障机制包括的内容，如信息协同、组织协同、监督考核、激励机制（奖惩与补偿）。综合要素分析以及机制分析构建了能源应急协同机制的理论模型。

第四章　政府与能源供应链企业应急协同演化博弈研究

第一节　问题描述

在能源应急过程中，由于相关的应急主体间存在利益冲突，其作出的能源应急行为是基于自身的利益考量进行互相博弈的结果。第三章对能源应急协同利益主体在能源应急中扮演的角色、担任的职能以及利益关系进行了分析，指出能源应急的多主体之间存在着复杂的利益关系。能源应急的关键利益主体政府和能源供应链企业之间有着复杂的博弈关系。能源供应链企业是能源应急举措的具体实施者，拥有专业的应急人员、应急设备物资以及应急技术，最重要的是其掌握着关键能源资源。然而由于其“经济人”的属性，追求利益最大化是其终极目标，而能源应急过程需要其投入人力、物力、财力等，产生应急成本，这种经济效益和成本之间的不对称性导致能源供应链企业会选择消极应对能源突发事件。当政府不能有效发挥其监管权应有的作用时，能源供应链企业将消极应对。中国政府开展能源应急工作的首要方针是保民生、限制工业用能。然而由于工业用能与民生用能存在价格差，企业在利益的驱使下，将民生用能高价出售给工业用能企业，政府的应急政策不能得到有效施行，能源的短缺更加紧张。政府由于其社会属性需要兼顾经济社会的健康发展，为让主体的博弈实现均衡，不能忽视能源供应链企业的利益。

在这种复杂的利益冲突下，政府和能源供应链企业有着自己的行为决策，通过博弈实现个体利益最大化、效用最大化。各个利益主体在应急过程中行为策略决定着能源突发事件应急的演化方向。近年来，在中国频发的能源突发事件中政府全力以赴应对短缺，而能源供应链企业则消极怠慢，主观能动性低，不能全力配合政府的应急工作，过度依靠政府力量。2017 年 11 月中下旬发生的天然气荒中政府的“压非保民”措施不能得到有效施行，天然气上中下游企业在政府监管不力的情况下为了寻求经济利益使得更多的天然气流向了工业用户，加剧天然气短缺态势。研究能源应急主体的行为策略选择演化机理对于掌握能源应急演化机理，提高能源供应链企业积极性，改善中国能源应急管理现状至关重要。

因此借鉴以往学者的研究成果，利用演化博弈理论，研究政府和能源供应链企业两个主体的行为策略选择和影响应急主体行为策略选择的因素，并提出相应的政策建议，旨在促进能源供应链企业面对能源突发事件时能够由消极应对变为积极应对，减少对政府的依赖，提高中国能源应急效率。

第二节　模型构建

模型设定能源应急过程中政府和能源供应链企业两个主体参与博弈。目前中国的能源短缺应急现状为当短缺发生后，能源供应链企业作为以盈利为目的，自主经营、自负盈亏的主体，其应急的主观能动性受到自身经济利益的约束。同时能源供应链企业一般认为政府在资源的储备和筹措方面具有显著优势，应当担负更多的责任而过度依赖政府的力量，应急积极性不高而选择消极应对。因此，模型设定能源供应链企业的应急行为策略分为积极应对和消极应对两种策略。积极应对指在短缺发生后，能源供应链企业能够充分发挥其主观能动性，第一时间内和政府进行沟通协调，采取先期处置应急措施，主动增加能源产量，充分释放能源储备，最大限度抽调运力保障应急资源运输和降低能源消费。消极应对指能源供应链企业在短缺的应急过程中只是“消极等待”政府的应急工作安排，主观能动性低，缺乏与其他应急主体的信息沟通，过多地考虑其自身的经济利益，不能最大限度地释放其资源服务于能源应急。政府在能源短缺的应急过程中根据能源供应链企业在应急过程中的表现以及应急的成败向能源供应链企业进行责任追究，主要是对能源供应链企业主要领导人的撤职处分或者其他行政、财政等处罚，因此模型引入惩罚变量 p，设定政府的行为策略为给予惩罚和免除惩罚两种策略。

支付矩阵中各收益值均表示能源应急主体应急过程中获得的物质利益与非物质利益（声誉、社会认可度）等的总和。[①] 当能源供应链企业选择消极应对策略，政府选择免除惩罚策略时，能源供应链企业和政府的收益分别为 π_c、π_g；当能源供应链企业选择消极应对策略，政府选择给予惩罚策略时，则能源供应链企业的收益为 π_c-p，政府的收益为 π_g+p；当能源供应链企业选择积极应对策略时，会给博弈双方带来协同收益，同时能源供应链企业需付出相应的应急成本 c，则在能源供应链企业选择积极应对策略，政府选择给予惩罚策略时能源供应链企业和政府应急协同收益分别为 s_{c1}、s_{g1}，能源供应链企业的最终收益为 $\pi_c+s_{c1}-c-p$，政府的最终收益为 $\pi_g+s_{g1}+p$；当能源供应链企业选择积极应对策略，政府选择免除惩罚策略时能源供应链企业和政府的应急协同收益分别为 s_{c2}、s_{g2}，能源供应链企业的最终收益为 $\pi_c+s_{c2}-c$，政府的最终收益为 π_g+s_{g2}。

假设政府在Ⅰ和Ⅱ两种策略组合情况下获得的协同收益不等，即 $s_{g1}\neq s_{g2}$；能源供应链企业在Ⅰ和Ⅱ两种策略组合情况下获得的协同收益不等，即 $s_{c1}\neq s_{c2}$，且政府和能源供应链企业在策略组合Ⅰ中获得的协同收益同时大于或同时

① 张昊宇，陈安．应急救灾三方博弈模型研究［J］．电子科技大学学报（社会科学版），2014，13（3）：24－28.

小于各自在策略组合Ⅱ中获得的协同收益，记 $s_{g1}-s_{g2}=\Delta s_{g(1-2)}=-\Delta s_{g(2-1)}$，$s_{c1}-s_{c2}=\Delta s_{c(1-2)}=-\Delta s_{c(2-1)}$。能源应急管理博弈模型支付矩阵如表 4－1 所示，四种策略组合分别记为Ⅰ、Ⅱ、Ⅲ、Ⅳ。

表 4－1　能源应急管理博弈模型支付矩阵

		政府	
		给予惩罚（β）	免除惩罚（$1-\beta$）
能源供应链企业	积极应对（α）	$\pi_c+s_{c1}-c-p$，$\pi_g+s_{g1}+p$ （Ⅰ）	$\pi_c+s_{c2}-c$，π_g+s_{g2} （Ⅱ）
	消极应对（$1-\alpha$）	π_c-p，π_g+p （Ⅲ）	π_c，π_g （Ⅳ）

在有限理性的情况下，能源供应链企业面对能源突发事件选择积极应对的概率为 α（$\alpha\in[0,1]$），政府对能源供应链企业给予惩罚的概率为 β（$\beta\in[0,1]$），则能源供应链企业选择积极应对策略时的收益为：

$$\mu_{c1}=\beta(\pi_c+s_{c1}-c-p)+(1-\beta)(\pi_c+s_{c2}-c) \tag{4-1}$$

能源供应链企业选择消极应对策略时的收益为：

$$\mu_{c2}=\beta(\pi_c-p)+(1-\beta)\pi_c \tag{4-2}$$

能源供应链企业的平均收益为：

$$\overline{\mu_c}=\alpha\mu_{c1}+(1-\alpha)\mu_{c2} \tag{4-3}$$

能源供应链企业采取积极应对的复制动态方程为：

$$\begin{aligned}C(\alpha)=\frac{d\alpha}{dt}&=\alpha(\mu_{c1}-\overline{\mu_c})=\alpha(1-\alpha)[\beta(s_{c1}-c)+(1-\beta)(s_{c2}-c)]\\&=\alpha(1-\alpha)[\beta\Delta s_{c(1-2)}+s_{c2}-c]\end{aligned} \tag{4-4}$$

政府采取给予惩罚策略时的收益为：

$$\mu_{g1}=\alpha(\pi_g+s_{g1}+p)+(1-\alpha)(\pi_g+p) \tag{4-5}$$

政府采取免除惩罚策略时的收益为：

$$\mu_{g2}=\alpha(\pi_g+s_{g2})+(1-\alpha)\pi_g \tag{4-6}$$

政府平均收益为：

$$\overline{\mu_g}=\beta\mu_{g1}+(1-\beta)\mu_{g2} \tag{4-7}$$

政府采取给予惩罚策略的复制动态方程为：

$$G(\beta)=\frac{d\beta}{dt}=\beta(\mu_{g1}-\overline{\mu_g})=\beta(1-\beta)[\alpha(\Delta s_{g(1-2)}+p)+(1-\alpha)p]$$

$$=\beta(1-\beta)[\alpha\Delta s_{g(1-2)}+p] \tag{4-8}$$

式（4-4）与式（4-8）组成的方程组为该博弈的动态复制系统。令式（4-4）、式（4-8）分别等于0，即：

$$C(\alpha)=\frac{d\alpha}{dt}=\alpha(\mu_{c1}-\overline{\mu_c})=\alpha(1-\alpha)[\beta\Delta s_{c(1-2)}-c+s_{c2}]=0 \tag{4-9}$$

$$G(\beta)=\frac{d\beta}{dt}=\beta(\mu_{g1}-\overline{\mu_g})=\beta(1-\beta)[\alpha\Delta s_{g(1-2)}+p]=0 \tag{4-10}$$

得到两组稳定状态的解为：

$$\alpha_1=0,\ \alpha_2=1,\ \alpha_3=\frac{p}{\Delta s_{g(2-1)}} \tag{4-11}$$

$$\beta_1=0,\ \beta_2=1,\ \beta_3=\frac{s_{c2}-c}{\Delta s_{c(2-1)}} \tag{4-12}$$

第三节　模型解析

一、模型稳定性分析

当$0<\frac{p}{\Delta s_{g(2-1)}}<1$，$0<\frac{s_{c2}-c}{\Delta s_{c(2-1)}}<1$时，该博弈的动态复制系统有五个平衡点，即$E_1(0,0)$、$E_2(1,0)$、$E_3(0,1)$、$E_4(1,1)$、$E_5\left(\frac{p}{\Delta s_{g(2-1)}},\frac{s_{c2}-c}{\Delta s_{c(2-1)}}\right)$。由前文假设可知$\Delta s_{c(2-1)}$、$\Delta s_{g(2-1)}$取值的正负方向一致，且$\Delta s_{c(2-1)}\neq 0$，

$\Delta s_{g(2-1)} \neq 0$。

当$\beta \neq \beta_3 = (s_{c2} - c)/\Delta s_{c(2-1)}$时，$d\alpha/dt$始终为0，即$\alpha$取任意值均为稳定状态，意味着能源供应链企业在长期的博弈过程中采取积极应对或者消极应对策略效果一样，其策略选择具有随机性。

当$\beta \neq \beta_3 = s_{c2} - c/\Delta s_{c(2-1)}$时，$\alpha = 0$和$\alpha = 1$是两个稳定状态，$\beta > \frac{s_{c2} - c}{\Delta s_{c(2-1)}}$时，$\alpha = 1$是演化稳定策略，能源供应链企业经过长期反复博弈最终将采用积极应对策略；$\beta < \frac{s_{c2} - c}{\Delta s_{c(2-1)}}$时，$\alpha = 0$是演化稳定策略，能源供应链企业经过长期反复博弈最终将采用消极应对策略。上述三种情况下α的动态趋势和稳定性用相位图表示，如图4－1所示。

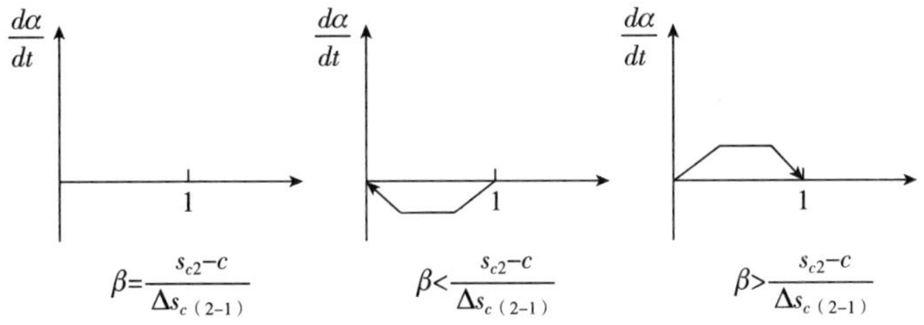

图4－1　能源供应链企业复制动态相位图

当$\alpha = \alpha_3 = \frac{p}{\Delta s_{g(2-1)}}$时，$\frac{d\beta}{dt}$始终为0，即$\beta$取任意值均为稳定状态，说明政府在长期的博弈过程中采取给予惩罚或者免除惩罚策略效果一样，其策略选择具有随机性。当$\alpha \neq \alpha_3 = \frac{p}{\Delta s_{g(2-1)}}$时，$\beta = 0$和$\beta = 1$是两个稳定状态，$\alpha > \frac{p}{\Delta s_{g(2-1)}}$时，$\beta = 1$是演化稳定策略，政府经过长期反复博弈最终将一直采用给予惩罚策略；$\alpha < \frac{p}{\Delta s_{g(2-1)}}$时，$\beta = 0$是演化稳定策略，政府经过长期反复博弈最终将一直采用免除惩罚策略。上述三种情况下β的动态趋势和稳定性用相位图表示，如图4－2所示。

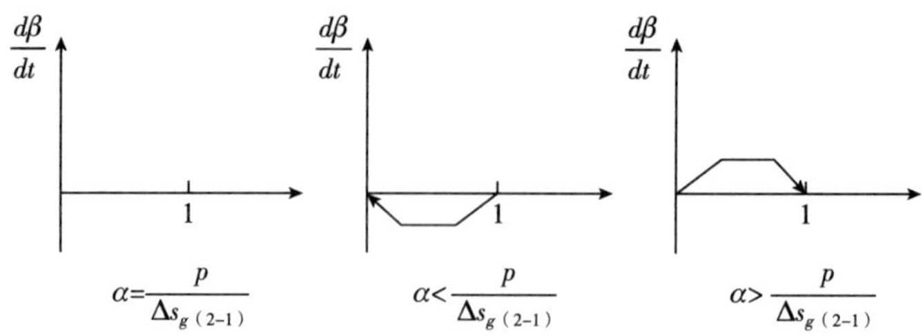

图 4－2　政府的复制动态相位图

二、稳定策略分析

应急演化博弈是一个动态的过程，根据 Hirshleifer 概念可知若从使动态系统的某平衡点的任意小邻域内出发的轨线最终都演化趋向于该平衡点，则称该平衡点是局部渐进稳定的，即演化均衡点。根据复制动态系统的雅克比矩阵的局部稳定性分析系统在五个均衡点的局部稳定性。

$$J=\begin{bmatrix}\frac{dC(\alpha)}{d\alpha} & \frac{dC(\alpha)}{d\beta}\\ \frac{dG(\beta)}{d\alpha} & \frac{dG(\beta)}{d\beta}\end{bmatrix}=\begin{bmatrix}(1-2\alpha)(\beta\Delta s_{c(1-2)}-c+s_{c2}) & \alpha(1-\alpha)\Delta s_{c(1-2)}\\ \beta(1-\beta)\Delta s_{g(1-2)} & (1-2\beta)(\alpha\Delta s_{g(1-2)}+p)\end{bmatrix} \tag{4-13}$$

$$detj=(1-2\alpha)(\beta\Delta s_{c(1-2)}-c+s_{c2})(1-2\beta)(\alpha\Delta s_{g(1-2)}+p)-\alpha(1-\alpha)\Delta s_{c(1-2)}\beta(1-\beta)\Delta s_{g(1-2)} \tag{4-14}$$

$$trj=(1-2\alpha)(\beta\Delta s_{c(1-2)}-c+s_{c2})+(1-2\beta)(\alpha\Delta s_{g(1-2)}+p) \tag{4-15}$$

分别计算五个均衡点的行列式 $detj$ 和迹 trj，如表 4－2 所示。

表 4－2　演化博弈模型均衡点的 *detj* 和 *trj*

均衡点	$detj$	trj
$E_1(0, 0)$	$p(s_{c2}-c)$	$p+s_{c2}-c$
$E_2(1, 0)$	$(c-s_{c2})(p-\Delta s_{g(2-1)})$	$c-s_{c2}-\Delta s_{g(2-1)}+p$

续表

均衡点	detj	trj
$E_3(0, 1)$	$p(c-s_{c1})$	$s_{c1}-c+p$
$E_4(1, 1)$	$p\Delta s_{g(2-1)}(c-s_{c1})$	$(c-s_{c1})-(p-\Delta s_{g(2-1)})$
$E_5\left(\frac{p}{\Delta s_{g(2-1)}}, \frac{s_{c2}-c}{\Delta s_{c(2-1)}}\right)$	$p\left(1-\frac{p}{\Delta s_{g(2-1)}}\right)(c-s_{c2})\left(1-\frac{s_{c2}-c}{\Delta s_{c(2-1)}}\right)$	0

当 $detj>0$，$trj<0$ 时，均衡点为演化稳定策略（ESS）。通过分析参数 c 与 s_{c1}、s_{c2}的关系以及 p 与 s_{g1}、s_{g2}的关系，得到9种不同参数条件下有4种参数情形存在演化稳定策略，如表4－3所示。

表4－3　不同参数条件下复制动态系统的演化稳定策略

情形	参数关系	演化稳定策略	相位图
1	$s_{c1}<c<s_{c2}$，$\Delta s_{g(2-1)}>p$	E_2（1，0）	图4－3（a）
2	$c<s_{c1}<s_{c2}$，$\Delta s_{g(2-1)}>p$	E_2（1，0）	图4－3（b）
3	$s_{c1}<s_{c2}<c$，$\Delta s_{g(2-1)}>p$	无	无
4	$s_{c1}<c<s_{c2}$，$0<\Delta s_{g(2-1)}<p$	无	无
5	$c<s_{c1}<s_{c2}$，$0<\Delta s_{g(2-1)}<p$	无	无
6	$s_{c1}<s_{c2}<c$，$0<\Delta s_{g(2-1)}<p$	无	无
7	$s_{c2}<c<s_{c1}$，$\Delta s_{g(2-1)}<0$	E_4（1，1）	图4－3（c）
8	$c<s_{c2}<s_{c1}$，$\Delta s_{g(2-1)}<0$	E_4（1，1）	图4－3（d）
9	$s_{c2}<s_{c1}<c$，$\Delta s_{g(2-1)}<0$	无	无

由表4－3可得以下结论：

（1）在能源应急的长期博弈过程中，政府和能源供应链企业两个主体的长期演化稳定策略受到能源供应链企业应急成本 c 协同收益 s_{c1}、s_{c2}三者之间的关系以及政府协同收益 s_{g1}、s_{g2}和政府惩罚力度 p 三者之间的关系影响。如何把握能源应急博弈系统的演化方向，需要考虑能源供应链企业的应急成本、政府的惩罚力度和两个主体之间的协同度三个影响因素。

（2）比较1、2和3三种情形可知，当能源供应链企业的积极应对的响应成本较低或者获得的协同收益较高，政府采取免除惩罚策略的协同收益较高时，能源供应链企业经过长期反复的博弈最终会积极应对能源突发事件，政府经过长期反复的博弈最终不会对能源供应链企业进行惩罚。比较 7、8 和 9 三种情形可知，当能源供应链企业的积极应对响应成本较低或者获得的协同收益较高，政府采取给予惩罚策略的协同收益较高时，能源供应链企业经过长期反复的博弈最终会积极应对能源突发事件，政府经过长期反复的博弈最终会对能源供应链企业进行惩罚。

（3）由（2）可得，只有当能源供应链企业在能源应急响应过程中积极应对的成本较低或协同收益较高时，博弈系统才有可能存在演化稳定策略，即能源供应链企业能够在长期的博弈过程中最终一直选择积极应对策略。因此，降低能源供应链企业的应急成本或提高协同收益是改变中国能源应急过度依赖政府力量现状的关键所在。

（4）当前中国能源应急过程中能源供应链企业普遍采取消极应对策略可能的原因是：

1）当参数之间的关系属于 1、2、7 或 8 四种情形之一时，能源供应链企业与政府两个主体的应急效率低下，在能源应急过程结束时系统的博弈尚未达到长期稳定状态，政府和能源供应链企业需要提高其能源应急效率，使博弈系统尽快达到长期均衡状态，能源供应链企业能够积极参与能源应急响应。

2）当参数之间的关系属于 4、5 或 6 三种情形之一时，政府需要调整其惩罚力度或者提高应急主体间的协同度，增加协同收益，以改变参数之间的关系，使系统主体间的博弈向 1、2、7 或 8 四种情形方向发展，提高能源供应链企业采取积极应对策略的可能。

3）当参数之间的关系属于 3 或 9 两种情形之一时，能源供应链企业积极应对成本较高或协同收益较低，导致系统在该情形下不存在长期演化稳定策略。能源供应链企业可降低其应对成本或者政府和能源供应链企业提高其应急协同度，增加协同收益，改变参数关系，使系统主体间的博弈向 1、2、7 或 8

情形方向发展，提高能源供应链企业采取积极应对策略的可能性。图4－3给出了1、2、7和8四种情况的复制动态系统演化相位图。

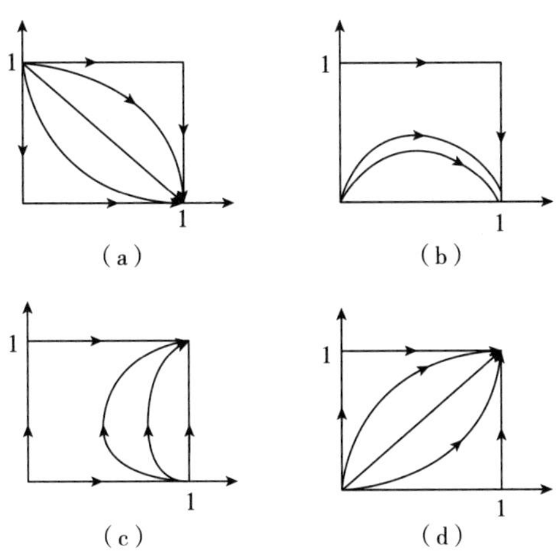

图4－3　情形1、2、7和8的复制动态系统演化相位图

运用演化博弈理论对能源供应链企业和政府两个主体在能源应急过程中的博弈行为策略进行研究，通过分析参数 c、s_{c1} 和 s_{c2}，p、s_{g1} 和 s_{g2} 之间的9种关系，得到4种不同情形下博弈系统存在长期演化稳定策略，根据该结果可以得出以下结论：

（1）能源供应链企业在应急过程中在保障完成应急任务的前提下尽可能降低其应急成本，使博弈系统存在长期稳定策略，增加其积极应对策略的可能性。在能源短缺应急过程中，能源供应链企业主要负责增加能源产量、协调运力保障能源运输以及降低能源消耗等工作，要降低其应急成本需要能源生产企业研发和采用先进高效的能源开采技术降低生产成本；能源运输企业建立专业的运输团队，开辟专门的应急运输专线，避免应急过程中能源运输迟滞，消耗较多人力、物力和财力，徒增应急运输成本；能源消费企业提高能源利用效率，降低能源消耗，同时储备适当规模的能源，应急过程中既能保证自身生产发展的需要，也能响应政府号召，投身应急工作，避免应急过程中不能有效协调自身发展需要和应急需要造成企业混乱，增加应急成本。

（2）能源供应链企业和政府两个主体应提高在能源应急过程中的协同性，以期产生更高的协同收益，使博弈系统存在长期稳定策略，提高能源供应链企业采取积极应对策略的概率。首先，需要加快完善能源应急的法律法规体系，明确政府和能源供应链企业在各应急阶段的权利与职责，确立奖惩的激励机制。其次，需要制定应急预案并定期进行应急演练，加强政府和能源供应链企业日常的联系与合作。同时根据演练暴露的问题改善预案，并在演练过程中提高应急操作流程的规范性和效率。最后，政府和能源供应链企业应建立权责明晰、沟通高效的应急组织体系，应急响应工作才能及时地、有条不紊地进行。

（3）政府在能源应急过程中要根据其与能源供应链企业之间的协同程度调控其惩罚力度，使系统之间的博弈演化趋于 1、2、7 或 8 情形，提高能源供应链企业选择积极应对策略的概率。

第四节　本章小结

本章立足于“能源供应链企业应急主观能动性差，过度依赖政府力量”的现实问题，基于政府和能源供应链企业两个主体之间存在的博弈关系，设定能源供应链企业的应急行为策略为积极应对和消极应对，政府的应急行为策略为给予惩罚和免除惩罚，纳入应急成本、惩罚力度等参数构建政府和能源供应链企业两个主体之间的演化博弈模型，研究主体的应急行为策略选择演化机理。通过分析应急成本、政府惩罚力度、协同收益参数之间的 9 种关系，得到 4 种不同情形下博弈系统存在长期演化稳定策略。要使演化博弈系统存在稳定策略，即促使能源供应链企业采取积极应对策略，需要降低应急成本、提高应急协同度，同时需要政府制定合适的惩罚力度。

第五章　中央政府、地方政府及能源供应链企业应急协同微分博弈研究

第一节　问题描述

在能源应急过程中，中央政府和地方政府由于利益差异性进行相互博弈，表现为在缺乏中央政府的监管或者监管力度不够时，地方政府为争取更多的经济利益而有选择地执行或者延迟执行中央政府的应急政策，甚至出现与企业合谋的现象。例如，限制工业用能会影响企业正常的生产经营活动，使地方经济利益得到损害，地方政府持“睁一只眼、闭一只眼”的态度应对能源供应链企业的消极应急行为，导致能源短缺态势不能及时得到缓解。若中央政府采取严格的监督措施，为地方政府制定具体的需求限制指标、扩大供应指标、储备释放指标等，根据指标完成情况采取奖励或惩罚措施，将督促地方政府监管企业的应急行为。因此，中央政府和地方政府通过不断的博弈寻求最优策略。

由于中央政府、地方政府、能源供应链企业三个主体的利益需求差异，能源应急协同过程其实是三个利益主体相互博弈尽可能使自己的利益最大化的过程。2017 年“煤改气”政策的大力推行导致天然气消费量猛增，各地供暖需求加剧了天然气供不应求态势，出现了全国性“气荒”，严重影响了社会生产生活的正常运行。针对此次“气荒”，中央政府做出保民生、限制工业用气、

扩大天然气供应的重要指示。各级地方政府加快储气调峰等基础设施建设，合理化“煤改气”政策规划，尽快完善基础设施公平开放实施细则以应对此次“气荒”。中石油、中石化及中海油采取扩大供应、限制需求等举措“保供”，燃气企业、工业企业等天然气消费企业限产以降低需求。

在天然气应急实践中，中央政府忽视了主体间利益诉求的差异性。中央政府对于天然气“保供”任务属于国家战略保障或企业商业功能的定位不明，政府和天然气供应链企业“保供”权责不明，加之中央与地方不同部门之间沟通、协调、监督不够，只是命令式地要求地方政府、天然气供应链企业不惜代价，全力以赴；地方政府对辖区经济和民生发展负有相对独立的责任，“经济人”的利己特性明显。天然气应急增加地方财政负担，加之中央政府监管、考核不到位，地方有选择地执行或拖延中央政府的应急政策来最大化地方或个人利益。天然气供应链企业在应急工作中为保民生要限制工业用气，居民用气与工业用气之间的价格差导致供气企业和燃气企业经济利益受到损害。天然气消费企业由于气源限制无法完成订单造成商业损失。建设输送管网、储气设施、LNG 基础设施需要天然气生产商投入大量的资金、技术，给其带来了巨大经济压力。天然气供应链企业为了“保供”让渡经济利益，政府并未采取财税补偿举措来弥补其损失，加之政府监管不到位，限制了企业的应急积极性，出现燃气公司以民用气的名义申请天然气，再高价销售给工业企业赚取差价的现象。天然气应急主体间的利益诉求差异使得它们通过博弈争取自身利益最大化，形成了当前中国能源应急过程中地方政府、能源供应链企业等主体应急主观能动性不高，采取的应急行动往往缺乏持续性和深入性，将更多应急责任转嫁给中央政府的局面。立足理论解释这种现象，并提出相应的政策建议，对于提高中国能源应急协同效率和应急能力具有重要意义。

第四章主要探讨了政府和能源供应链企业两个主体应急行为策略的演化博弈，得到应急成本、协同度、惩罚力度三个因素影响了主体的行为策略选择。本节将研究对象扩展到三个主体，引入、监督考核力度、奖惩力度、补偿力

度，研究中央政府、地方政府、能源供应链企业三个主体的应急努力程度与应急成本、监督考核力度、奖惩补偿力度等因素的作用下实现应急协同。若借助演化博弈研究三方协同问题，模型更加复杂，影响参数众多，系统即使会达到一个稳定状态，也会由于求解困难找不到实际的稳定点。同时，考虑到主体的应急行动策略受到能源短缺量变化的影响，微分博弈中的参与者依靠时间和系统状态变量的变化改变自身的策略，因此本书采用微分博弈方法对中央政府、地方政府及能源供应链企业三者的应急协同问题进行研究。

第二节　模型构建

在能源应急协同问题中，涉及的应急主体考虑到自身的利益诉求，并根据其他主体的应急行为采取相应的应急策略，与其他主体开展博弈活动。能源突发事件的特征要求中央政府、地方政府及能源供应链企业等利益主体之间实现高度协同合作。

本书认为能源突发事件直观表现为能源短缺。为简化模型，假设中央政府的应急投入削减的能源短缺量是通过其对地方政府应急工作的监督间接实现的，而不是直接作用于能源短缺量。因此模型中只考虑了地方政府的应急投入和能源供应链企业的应急投入。微分博弈关系如图 5 - 1 所示。由图 5 - 1 可知，能源突发事件引起能源短缺，地方政府和能源供应链企业在能源应急过程中是具体的应急实践者，均需付出相应的应急成本。同时，地方政府对能源供应链企业进行应急工作的监督考核、奖惩，并对企业付出的应急努力进行补偿。中央政府对地方政府的应急工作进行统筹部署，对地方政府的应急工作进行监督考核并实施奖惩。

根据中央政府、地方政府以及能源供应链企业三者的博弈关系，本书做出如下模型假设：

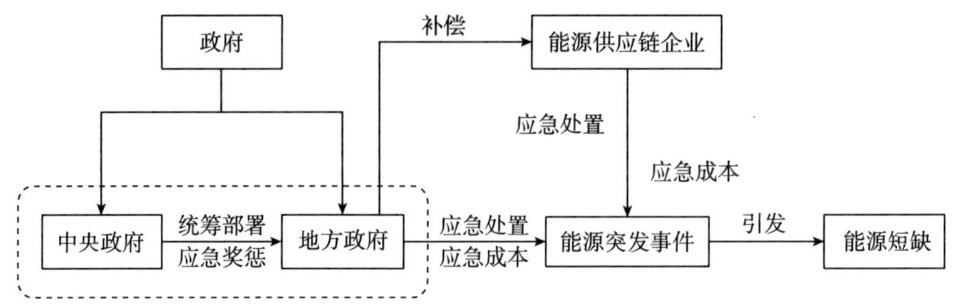

图 5-1　中央政府、地方政府及能源供应链企业的微分博弈关系

（1）能源应急过程中信息不对称，参与应急协同的主体有中央政府、地方政府和能源供应链企业，三个主体均为有限理性且行为是相互影响的。

（2）中央政府、地方政府以及能源供应链企业在参与天然气应急工作时会获得一定的协同收益（物质利益和非物质利益），并产生应急成本。

（3）中央政府监督地方政府的应急工作，设定具体考核标准（能源需求抑制水平、调配量等）。根据地方政府应急工作是否达标进行惩罚或者奖励，主要是对地方负责人的撤职处分或其他行政、财政处罚。

（4）地方政府监督能源企业的应急工作，根据能源供应链企业在能源应急过程中付出的努力进行一定的补偿，如储备库建设或运营成本补贴、民用能与工业用能价格差补贴、能源供应链企业经营收益补偿等。同时，地方政府会对能源供应链企业制定具体的应急考核标准（供应企业应扩大的供应量、消费企业需求抑制水平、管网的负荷水平、储备库储备水平等），并根据企业是否完成应急指标进行奖惩，主要是行政或者经济方面的奖惩。

状态函数 $x(t)$ 表示能源短缺量，是指能源突发事件发生时（$t=0$）到能源突发事件得到控制的过程，由能源突发事件自身造成的短缺量以及相关利益主体通过应急努力减少的能源短缺量组成的，具体表达式如下：

$$x(\overset{*}{t}) = x(t) + kx(t) - \lambda u(t) - \lambda v(t),\ x(t_0) = x_0 \quad (5-1)$$

其中，$x(t)$表示 t 时刻的能源短缺量，$x(\overset{*}{t})$表示$x(t)$的动态变化；$kx(t)$表

示能源突发事件的扩散效应，k 为扩散系数，表示能源突发事件自身演化发展带来的能源短缺量的变化，当 $k>0$ 时，表示能源突发事件恶化，能源短缺态势加剧，能源短缺量逐渐增大，当 $k<0$ 时，表示能源突发事件得到控制，能源短缺态势得到缓解，能源短缺量逐渐减少；$\mu(t)$ 代表地方政府的应急努力；$\boldsymbol{v}(t)$ 代表能源供应链企业的应急努力；$\lambda\mu(t)$ 代表地方政府应急努力减少的能源短缺量；$\lambda\boldsymbol{v}(t)$ 代表能源供应链企业的应急努力减少的能源短缺量；λ 代表单位应急努力减少的能源短缺量；x_0 代表能源突发事件发生伊始造成的能源短缺量。

地方政府付出的能源应急努力 $\mu(t)$ 的应急成本为 $c_1[\mu(t)]^2/2$。其中，c_1 表示地方政府能源应急的成本系数，$c_1>0$。能源供应链企业通过应急努力付出的应急成本为 $c_2[\boldsymbol{v}(t)]^2/2$，其中，$c_2$ 表示能源供应链企业能源应急的成本系数，$c_2>0$，博弈主体的应急努力程度越高，面对能源突发事件所需应急成本越高。

地方政府通过与能源供应链企业的应急协同获得的协同收益记为 $\alpha\lambda u(t)$。其中，α 为每减少单位能源短缺量给地方政府带来的收益；能源供应链企业通过应急协同获得的协同收益记为 $\beta\lambda\boldsymbol{v}(t)$，其中，$\beta$ 代表每减少单位能源短缺量给能源供应链企业带来的收益。

$\eta\varepsilon_l[g_l\mu(t)-g_{l0}\mu_0(t)]/2$ 表示中央政府对地方政府的奖惩。其中，η 为奖惩力度，ε_l 为中央政府的应急监督力度，$g_{l0}\mu_0(t)$ 为中央政府对地方政府规定一个应急绩效考核标准，g_l 为应急绩效水平系数，当 $g_l\mu(t)$ 大于临界值 $g_{l0}\mu_0(t)$ 时，中央政府对地方政府进行奖励，当 $g_l\mu(t)$ 小于临界值 $g_{l0}\mu_0(t)$ 时，中央政府对地方政府进行惩罚。

$\sigma\varepsilon_c[g_c\boldsymbol{v}(t)-g_{c0}\boldsymbol{v}_0(t)]/2$ 表示地方政府对能源供应链企业的奖惩。其中，σ 为奖惩力度；ε_c 为地方政府的应急监督力度；$g_{c0}\boldsymbol{v}_0(t)$ 为地方政府对能源供应链企业规定一个应急绩效考核标准，g_c 为应急绩效水平系数。当 $g_c\boldsymbol{v}(t)$ 大于临界值 $g_{c0}\boldsymbol{v}_0(t)$ 时，地方政府对能源供应链企业进行奖励；当 $g_c\boldsymbol{v}(t)$ 小于临

界值 $g_{c0}v_0(t)$ 时，地方政府对能源供应链企业进行惩罚。

能源突发事件本身给政府及能源供应链企业带来一定的损失，记为成本，分别表示为 $\theta x(t)$、$\pi x(t)$。

地方政府根据能源供应链企业所付出的应急成本进行一定程度的应急补偿，记为 $\omega c_2[v(t)]^2/2$，其中，$\omega(\omega\in(0,1))$ 为补偿系数。模型参数具体说明如表 5 - 1 所示。

表 5 - 1　模型参数描述

参数符号	参数说明
t	时间
k	扩散系数
λ	单位应急努力减少的能源短缺量
c_1	地方政府能源应急的成本系数
c_2	能源供应链企业能源应急的成本系数
α	每减少单位能源短缺量给地方政府带来的收益
β	每减少单位能源短缺量给能源供应链企业带来的收益
η	中央政府对地方政府的奖惩力度
σ	地方政府对能源供应链企业的奖惩力度
ε_l	中央政府对地方政府的应急监督力度
ε_c	地方政府对能源供应链企业的监督力度
g_c	地方政府对能源供应链企业应急绩效考核水平系数
g_l	中央政府对地方政府应急绩效考核水平系数
ω	补偿系数
π	能源突发事件给政府造成单位损失系数
θ	能源突发事件给能源供应链企业造成单位损失系数

第三节　模型解析

情形一：无奖惩、补偿机制引入的情况。

能源短缺量的具体表达式如下：

$$\overset{*}{x(t)} = x(t) + kx(t) - \lambda u(t) - \lambda \upsilon(t),\ x(t_0) = x_0 \tag{5-2}$$

地方政府的目标函数为：

$$\int_0^t \left\{ \alpha\lambda\mu(t) - \frac{c_1}{2}[\mu(t)]^2 - \theta x(t) \right\} e^{-t} dt \tag{5-3}$$

能源供应链企业的目标函数为：

$$\int_0^t \left\{ \beta\lambda\upsilon(t) - \frac{c_2}{2}[\upsilon(t)]^2 - \pi\, x(t) \right\} e^{-t} dt \tag{5-4}$$

地方政府和能源供应链企业各自采取应急行动来寻求自身利益最大化，问题转化为：

$$\underset{\mu(t)\geqslant 0}{\text{Max}} \int_0^t \left\{ \alpha\lambda\mu(t) - \frac{c_1}{2}[\mu(t)]^2 - \theta x(t) \right\} e^{-t} dt \tag{5-5}$$

$$\underset{\upsilon(t)\geqslant 0}{\text{Max}} \int_0^t \left\{ \beta\lambda\upsilon(t) - \frac{c_2}{2}[\upsilon(t)]^2 - \pi\, x(t) \right\} e^{-t} dt \tag{5-6}$$

$$\text{s. t. } \overset{*}{x(t)} = x(t) + kx(t) - \lambda u(t) - \lambda \upsilon(t)),\ x(t_0) = x_0 \tag{5-7}$$

首先构造一组有界、连续、可微的价值函数 $V_l(x)$、$V_c(x)$，使状态函数存在唯一的解 $x(t)$。构造汉密尔顿—雅克比—贝尔曼（HJB）方程式：

$$V_l(x) = \underset{\mu(t)\geqslant 0}{\text{Max}} \left\{ \alpha\lambda\mu(t) - \frac{c_1}{2}[\mu(t)]^2 - \theta x(t) + V'_l(x)\{x(t) + kx(t) - \lambda\mu(t) - \lambda\upsilon(t)\} \right\} \tag{5-8}$$

$$V_c(x) = \underset{\upsilon(t)\geqslant 0}{\text{Max}} \left\{ \beta\lambda\upsilon(t) - \frac{c_2}{2}[\upsilon(t)]^2 - \pi\, x(t) + V'_c(x)\{x(t) + kx(t) - \lambda\mu(t) - \lambda\upsilon(t)\} \right\} \tag{5-9}$$

一阶条件下，式（5－8）右侧关于 $\mu(t)$ 最大化得到：

$$\alpha\lambda - c_1\mu(t) - \lambda V'_l(x) = 0 \tag{5-10}$$

$$\overset{*}{\mu(t)} = \frac{\alpha\lambda - \lambda V'_l(x)}{c_1} \tag{5-11}$$

一阶条件下，式（5－9）右侧关于 υ（t）最大化得到：

$$\beta\lambda - c_2\upsilon(t) - \lambda V'_c(x) = 0 \tag{5-12}$$

$$\overset{*}{v}(t)=\frac{\beta\lambda-\lambda V'_c(x)}{c_2} \tag{5-13}$$

令 $V_l(x)=l_1+m_1x(t)$，$V_c(x)=l_2+m_2x(t)$，l_1、l_2、m_1、m_2 均为常数。将 $V'_l(x)=m_1$、$V'_c(x)=m_2$ 代入式(5-8)、式(5-9)中得到：

$$l_1+m_1x(t)=\underset{\mu(t)>0}{\text{Max}}\left\{\alpha\lambda\mu(t)-\frac{c_1}{2}[\mu(t)]^2-\theta x(t)+m_1\{x(t)+kx(t)-\lambda\mu(t)-\lambda v(t)\}\right\} \tag{5-14}$$

$$l_2+m_2x(t)=\underset{v(t)>0}{\text{Max}}\left\{\beta\lambda\mu(t)-\frac{c_2}{2}[v(t)]^2-\pi x(t)+m_2\{x(t)+kx(t)-\lambda\mu(t)-\lambda v(t)\}\right\} \tag{5-15}$$

可得：

$$m_1=\frac{\theta}{k} \tag{5-16}$$

$$m_2=\frac{\pi}{k} \tag{5-17}$$

将式（5-16）、式（5-17）代入式（5-11）、式（5-13）中，得到：

$$\overset{*}{\mu}(t)=\frac{\alpha k-\theta}{kc_1}\lambda(\alpha k\geqslant\theta) \tag{5-18}$$

$$\overset{*}{v}(t)=\frac{\beta k-\pi}{kc_2}\lambda(\beta k\geqslant\pi) \tag{5-19}$$

根据以上的求解可以得出以下结论：

地方政府和能源供应链企业的均衡应急努力程度与各自的应急成本负相关，下降梯度分别为$\frac{\alpha k-\theta}{kc_1^2}\lambda$、$\frac{\beta k-\pi}{kc_2^2}\lambda$。

证明 将$\overset{*}{\mu}(t)$关于 c_1 求一阶偏导，$\partial\overset{*}{\mu}(t)/\partial c_1=-(\alpha k-\theta)\lambda/kc_1^2<0$，表示$\overset{*}{\mu}(t)$关于 c_1 为单调递减，即地方政府降低其能源应急成本可以提高其能源应急努力水平，会提高其应急积极性。

将$\overset{*}{v}(t)$关于 c_2 求一阶偏导$\partial\overset{*}{v}(t)/\partial c_2=-(\beta k-\pi)\lambda/kc_2^2<0$，表示$\overset{*}{v}(t)$关于

c_2 为单调递减，即能源供应链企业降低其能源应急成本可以提高其能源应急努力水平，会提高应急积极性。

情形二：引入奖惩、补偿机制的情况。

地方政府的目标函数为：

$$\int_0^t \left\{ \alpha\lambda\mu(t) - \frac{c_1}{2}[\mu(t)]^2 - \theta x(t) + \frac{\eta\varepsilon_l}{2}[g_l\mu(t) - g_{l0}\mu_0(t)] - \frac{\omega c_2}{2}[v(t)]^2 \right.$$

$$\left. \frac{\sigma\varepsilon_c}{2}[g_c v(t) - g_{c0}v_0(t)] \right\} e^{-t}dt \tag{5-20}$$

能源供应链企业的目标函数为：

$$\int_0^t \left\{ \beta\lambda v(t) - \frac{c_2}{2}[v(t)]^2 - \pi x(t) + \frac{\omega c_2}{2}[v(t)]^2 + \frac{\sigma\varepsilon_c}{2}[g_c v(t) - \right.$$

$$\left. g_{c0}v_0(t)] \right\} e^{-t}dt \tag{5-21}$$

问题转化为：

$$\max J_l = \max_{\mu(t)\geqslant 0}\int_0^t \left\{ \alpha\lambda\mu(t) - \frac{c_1}{2}[\mu(t)]^2 - \theta x(t) + \frac{\eta\varepsilon_l}{2}[g_l\mu(t) - g_{l0}\mu_0(t)] - \right.$$

$$\left. \frac{\omega c_2}{2}[v(t)]^2 - \frac{\sigma\varepsilon_c}{2}[g_c v(t) - g_{c0}v_0(t)] \right\} e^{-t}dt \tag{5-22}$$

$$\max J_c = \max_{v(t)\geqslant 0}\int_0^t \left\{ \beta\lambda v(t) - \frac{c_2}{2}[v(t)]^2 - \pi x(t) + \frac{\omega c_2}{2}[v(t)]^2 + \frac{\sigma\varepsilon_c}{2} \right.$$

$$\left. [g_c v(t) - g_{c0}v_0(t)] \right\} e^{-t}dt \tag{5-23}$$

$$\text{s. t. } \overset{*}{x(t)} = x(t) + kx(t) - \lambda u(t) - \lambda v(t)),\ x(t_0) = x_0 \tag{5-24}$$

同样，运用 HJB 方法求解得到：

$$\overset{*}{\mu(t)} = \frac{\alpha\lambda + \dfrac{\eta\varepsilon_l g_l}{2} - \dfrac{\theta}{k}\lambda}{c_1}\left(2\alpha\lambda + \eta\varepsilon_l g_l \geqslant \frac{2\theta\lambda}{k}\right) \tag{5-25}$$

$$\overset{*}{v(t)} = \frac{\beta\lambda + \dfrac{\sigma\varepsilon_c g_c}{2} - \dfrac{\pi\lambda}{k}}{(1-\omega)c_2}\left(2\beta\lambda + \sigma\varepsilon_c g_c \geqslant \frac{2\pi\lambda}{k}\right) \tag{5-26}$$

根据以上的求解可以得出以下结论：

（1）地方政府和能源供应链企业的应急努力程度与各自的应急成本负相关，下降梯度分别为$\frac{2\alpha\lambda k+\eta\varepsilon_l g_l k-\theta\lambda}{kc_1^2}$、$\frac{2\beta\lambda k+\sigma\eta_c\varepsilon_c k-\pi\lambda}{kc_2^2}$。

证明 将$\overset{*}{\mu}(t)$关于 c_1 求一阶偏导，$\partial\overset{*}{\mu}(t)/\partial c_1=-(2\alpha\lambda k+\eta\varepsilon_l g_l k-\theta\lambda)/kc_1^2<0$，表示$\overset{*}{\mu}(t)$关于 c_1 为单调递减，即地方政府降低其能源应急成本可以提高其能源应急努力水平，会提高其应急积极性。

将$\overset{*}{v}(t)$关于 c_2 求一阶偏导$\frac{\partial\overset{*}{v}(t)}{\partial c_2}=-\frac{(2\beta\lambda k+\sigma\eta_c\varepsilon_c k-\pi\lambda)}{kc_2^2}<0$，表示$\overset{*}{v}(t)$关于 c_2 为单调递减，即能源供应链企业降低其能源应急成本可以提高其能源应急努力水平，会提高应急积极性。

（2）地方政府的应急努力$\overset{*}{\mu}(t)$与中央政府对其的奖惩力度 η 正相关，上升梯度为$\frac{\varepsilon_l g_l}{2c_1}$。

证明 将$\overset{*}{\mu}(t)$关于 η 求一阶偏导，$\frac{\partial\overset{*}{\mu}(t)}{\partial\eta}=\frac{\varepsilon_l g_l}{2c_1}$，由于 ε_l、g_l、c_1 均大于0，则$\frac{\varepsilon_l g_l}{2c_1}>0$，即$\frac{\partial\overset{*}{\mu}(t)}{\partial\eta}$恒大于0，表示$\overset{*}{\mu}(t)$关于 η 为单调递增，地方政府在能源应急中付出的努力会随着中央政府对其的奖惩力度的增加而增加，从而地方政府能够以更加积极的姿态参与到能源应急工作中去。

（3）地方政府的应急努力$\overset{*}{\mu}(t)$与中央政府对其的监督力度 ε_l 正相关，上升梯度为$\frac{\eta g_l}{2c_1}$。

证明 将$\overset{*}{\mu}(t)$关于 ε_l 求一阶偏导，$\partial\overset{*}{\mu}(t)/\partial\varepsilon_l=\eta g_l/2c_1$，由于 η、g_l、c_1 均大于0，则 $\eta g_l/2c_1>0$，即$\partial\overset{*}{\mu}(t)/\partial\varepsilon_l$ 恒大于0，表示$\overset{*}{\mu}(t)$关于 ε_l 为单调递增，地方政府在能源应急中付出的努力会随着中央政府对其的监督力度的增加

而增加，从而地方政府能够以更加积极的姿态参与到能源应急工作中去。

（4）地方政府的应急努力$\overset{*}{\mu}(t)$与中央政府对其的应急绩效考核水平g_l正相关，上升梯度为$\frac{\varepsilon_l \eta}{2c_1}$。

证明　将$\overset{*}{\mu}(t)$关于g_l求一阶偏导，$\partial\overset{*}{\mu}(t)/\partial g_l = \varepsilon_l \eta / 2c_1$，由于$\varepsilon_l$、$\eta$、$c_1$均大于0，则$\varepsilon_l \eta / 2c_1 > 0$，即$\partial\overset{*}{\mu}(t)/\partial g_l$恒大于0，表示$\overset{*}{\mu}(t)$关于$g$为单调递增，地方政府在能源应急中付出的努力会随着中央政府对其的应急绩效考核水平的提高而增加，从而地方政府能够以更加积极的姿态参与到能源应急工作中去。

（5）能源供应链企业的应急努力$\overset{*}{v}(t)$关于地方政府对能源供应链企业的应急奖惩σ正相关，上升梯度为$\frac{\varepsilon_c g_c}{2c_2(1-\omega)}$。

证明　将$\overset{*}{v}(t)$关于σ求一阶偏导，得到$\partial\overset{*}{v}(t)/\partial\sigma = \varepsilon_c g_c / 2c_2(1-\omega)$。由于$\varepsilon_c$、$g_c$、$c_2$均大于0，则$\varepsilon_c g_c / 2c_2(1-\omega) > 0$，表示$\overset{*}{v}(t)$关于$\sigma$为单调递增，能源供应链企业在能源应急中付出的努力会随着地方政府对其的奖惩力度的增加而增加，从而地方政府能够以更加积极的姿态参与到能源应急工作中去。

（6）能源供应链企业的应急努力$\overset{*}{v}(t)$关于地方政府对能源供应链企业的应急监督ε_c正相关，上升梯度为$\frac{\sigma g_c}{2c_2(1-\omega)}$。

证明　将$\overset{*}{v}(t)$关于ε_c求一阶偏导，得到$\partial\overset{*}{v}(t)/\partial\varepsilon_c = \sigma g_c / 2c_2(1-\omega)$。由于$\sigma$、$g_c$、$c_2$均大于0，则$\sigma g_c / 2c_2(1-\omega) > 0$，表示$\overset{*}{v}(t)$关于$\varepsilon_c$为单调递增，能源供应链企业在能源应急中付出的努力会随着地方政府对其的监督力度的增加而增加，从而地方政府能够以更加积极的姿态参与到能源应急工作中去。

（7）能源供应链企业的应急努力$\overset{*}{v}(t)$关于地方政府对能源供应链企业的应急绩效考核水平 g_c 正相关，上升梯度为$\frac{\sigma\varepsilon_c}{2c_2(1-\omega)}$。

证明 将$\overset{*}{v}(t)$关于 g_c 求一阶偏导，得到$\frac{\partial\overset{*}{v}(t)}{\partial g_c}=\frac{\sigma\varepsilon_c}{2c_2(1-\omega)}$。由于 σ、ε_c、c_2 均大于 0，则$\frac{\sigma\varepsilon_c}{2c_2(1-\omega)}>0$，表示$\overset{*}{v}(t)$关于 g_c 为单调递增，能源供应链企业在能源应急中付出的努力会随着地方政府对其的考核水平的提高而增加，从而地方政府能够以更加积极的姿态参与到能源应急工作中去。

（8）能源供应链企业的应急努力$\overset{*}{v}(t)$关于地方政府对能源供应链企业的应急补偿力度 ω 正相关，上升梯度为$\frac{\beta\lambda+\frac{\sigma\varepsilon_c g_c}{2}-\frac{\pi\lambda}{k}}{(1-\omega)^2c_2}$。

证明 将$\overset{*}{v}(t)$关于 ω 求一阶偏导，得到$\frac{\partial\overset{*}{v}(t)}{\partial\omega}=\frac{\beta\lambda+\frac{\sigma\varepsilon_c g_c}{2}-\frac{\lambda\pi}{k}}{c_2(1-\omega)^2}$。由于 $2\beta\lambda+\sigma\varepsilon_c g_c\geqslant\frac{2\pi\lambda}{k}$，则$\frac{\beta\lambda+\frac{\sigma\varepsilon_c g_c}{2}-\frac{\pi\lambda}{k}}{(1-\omega)^2c_2}>0$，表示$\overset{*}{v}(t)$关于 ω 为单调递增，能源供应链企业在能源应急中付出的努力会随着地方政府对其的补偿力度的提高而增加，从而地方政府能够以更加积极的姿态参与到能源应急工作中去。

比较情形一和情形二两种情况下地方政府和能源供应链企业的应急努力程度可知：情形二地方政府的应急努力程度大于情形一地方政府的应急努力程度，情形二能源供应链企业的应急努力程度大于情形一能源供应链企业的应急努力程度。即引入监督考核、奖惩机制及补偿机制有利于提高地方政府和能源供应链企业的应急努力程度，可以更快地缓解能源短缺态势，提高能源应急效率。

第四节 数值模拟

本节通过数值模拟比较不同奖惩力度、补偿力度、考核水平情形下地方政府、能源供应链企业的应急努力。由于能源应急相关数据的可获得性较差，根据研究结果的约束条件 $\alpha k \geqslant \theta$，$\beta k \geqslant \pi$，$2\alpha\lambda + \eta\varepsilon_l g_l \geqslant \frac{2\theta\lambda}{k}$、$2\beta\lambda + \sigma\varepsilon_c g_c \geqslant \frac{2\pi\lambda}{k}$ 等对有关参数进行赋值，且对参数的赋值仅代表参数之间的相对关系。同时，考虑到每减少单位能源短缺量给地方政府带来的收益包括来自整个地方的社会收益，故设 $\alpha > \beta$，能源突发事件给政府造成单位损失系数是来自整个地方的损失，故设 $\pi > \theta$。具体的赋值情况如表 5 - 2 所示。

表 5 - 2 参数赋值

参数	值	参数	值	参数	值
α	15	σ	0.5	g_c	0.5
β	10	ε_c	0.5	c_1	7
λ	6	ε_l	0.5	c_2	8
k	0.8	π	5	ω	0.5
η	0.5	g_l	0.5	θ	4

通过数值模拟得到了无监督考核、奖惩补偿机制和引入监督考核、奖惩补偿两种情形下，地方政府的应急努力水平与应急成本之间的作用关系如图 5 - 2 所示。由图 5 - 2 可知，无监督考核、奖惩补偿机制和引入监督考核、奖惩补偿机制两种情形下，地方政府的应急努力水平随着应急成本的增加而降低。同时由曲线走势可知，地方政府的应急努力水平在应急成本开始增长阶段急剧降低，随着成本的逐渐增加，其应急努力水平变化趋于平缓。此外，两种情形下地方政府应急努力水平与应急成本之间的关系曲线几乎重合，这说明即使中央

政府对地方政府的应急行动采取监督、考核、奖惩等措施，并不能较大地改变地方政府的应急努力与应急成本的作用关系，地方政府在应急过程中，更注重的是应急投入对自身利益带来的损失。

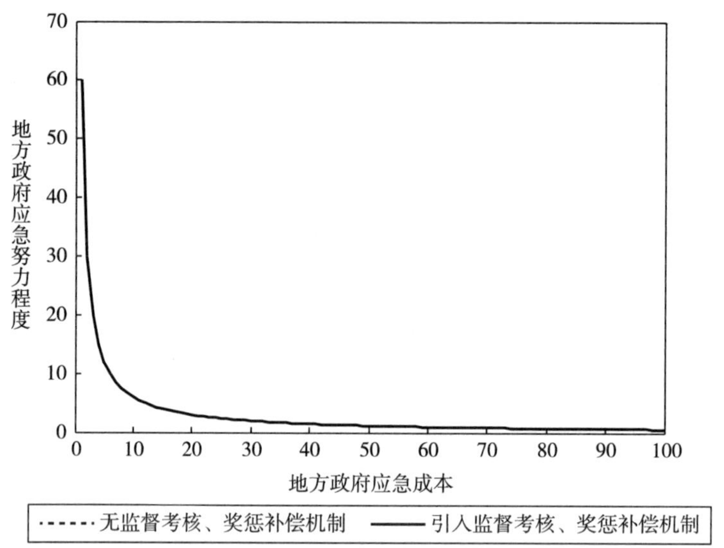

图 5-2　两种情形下地方政府应急努力与地方政府应急成本的关系

通过数值模拟得到了无监督考核、奖惩补偿机制和引入监督考核、奖惩补偿两种情形下，能源供应链企业的应急努力水平与应急成本之间的作用关系如图 5-3 所示。由图 5-3 可知，在无监督考核、奖惩补偿机制和引入监督考核、奖惩补偿机制两种情形下，能源供应链企业的应急努力水平随着应急成本的增加而降低，且在地方政府采取监督考核、奖惩补偿措施的情形下，能源供应链企业的应急努力水平要高于政府不采取相应激励措施情形下的应急努力水平。同时由曲线走势可知，随着企业应急成本的逐渐增加，其应急努力水平急剧下降并逐渐趋于平缓，即使地方政府采取监督考核、奖惩补偿措施。说明应急投入成本是能源供应链企业在应急过程中是否有较高积极性的重要因素。

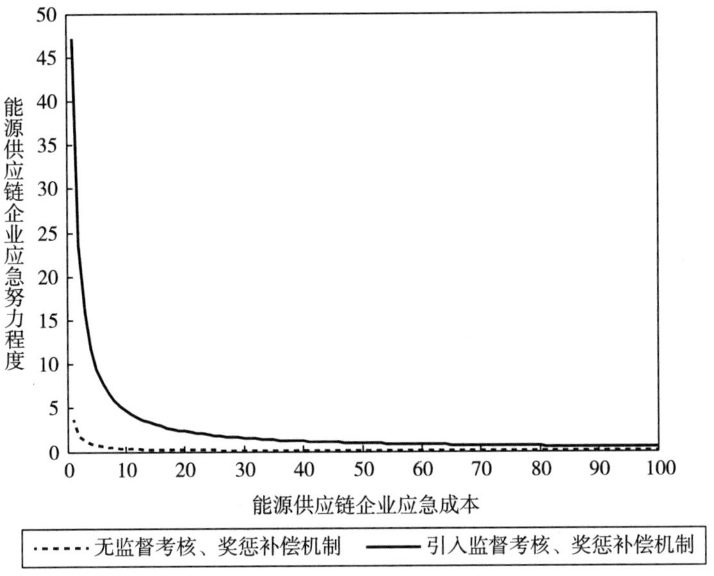

图5-3　两种情形下能源供应链企业应急努力与成本的关系

图5-4和图5-5是通过数值模拟得到的地方政府的应急努力与能源突发事件扩散效应之间的关系曲线。由图5-4可知，当能源突发事件的扩散系数$k>0$，即能源突发事件恶化、能源短缺态势加剧时，两种情形下地方政府的应急努力水平随着突发事件的逐渐恶化而逐步提高。同时由图5-4可知，两种情形下地方政府的应急努力水平与突发事件扩散效应的关系曲线几乎重合，说明在能源突发事件恶化的情形下，监督考核、奖惩等措施在提高地方政府应急积极性方面不能发挥显著作用。由图5-5可知，当能源突发事件的扩散系数$k<0$，即能源突发事件得到控制，能源短缺态势得到缓解，两种情形下地方政府的应急努力水平随着突发事件的逐渐得到控制而迅速降低，随后趋于平缓。同时由图5-5可知，在中央政府对地方政府采取监督考核、奖惩等措施的情形下，地方政府的应急努力水平要高于没有监督考核、奖惩等措施时的应急努力水平，说明在能源突发事件得到控制的情形下，引入监督考核、奖惩等措施可提高地方政府的应急积极性。

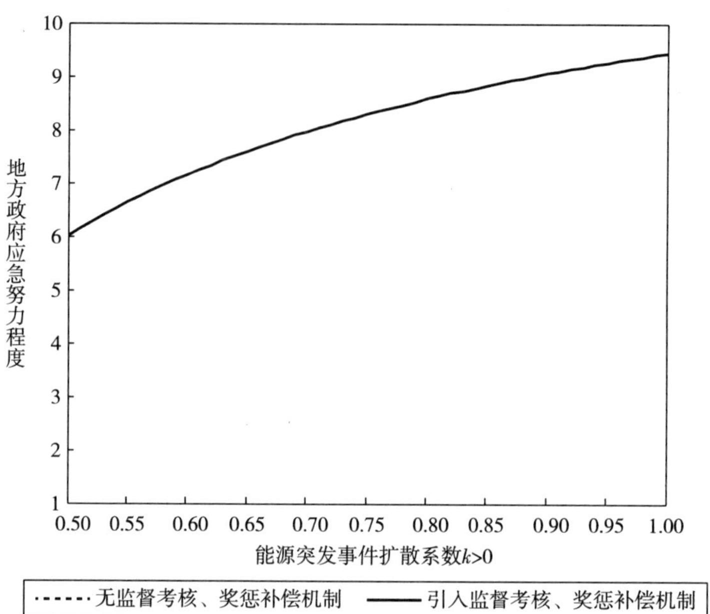

图 5-4　$k>0$ 时地方政府应急努力与能源突发事件扩散趋势的关系

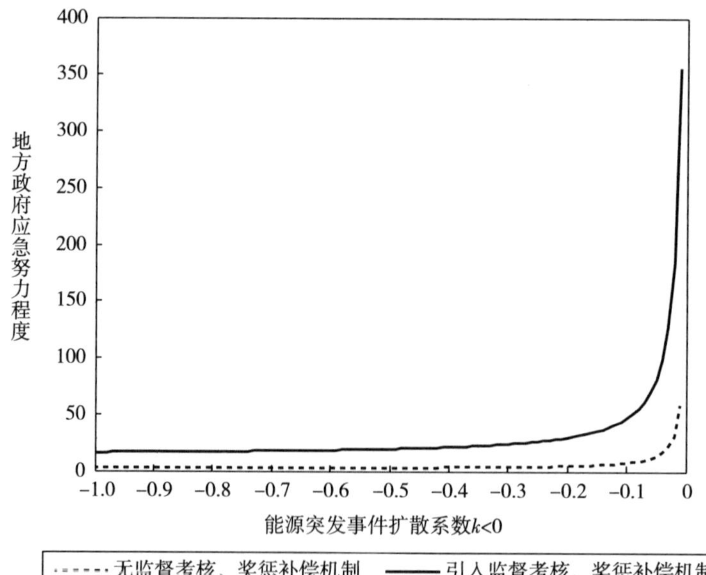

图 5-5　$k<0$ 时地方政府应急努力与能源突发事件的扩散趋势的关系

同样地，通过数值模拟能源供应链企业的应急努力与能源突发事件扩散效应之间的关系曲线如图 5－6 和图 5－7 所示。

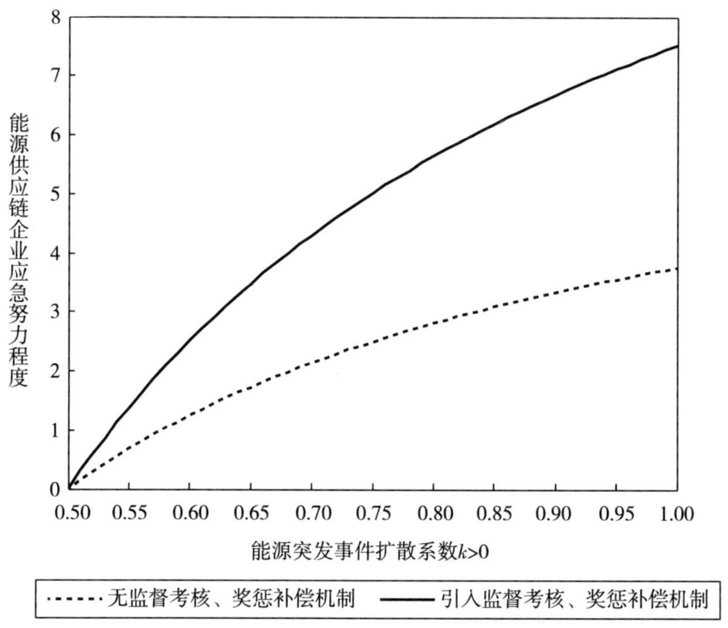

图 5－6　$k>0$ 时能源供应链企业应急努力与能源突发事件扩散效应的关系

由图 5－6 可知，当能源突发事件的扩散系数 $k>0$，即能源突发事件恶化，能源短缺态势加剧时，两种情形下能源供应链企业的应急努力水平随着突发事件的逐渐恶化而逐渐提高，且由曲线走势可知当地方政府对能源供应链企业采取监督考核、奖惩补偿措施时，能源供应链企业的应急努力水平要高于无监督考核、奖惩补偿等措施时的应急努力水平，且在监督考核、奖惩补偿措施的激励下，能源供应链企业的应急努力水平提高得更快。由图 5－7 可知，当能源突发事件的扩散系数 $k<0$，即能源突发事件得到控制，能源短缺态势得到缓解，两种情形下能源供应链企业的应急努力水平随着突发事件逐渐得到控制而迅速降低，随后趋于平缓。同时由图 5－7 可知，在地方政府对能源供应链企

业采取监督考核、奖惩等措施的情形下，能源供应链企业的应急努力水平要高于没有监督考核、奖惩等措施时的应急努力水平，说明在能源突发事件得到控制的情形下，引入监督考核、奖惩等措施可提高能源供应链企业的应急积极性。

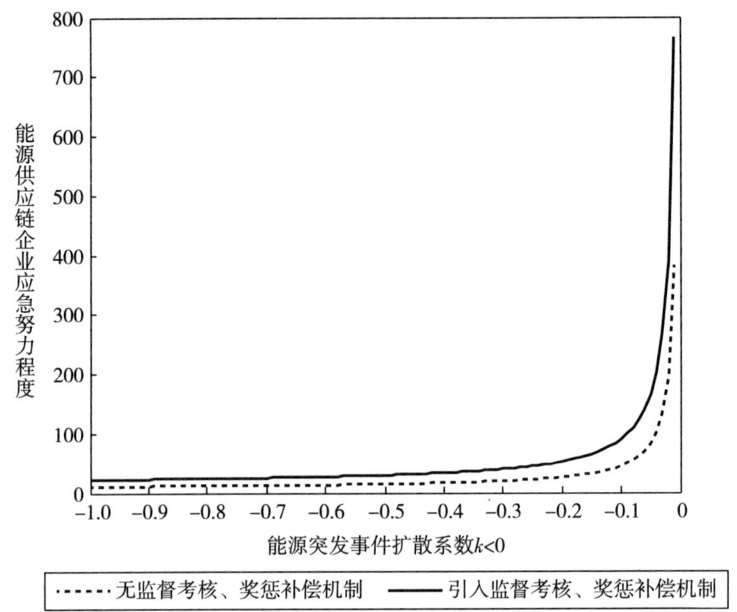

图 5-7 $k<0$ 时能源供应链企业应急努力与能源突发事件扩散效应的关系

图 5-8 描述了地方政府对能源供应链企业补偿力度分别为 0.1、0.2、0.3、0.4、0.5、0.6、0.7、0.8、0.9 时，能源供应链企业的应急努力程度与应急成本之间的变化关系。由图 5-8 可知，当补偿力度一定时，能源供应链企业的应急努力程度随着应急成本的增加迅速下降，逐渐趋于平缓。同时随着地方政府补偿力度的提高，能源供应链企业的应急努力水平也随之提高，说明应急补偿措施可提高能源供应链企业的应急积极性。

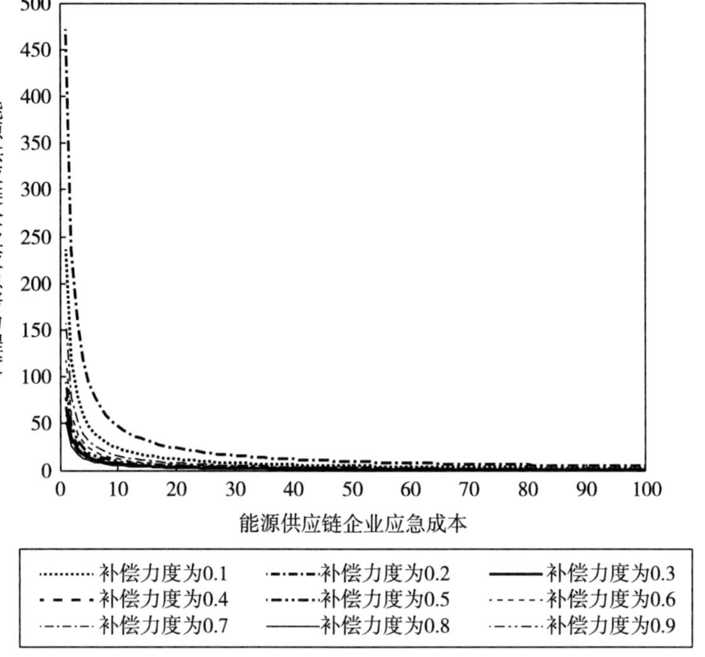

图5-8 不同的补偿力度下能源供应链企业应急努力与应急成本的关系

图5-9描述了地方政府补偿力度为0.1~0.9的情形下能源供应链企业应急努力随地方政府监督力度的变化趋势。可以看出，当地方政府监督力度一定时，补偿力度越高，能源供应链企业的应急努力水平越高，且在补偿力度提高到0.5以后，能源供应链企业的应急努力提高得更显著；当补偿力度一定时，地方政府的监督力度越高，能源供应企业的应急努力水平成缓慢增长状态。说明应急补偿措施可以更好地提高能源供应链企业的应急积极性。

图5-10描述了地方政府对能源供应链企业的监督力度为0.9，补偿力度分别为0.1、0.5、0.9时，能源供应链企业的应急努力程度与应急成本之间的关系，以及地方政府对能源供应链企业的监督力度为0.1，补偿力度分别为0.1、0.5、0.9时，能源供应链企业的应急努力程度与应急成本之间的关系。由图5-10可知，监督力度为0.9时三个补偿力度下的曲线与监督力度为0.1

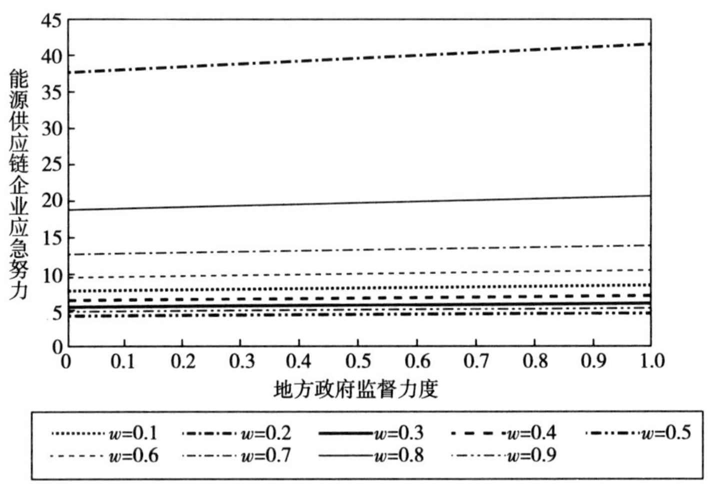

图 5-9　不同的补偿力度下能源供应链企业应急努力与地方政府监督力度的关系

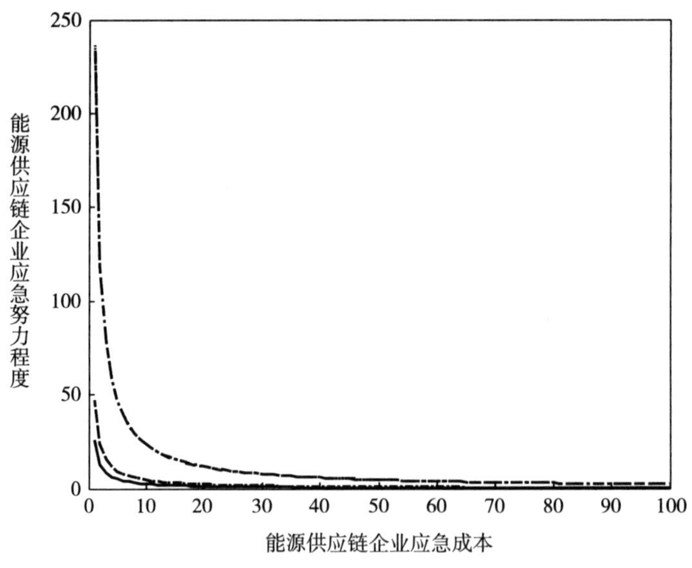

图 5-10　$\varepsilon_c=0.9$ 和 $\varepsilon_c=0.1$ 时能源供应链企业应急努力与成本的关系

时三个补偿力度下的曲线几乎对应重合，说明在补偿力度一定的情况下，地方政府通过提高对能源供应链企业的监督力度并不能有效提高能源供应链企业应急主观能动性。

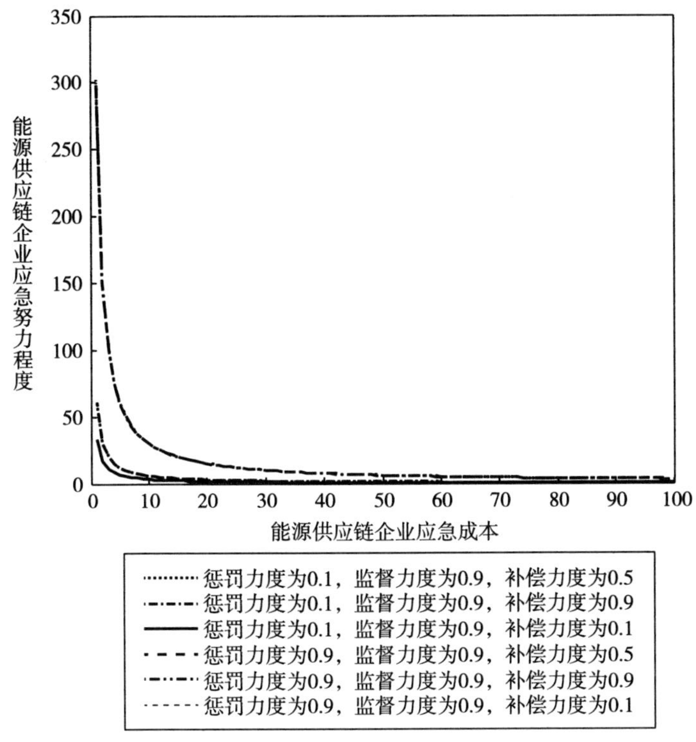

图 5－11　$\varepsilon_c = 0.9$，$\sigma = 0.1$ 和 $\sigma = 0.9$ 两种情形下能源供应链企业应急努力与成本的关系

图 5－11 描述了地方政府对能源供应链企业的监督力度为 0.9，惩罚力度为 0.1，补偿力度分别为 0.1、0.5、0.9 时，能源供应链企业的应急努力程度与应急成本之间的关系。由图 5－11 可知，惩罚力度为 0.9 时三个补偿力度下的曲线与惩罚力度为 0.1 时三个补偿力度下的曲线几乎对应重合，说明在补偿力度、监督力度一定的情况下，地方政府通过提高对能源供应链企业的惩罚力

度并不能有效提高能源供应链企业应急积极性。这充分验证了应急成本是影响能源供应链企业应急积极性的重要因素，相比于监督考核、奖惩措施，补偿措施更能弥补应急投入成本，有效维护企业的经济利益，提高企业的主观能动性。

第五节　本章小结

本章基于中央政府与地方政府之间的博弈关系、地方政府与能源供应链企业间的博弈关系，以天然气应急为例构建了中央政府、地方政府、能源供应链企业三个主体的能源应急协同微分博弈模型，比较研究了无奖惩机制、补偿机制和引入奖惩机制、补偿机制两种情形下的三个主体的能源应急协同问题。两种情形下均得到地方政府和能源供应链企业各自的应急努力程度均与各自的应急成本、能源突发事件对其造成的损失负相关；地方政府的应急努力程度分别与中央政府的监督力度、考核水平、惩罚力度正相关，能源供应链企业的应急努力程度分别与地方政府的监督力度、考核水平、惩罚力度、补偿力度正相关。同时，比较两种情形下的应急努力程度和协同收益，得到引入奖惩机制、补偿机制可提高各主体的应急努力程度和应急协同收益，提高能源应急效率。

第四节对参数进行赋值进行模拟分析，刻画了引入监督考核、奖惩补偿制度情形下地方政府的应急努力程度与中央政府的监督力度、考核力度、奖惩力度之间的关系曲线，能源供应链企业的应急努力程度与地方政府的监督力度、考核力度、奖惩力度、补偿力度之间的关系曲线，验证了前文的研究结果。同时，刻画了无监督考核、奖惩补偿机制和引入监督考核、奖惩补偿两种情形下，地方政府的应急努力水平与应急成本之间的作用关系图以及能源供应链企业应急努力水平与应急成本间的作用关系图，得到应急成本对地方政府和能源供应链企业的应急积极性具有显著影响作用。此外，分别数值模拟了地方政府

的应急努力、能源供应链企业与能源突发事件扩散效应之间的关系曲线，当能源突发事件的扩散系数 $k>0$ 时，地方政府的应急努力水平随着突发事件的逐渐恶化而逐渐提高，监督考核、奖惩等措施在提高地方政府应急积极性方面不能发挥显著作用。当能源突发事件的扩散系数 $k<0$ 时，两种情形下地方政府的应急努力水平随着突发事件逐渐得到控制而迅速降低并趋于平缓，且在该情形下引入监督考核、奖惩等措施可提高地方政府的应急积极性；当能源突发事件的扩散系数 $k>0$ 时，两种情形下能源供应链企业的应急努力水平随着突发事件的逐渐恶化而逐渐提高，且采取监督考核、奖惩补偿措施可有效提高能源供应链企业的应急努力水平。当能源突发事件的扩散系数 $k<0$ 时，两种情形下能源供应链企业的应急努力水平随着突发事件的逐渐得到控制而迅速降低，随后趋于平缓，且引入监督考核、奖惩等措施可提高能源供应链企业的应急积极性。最后通过刻画地方政府补偿力度、监督力度、应急成本与能源供应链企业的应急努力程度相互间的变化关系，得到应急补偿措施相对于监督考核、奖惩措施，补偿措施更能弥补应急投入成本，提高企业的应急积极性。

第六章　考虑资源投入时机的能源应急协同机制研究

第一节　问题描述

2008年中国南方发生的雪灾导致了煤炭供应短缺，中央政府成立了“煤电油气运保障工作部际协调机制”，由国家发展改革委牵头，工信部、财政部、交通部、运输部、水利部、农业部、商务部、安全监管总局、气象局、能源局、煤炭协会、中国铁路总公司、中石油、中石化、国网公司、南网公司等单位组成，跨部门跨地区统筹协调煤电油气的生产、供应和运输等工作，实现能源应急协同响应。该协调机制所立即启动的能源应急机制使各成员单位紧密协作，在2008年煤炭短缺中发挥了重要作用，确保了汶川大地震后抗震救灾对能源的需求，对于2009年底至2010年初的天气异常引发的中国大范围的天然气荒和煤荒、2010年10月全国范围内出现的柴油荒和2011年10月华中等区域出现的油荒，以及冬季春运造成的能源运输紧张等事件均起到了积极的作用，可见能源应急主体之间的协同配合对于提高能源应急效率发挥着重要作用。然而当能源供需紧张态势得到缓解，“煤电油气运保障工作部际协调机制”的工作就结束了，导致了中国能源应急出现明显的临时性特征，各应急主体之间缺乏日常的沟通和联系，主体间的协同仅仅依靠能源突发事件发生后

的临时动员，无法把能源应急行为渗透到组织的日常运作中，在时间紧、任务重的情况下，各个主体内部、主体之间要花费大量的时间进行协调磨合，在信息共享、物资设备调用、资源配置等环节缺乏沟通与协调的有效通道和反馈机制，造成各个主体掌握的信息、资源的极其不对称，应急能力分散不能形成合力，能源应急工作将难以及时有效地展开，错失控制能源短缺事态的最佳时机，能源应急协同效率低下，造成更多应急人力、物力等资源的浪费。能源应急主体协同临时性问题制约了能源应急协同效率的提高，因此基于此问题构建模型对应急协同问题进行探索性研究，旨在指导能源应急主体的应急行为，提高能源应急主体协同效率，完善中国能源应急管理体系。

学者们在供应链多主体间协同合作研究取得了丰富的成果，如张子健、刘伟（2009）构建不同的任务分配模式下供应商参与产品开发的收益模型，分析不同市场状况下各参与方的任务分配与企业收益间的影响作用；刘征驰、石庆书等（2015）基于 Samaddar 和 Kadiyala（2006）的研究构建了服务集成商和专业服务提供商知识协作的 Stacklberg 主从博弈模型，探讨了非合作型独立决策和合作型共同决策两种情形下主体间的知识协作机制及对服务创新绩效的影响；陈洪转等（2012）构建了供应商双重努力下主制造商和供应商协同合作模型和最优利益分配规划模型，分别研究了主制造商未协调控制下和主制造商协调控制下的供应商最优努力水平、合作程度及主制造商的最优利益分配比例；熊榆、张雪斌等（2013）构建了领导者和追随者在只有资金投入和同时含有资金和知识投入两种情况下的新产品合作开发的博弈模型，通过比较分析两种情形下的研发努力程度、最优投入等指标研究了新产品开发参与主体的最优投入决策问题；时茜茜等（2017）构建了重大工程中承包商和供应商协同在分散决策、集中决策两种模式下的协同合作的动态博弈模型，通过赋予主体不同的合作贡献权重，分析最优努力程度、供应链系统最优收益等指标研究了重大工程供应链协同合作的利益分配机制；陈洪转等（2014）构建了基于努力程度的最优成本分摊模型，通过 Nash 均衡和 Stackelberg 均衡两种激励模式下主制造商分摊供应商研制成本的最优比例、最优努力水平和最优收益研究了主制造商与供应商协同合作的最优成本分摊问题。应急供应链是将供应链理论运用到公共危机管理领域，是应急管理理论的重要内容之一。[①]

本书在以上协同合作模型基础上，结合能源应急协同现实情况，引入应急主体的协同参与度概念，从资源投入的角度对能源应急协同问题进行研究，拓展了应急协同问题的研究视角和研究方法，一定程度上丰富了能源应急管理理论。在能源应急协同模型构建中引入灾害经济学中“守业投入”概念，[②] 将能源应急资源投入减少的能源短缺量作为能源应急经济效益，将减少的灾害损失作为正效益进行计算；提出先期资源投入、当期资源投入的概念，构建仅有先期资源投入和有先期和当期资源投入两种情形体现能源应急协同临时性并进行比较分析；在模型中加入应急补偿变量，研究政府补偿力度在能源应急主体协同过程中的影响作用，为政府制定相关能源应急政策提供理论支持，指导相关主体应急行为。基于以上能源应急协同的实践和研究现状，构建政府和能源供应链企业应急协同模型，得出主体协同参与程度、应急资源投入、补偿力度以及协同效益之间的关系，为提高能源应急主体主观能动性，建设能源应急管理常态化机制给出一定的启示。

第二节　模型构建

中国当前对能源应急的界定局限于能源突发事件发生以后，这是一种狭义的能源应急。本书扩展能源应急外延，即能源应急包括常态下和非常规情况下的一系列应急活动和工作。将政府和能源供应链企业在能源突发事件发生后的

---

① 陈正杨．社会救援资源应急供应链的协同管理［J］．北京理工大学学报（社会科学版），2013，15（3）：95－99.

② 顾建华，邹其嘉．加强城市灾害应急管理能力建设确保城市的可持续发展［J］．防灾技术高等专科学校学报，2005，7（2）：1－5.

应急协同资源投入定义为当期资源投入，是应对具体能源突发事件的资源投入；常态下的应急协同资源投入定义为先期资源投入，先期资源的投入是各个主体在具体的能源应急过程中实现高效协同的基础，没有先期资源的投入，仅仅依靠在能源短缺情况出现时，主体间临时建立起应急协同合作关系，这种传统的临时性应对方式导致各个应急环节衔接不够紧密，存在严重脱节现象，难以达到快速有效的反应。同时，参与应急的部门、单位等派出的应急人员都是临时抽调的，日常缺乏应急培训与演练，不能掌握一定的能源应急知识和技能，能源应急处置能力低。

当期资源投入是指能源突发事件发生后的应急过程中应急主体投入的人力、物力、财力、技术、信息等资源，包括政府及职能部门抽调的工作人员、财政拨款支持、物资储备释放，能源供应链企业投入的专业应急人员、应急物资设备、专业应急技术、能源资源、运力以及财力等，能源专家的应急知识和经验投入，以及应急通信等其他应急保障资源投入等；先期资源投入指常态下各主体在能源应急“一案三制”建设和准备工作中针对协同资源的投入，包括能源应急知识教育与普及、能源应急组织制度建设、能源应急法律制度和应急机制的完善、能源应急预案编制、能源应急技能培训、能源应急演练、能源应急物资资源储备库建设、能源应急沟通平台建设以及其他能源应急保障环节投入的人力、物力、财力、信息、技术等资源。

能源应急协同的一个基本且关键的要素是应急主体，能源应急涉及的主体众多，为了简化模型，选取在应急过程中扮演重要角色的两个主体，政府和能源供应链企业。模型假设政府和能源供应链企业在应急协同过程中，政府根据能源短缺严重程度决定其应急协同参与度；能源供应链企业根据政府的应急行动确定自身应急协同资源投入。

构建两种情况下应急协同模型：第一种情况是政府和能源供应链企业未进行先期资源投入，仅有当期资源投入应对能源突发事件；第二种情况是政府和能源供应链企业依靠先期资源投入和当期资源投入应对能源突发事件。

情形一：仅有当期应急协同资源投入。

仅有当期资源投入的情况是指能源应急协同仅发生在非常态下，是临时性的。

在能源应急过程中，政府和能源供应链企业的应急协同表现在风险预警、资源保障、信息沟通等环节，通过各环节人力、物力和财力等要素的整合实现协同收益。①采用绩效函数度量能源应急过程中政府和能源供应链企业应急资源投入带来的协同绩效，即单位协同资源投入弥补的能源短缺量。能源应急过程中，主体间应急协同绩效的提升本质上是应急主体间的知识与认知的提升与涌现，②故假设随着政府和能源供应链企业应急资源投入的增加，其弥补的能源短缺量逐渐增大，故应急协同绩效函数是非递减的。③④⑤随着政府和能源供应链企业更多应急资源的投入，可弥补的能源短缺量的增加会趋于缓慢。因此，设应急协同绩效函数为非线性的。⑥应急协同绩效函数受到政府和能源供应链企业当前应急协同资源投入的影响，用 x 表示，随着 x 的增加，协同绩效 $F(x)$ 达到饱和点 s，s 为应急协同绩效理论上的最大值，应急协同绩效函数⑦记为：

$$F(x) = s - x^{-\mu} + \varepsilon \tag{6-1}$$

其中，s、μ 为常数，μ 表示应急协同投入弹性，μ 越大，政府和能源供应链企业在应急过程中的投入对协同绩效影响就越大，ε 为随机误差，则应急协

---

① 汪伟全．论区域应急联动的协同能力［J］．探索与争鸣，2013（5）：50－53.

② 李真．基于计算实验的工程供应链协调优化研究［D］．南京大学博士学位论文，2012.

③ Teece D. C. Capturing value from knowledge assets: The new economy, markets for know－how, and intangible assets［J］. California Management Review, 1998, 40（3）: 55－79.

④ Stepha P. E. The economics of science［J］. Journal of Economic Literature, 1996（34）: 1199－1235.

⑤ 杨瑾，尤建新，蔡依平．供应链企业在协同知识创造中的合作决策研究［J］．科学学与科学技术管理，2006（4）：149－153.

⑥ Argote L. Organizational learning: Creating, retaining and transferring knowledge［M］. Boston: Kluwer, 1999.

⑦ 张子健，刘伟．供应链中合作产品开发的任务分配决策分析［J］．管理工程学报，2009，23（4）：42－47.

同期望绩效函数为：

$$\overline{F}(x)=s-x^{-\mu} \tag{6-2}$$

令 α、β 分别表示政府和能源供应链企业单位应急协同绩效带来的边际协同收益，且为常量。能源应急过程中引入变量 p 表示政府在应急协同过程中的参与度，且 $p\in[0,1]$。

《能源法》意见稿第八章指出政府应针对承担能源应急工作的企业给予一定的补偿，因此引入补偿系数 k 衡量政府对能源供应链企业的补偿力度，$k\in[0,1]$。假设政府根据能源供应链企业的应急投入给予一定程度的补偿，则政府、能源供应链企业以及两个主体共同的协同期望收益函数分别为：

$$E_g=\alpha(s-x^{-\mu})-xp-kx(1-p)=\alpha(s-x^{-\mu})-x[p+k(1-p)] \tag{6-3}$$

$$E_c=\beta(s-x^{-\mu})-x(1-p)+kx(1-p)=\beta(s-x^{-\mu})-x(1-p)(1-k) \tag{6-4}$$

$$E_t=(\alpha+\beta)(s-x^{-\mu})-x \tag{6-5}$$

令式（6-4）为0，并对 x 求一阶偏导，得到能源应急最优资源投入：

$$x^*=\left[\frac{(1-p)(1-k)}{\mu\beta}\right]^{-\left(\frac{1}{\mu+1}\right)} \tag{6-6}$$

$$\mathrm{Max}E_t=(\alpha+\beta)[s-(x^*)^{-\mu}]-x^* \tag{6-7}$$

政府的应急协同最优参与度 p^* 由式（6-7）决定。将 x^* 代入式（6-7），得到：

$$\mathrm{Max}E_t=(\alpha+\beta)\left[s-\left[\frac{(1-p)(1-k)}{\mu\beta}\right]^{\left(\frac{\mu}{\mu+1}\right)}\right]-\left[\frac{(1-p)(1-k)}{\mu\beta}\right]^{-\left(\frac{1}{\mu+1}\right)} \tag{6-8}$$

令式（6-8）等于0，对 p 求一阶偏导得到 p^*：

$$p^*=\begin{cases}1-\dfrac{\beta}{(\alpha+\beta)(1-k)}, & \dfrac{\alpha}{\beta}>\dfrac{k}{1-k}\\ 0, & \text{其他}\end{cases} \tag{6-9}$$

将 p^* 代入式（6-6），得到：

$$x^{*}=\left[\frac{1}{\mu(\alpha+\beta)}\right]^{-\left(\frac{1}{\mu+1}\right)} \tag{6-10}$$

将 x^{*} 代入式（6-5），得到：

$$E_{t}^{*}=(\alpha+\beta)\left[s-\left[\frac{1}{\mu(\alpha+\beta)}\right]^{\frac{\mu}{\mu+1}}\right]-\left[\frac{1}{\mu(\alpha+\beta)}\right]^{-\left(\frac{1}{\mu+1}\right)} \tag{6-11}$$

情形二：有先期和当期两种资源投入。

有先期和当期两种应急协同资源投入的情况是指能源应急协同具有常态化特征，而非临时的。

在有先期资源投入的情况下，应急协同绩效函数除了受政府和能源供应链企业当期应急协同资源投入的影响，也受到政府和能源供应链企业先期资源投入的影响，应急协同绩效函数记为：

$$F(x,\ b_{g},\ b_{c})=s-x^{-\mu}b_{g}^{-\mu_{g}}b_{c}^{-\mu_{c}}+\varepsilon \tag{6-12}$$

应急协同期望绩效函数记为：

$$\bar{F}(x,\ b_{g},\ b_{c})=s-x^{-\mu}b_{g}^{-\mu_{g}}b_{c}^{-\mu_{c}} \tag{6-13}$$

其中，b_g、b_c 分别代表政府和能源供应链企业先期资源投入，μ 代表政府和能源供应链企业当期共同应急资源投入弹性，值越大，应急主体当期应急资源投入对协同绩效影响越大，μ_g、μ_c 分别代表政府和能源供应链企业先期资源投入弹性，值越大，应急主体先期资源投入对协同绩效影响越大，同时 s、μ、μ_g、μ_c 为常量且取值均为正。由于在具体的突发性能源的短缺事件应急过程中，政府和能源供应链企业当期的资源投入更具有针对性，投入有效性更高，因此假设 μ 大于 μ_g、μ_c。

令 p 为政府应急协同参与度，α 和 β 分别为政府和能源供应链企业单位应急协同绩效带来的边际协同收益，则政府和能源供应链企业的期望协同收益函数及共同的期望协同收益函数分别记为：

$$\begin{aligned}\hat{E}_{g}&=\alpha(s-x^{-\mu}b_{g}^{-\mu_{g}}b_{c}^{-\mu_{c}})-xp-kx(1-p)\\&=\alpha(s-x^{-\mu}b_{g}^{-\mu_{g}}b_{c}^{-\mu_{c}})-x[p+k(1-p)]\end{aligned} \tag{6-14}$$

$$\hat{E}_{c}=\beta(s-x^{-\mu}b_{g}^{-\mu_{g}}b_{c}^{-\mu_{c}})-x(1-p)+kx(1-p)$$

$$=\beta(s-x^{-\mu}b_g^{-\mu_g}b_c^{-\mu_c})-x(1-p)(1-k) \tag{6-15}$$

$$\hat{E}_t=(\alpha+\beta)(s-x^{-\mu}b_g^{-\mu_g}b_c^{-\mu_c})-x \tag{6-16}$$

令式（6-15）等于0并对 x 求一阶偏导，得：

$$\hat{x}^*=\left[\frac{(1-p)(1-k)}{\mu\beta b_g^{-\mu_g}b_c^{-\mu_c}}\right]^{-(\frac{1}{\mu+1})} \tag{6-17}$$

同理，计算得到：

$$\hat{p}^*=\begin{cases}1-\dfrac{\beta}{(\alpha+\beta)(1-k)}, & \dfrac{\alpha}{\beta}>\dfrac{k}{1-k}\\ 0, & \text{其他}\end{cases} \tag{6-18}$$

$$\hat{x}^*=\left[\frac{1}{(\alpha+\beta)\mu b_g^{-\mu_g}b_c^{-\mu_c}}\right]^{-(\frac{1}{\mu+1})} \tag{6-19}$$

$$\hat{E}_t^*=(\alpha+\beta)\left[s-\left[\frac{1}{(\alpha+\beta)\mu b_g^{-\mu_g}b_c^{-\mu_c}}\right]^{\frac{\mu}{\mu+1}}b_g^{-\mu_g}b_c^{-\mu_c}\right]-\left[\frac{1}{(\alpha+\beta)\mu b_g^{-\mu_g}b_c^{-\mu_c}}\right]^{-(\frac{1}{\mu+1})} \tag{6-20}$$

第三节　模型解析

通过对仅有当期资源投入与有先期当期两种资源投入两种情况得到的最优协同参与度、最优资源投入以及最优协同收益的比较分析，得到以下结论：

（1）在两种情况下政府的协同参与度及约束条件相同，可见政府和能源供应链企业关于能源应急的日常资源投入，如常规应急演练、能源应急各项资源的日常储备等对各自在具体的能源应急过程中的协同参与度没有影响，这主要由于日常的能源应急资源投入缺乏针对性，在具体的能源突发事件应急过程中，政府和能源供应链企业仍需根据能源突发事件的具体情况进行相应的资源投入，即使在有日常资源投入的情况下也应积极充分参与应急协同工作。

（2）由协同参与度约束条件可知，当政府和能源供应链企业的边际收益之比大于 $k/(1-k)$ 时，政府参与能源应急，否则政府不参与。由于能源应急管理属于公共危机应急管理，公共物品性是其非常突出的一个特征，依靠市场机制无法得到彻底解决，政府的参与是必然的。因此，政府不参与的情况并不成立，仅考虑政府和能源供应链企业的边际收益之比大于 $k/(1-k)$ 的情况。

由 p^*、$\hat{p}^*$ 存在的条件 $\alpha/\beta>k/(1-k)$，即 $k<\beta/(\alpha+\beta)$ 可知，系统是否存在最优状态取决于政府和能源供应链企业的边际协同收益以及政府对能源供应链企业的补偿力度三个参数之间的关系，因此政府应根据政府和能源供应链企业的边际协同收益确定合理的补偿力度，从而实现政府和能源供应链企业的最优分工，使应急投入最少，系统达到最优状态。

（3）由式（6-9）和式（6-18）可知，政府的协同参与度与其补偿力度负相关，即意味着能源供应链企业的应急协同参与度与政府的补偿力度正相关，当政府的补偿力度越大，能源供应链企业则愿意更多地参与到能源应急过程中，承担更多的应急任务。

（4）由式（6-10）和式（6-19）计算得到 $\partial x^*/\partial p>0$，$\partial \hat{x}^*/\partial p>0$，即在两种情况下，应急协同资源投入与政府的协同参与度正相关，意味着在能源应急过程中，政府承担的应急工作越多，应急资源投入越多。当能源应急工作越多地依靠政府，通常会调动更多的部门、企业参与到应急中去，跨地区地进行人力、物力、财力等资源的筹措和调配，这个过程会产生更大的应急成本。

（5）由式（6-10）和式（6-19）同样计算可得 $\partial x^*/\partial k>0$，$\partial \hat{x}^*/\partial k>0$，即在两种情况下，应急协同资源投入与政府的补偿力度正相关，意味着在能源应急过程中，政府对能源供应链企业的补偿力度越大，应急资源投入越多。当政府针对能源供应链企业的应急投入进行相应的补偿时，能源供应链企业会因为政府的补偿而忽视资源利用率，造成更多不必要的资源浪费。

（6）将 x^* 与 $\hat{x}^*$ 进行对比分析，得到当 $0<b_g^{-\mu_g}b_c^{-\mu_c}<1$ 时，即 $F(x^*)<F(\hat{x}^*)$，$x^*>\hat{x}^*$，$E_t^*<\hat{E}_t^*$，表示当第二种情况下应急资源投入的绩效大于第

一种情况的绩效，其当期应急协同资源投入相较于第一种情况减少，最优协同收益相较于第一种情况增加；当 $b_g^{-\mu_g}b_c^{-\mu_c}>1$ 时，即 $F(x^*)>F(\hat{x}^*)$，$x^*<\hat{x}^*$，$E_t^*>\hat{E}_t^*$，表示当第二种情况下应急资源投入的绩效小于第一种情况的绩效，其当期应急协同资源投入相较于第一种情况增加，最优协同收益相较于第一种情况减少；当 $b_g^{-\mu_g}b_c^{-\mu_c}=1$ 时，即 $F(x^*)>F(\hat{x}^*)$，$x^*=\hat{x}^*$，$E_t^*=\hat{E}_t^*$，表示当第二种情况下应急资源投入的绩效等于第一种情况的绩效，其当期应急协同资源投入相较于第一种情况保持不变，最优协同收益相较于第一种情况不变。说明先期应急协同资源投入绩效对于当期应急资源投入及协同收益具有决定性作用，先期应急协同资源投入绩效越大，当期应急资源投入越少，可获得的协同收益越多，反之亦然。

第四节　数值模拟

基于上述模型计算结果进行算例分析。首先分析两种情形下政府最优协同参与度与政府对能源供应链企业补偿力度之间的关系。由 p^*、$\hat{p}^*$ 存在的约束条件 $\alpha/\beta>k/(1-k)$ 可知，补偿力度 k 的取值范围由 α、β 的值决定，对 α、β 赋予不同的数值，使补偿力度范围依次扩大进行分析，增加研究结果的可靠性，具体赋值情况如表 6-1 所示。

表 6-1　参数 α、β 及补偿力度 k 的取值

赋值情形	α	β	k
①	1	3	$0\leq k<0.25$
②	3	3	$0\leq k<0.5$
③	9	1	$0\leq k<0.9$

根据以上赋值情况得到最优协同参与度与补偿力度之间的关系，如图6－1、图6－2所示。图6－1是政府最优协同参与度与政府补偿力度之间的关系图。图例中data1、data2、data3指示的曲线分别表示赋值情形①、②、③三种情况下政府最优参与度与补偿力度之间的关系。图6－2是能源供应链企业最优协同参与度与补偿力度的关系。图例中data1、data2、data3指示的曲线分别表示赋值情形①、②、③三种情况下能源供应链企业最优参与度与补偿力度之间的关系。图6－1中data1、data2、data3所示的曲线分别对应图6－2中data1、data2、data3所示的曲线，即图6－1中三种赋值情形下，政府最优协同参与度随着政府补偿力度的增加而降低，对应图6－2中能源供应链企业最优协同参与度随政府补偿力度的增加提高，且从曲线走势可知政府补偿力度越大，能源供应链企业的协同参与度变化越明显。

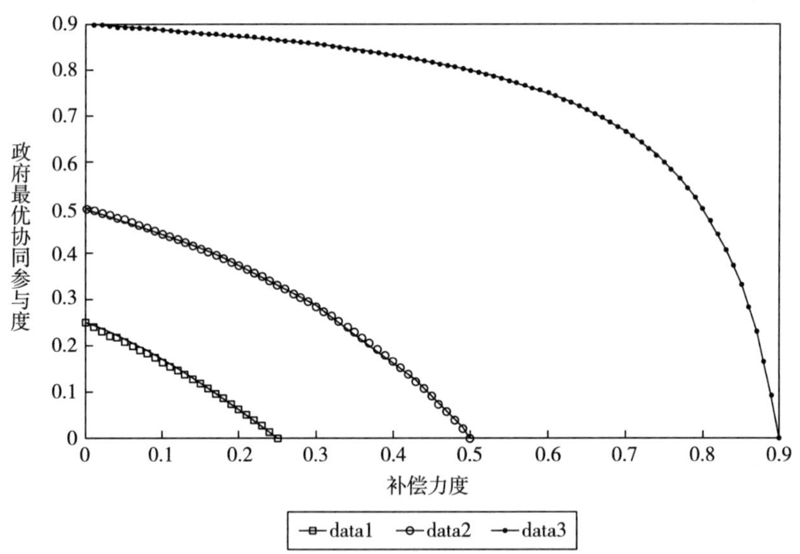

图6－1　政府最优协同参与度与补偿力度的关系

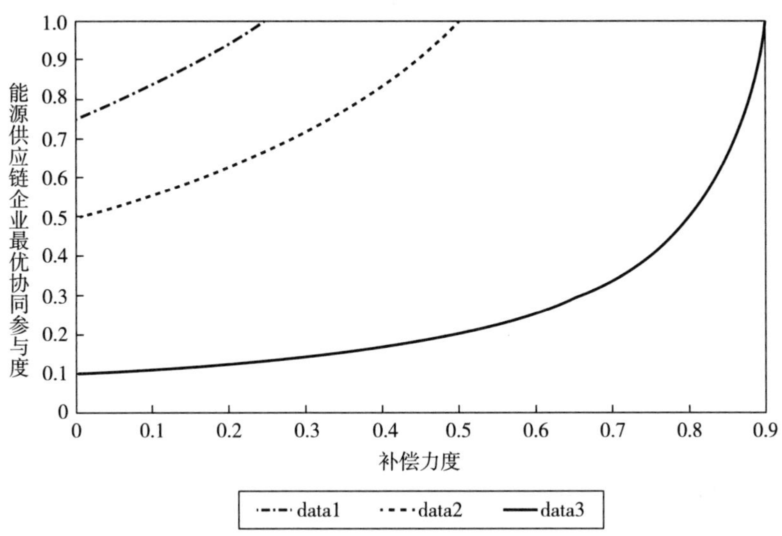

图 6-2 能源供应链企业最优协同参与度与补偿力度的关系

基于 $\alpha=9$、$\beta=1$ 对仅有当期资源投入和有先期和当期资源投入两种情形下得到的最优资源投入进行数值模拟，得到图 6-3。

由前文研究结果可知，在有先期和当期资源投入情形下的最优资源投入与先期资源投入的协同绩效有关，故对参数 b_g、b_c、μ_g、μ_c 赋予两组数值表征先期协同资源投入绩效高低的情况，其中，$b_g=4$，$b_c=8$，$\mu_g=1/2$，$\mu_c=1/3$ 的参数赋值得到的是图 6-3 中实线所示的先期协同资源投入绩效较高时的最优资源投入；$b_g=1/4$，$b_c=1/8$，$\mu_g=1/2$，$\mu_c=1/3$ 的参数赋值得到的是图 6-3 中圆点虚线所示的先期协同资源投入绩效较低时的最优资源投入。图 6-3 中中间虚线表示的是仅有当期资源投入情形下的最优资源投入。由图 6-3 可知有先期和当期资源投入情形下，先期资源投入绩效较高时最优资源投入小于仅有先期资源投入情形的最优资源投入；有先期和当期资源投入情形下，当先期资源投入绩效较低时最优资源投入大于仅有先期资源投入情形的最优资源投入。同时根据图 6-3 中三条曲线走势可知，在先期资源投入绩效较高的情形下，能源应急资源投入能够更快达到最优。综上可知，先期资源的合理高效利用决定了当期资源投入，先期资源投入绩效越高，对应的当期应急资源投入越少，避免了能源应急过程中不必要的资源浪费。

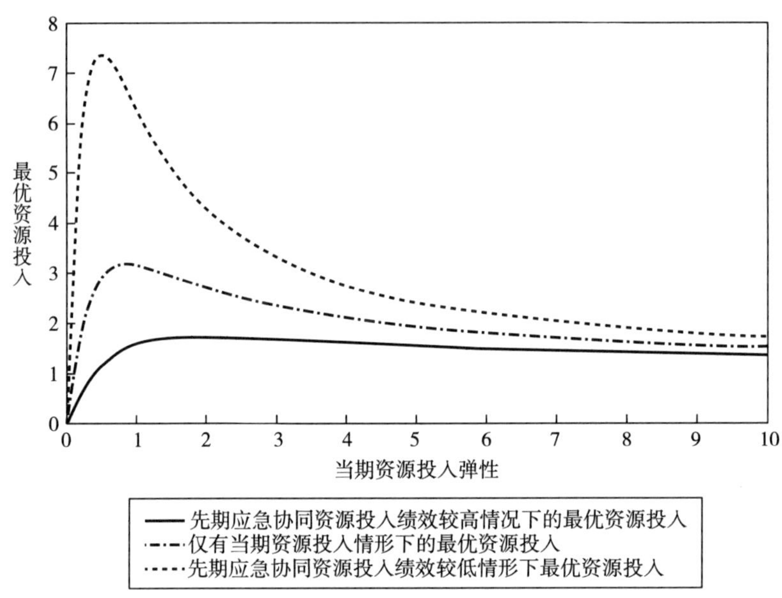

图 6－3　两种假设情形下最优资源投入

基于 $\alpha=9$，$\beta=1$，$\mu=2$，对情形一和情形二最优资源投入与政府补偿力度、政府协同参与度之间的关系进行数值模拟分析，得到图 6－4、图 6－5。

图 6－4 所示曲线分别表示仅有当期资源投入情形下，在政府协同参与度 $p=\{0.1, 0.2, 0.3, 0.4, 0.5, 0.6, 0.7, 0.8, 0.9\}$ 的不同取值情况下最优资源投入随政府补偿力度的变化趋势，图 6－5 所示曲线表示有先期和当期资源投入情形下，在政府协同参与度 $p=\{0.1, 0.2, 0.3, 0.4, 0.5, 0.6, 0.7, 0.8, 0.9\}$ 的不同取值情况下最优资源投入随政府补偿力度的变化。由图 6－4、图 6－5 可知，两种情形下，政府补偿力度一定的情况下，随着政府协同参与度的提高，能源应急的资源投入越多；当政府的协同参与度保持一定的情况下，政府的补偿力度越大，能源应急的资源投入越多。说明政府要平衡

好协同参与度与补偿力度之间的关系，尽可能使应急资源得到合理配置，减少资源浪费。

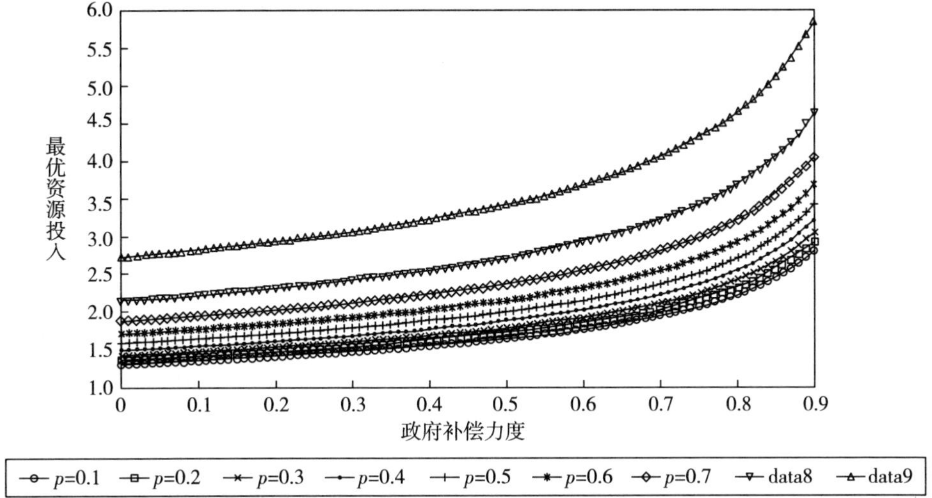

图 6－4　仅有当期资源投入情形下最优资源投入与政府协同参与度、补偿力度的关系

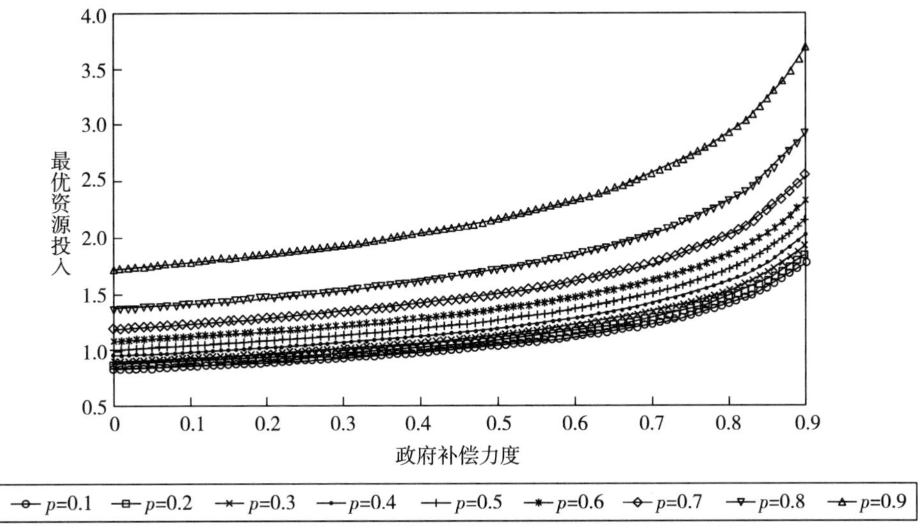

图 6－5　有先期和当期资源投入情形下最优资源投入与政府协同参与度、补偿力度的关系

第五节　本章小结

本章立足于能源应急协同临时性问题，选取政府和能源供应链企业两个应急主体，从资源投入角度研究了能源应急协同问题，构建了仅有当期资源投入、有先期和当期两种资源投入两种情形下政府和能源供应链企业应急协同数学模型，分析得到政府和能源供应链企业的最优协同参与度、最优资源投入以及最优协同收益等，并结合算例进行仿真分析。研究发现：政府和能源供应链企业的边际协同收益以及政府的补偿力度三个参数间的关系决定了政府和能源供应链企业能否在能源应急过程中达到最优状态；日常应急资源的投入不会影响政府和能源供应链企业在具体能源突发事件应急过程中的协同参与度，说明应急主体在面对具体的能源突发事件时需全力以赴，不能依赖日常资源投入；政府加大补偿力度会提高能源供应链企业的应急协同参与度，政府的应急协同参与度越大或补偿力度越大，应急资源投入越多，相应的应急成本越高，说明在建设有效的能源应急补偿机制时，要平衡应急成本、企业的应急积极性与补偿力度三者间的关系，制定合理的补偿力度；先期应急协同资源投入绩效与当期应急资源投入负相关，与协同收益正相关，即先期应急协同资源投入绩效越大，当期应急资源投入越少，可获得的协同收益越多，说明建设常态化的能源应急管理体制是必要的，但要确保日常应急资源投入的有效性。

第七章　考虑短缺范围的能源应急国际协同机制研究

第一节　问题描述

在能源应急过程中，国家与国家之间也存在着博弈关系。当一个国家出现能源供应紧张态势，其他国家考虑到长远的政治利益或经济利益会选择协同或者不协同。当国际范围内出现能源短缺态势，各个国家基于经济利益的考虑会选择“搭便车”。国际层面上的能源制度，比如国际能源机构（IEA）的石油应急机制就是成员国相互博弈的产物。在能源问题日益全球化的背景下，外部世界的稳定安全发展关系到每一个国家的能源安全。影响能源安全的因素日益增多并相互交织，地区战争、政治动荡、恐怖袭击、自然灾害等都可能造成重大的供应中断，全球性的能源短缺对各国能源安全构成严重挑战。

2017 年入冬以来中国爆发的“气荒”严重影响了社会生产生活的正常运行，引发此次气荒的一部分原因是中亚地区为保障国内用气，天然气供应量相比计划减少了 4000 万～5000 万立方米/日。如果中国与国际上其他国家建立能源应急协同关系，当国内突发诸如“气荒”等能源短缺事件时，得到其他国家的应急支持或帮助，对于提高能源应急能力、减少能源短缺带来的社会经济损失、降低能源突发事件的风险具有积极意义。

以天然气为例，为保障天然气供应安全，国家规划了天然气进口的四大国际战略通道格局东北（中俄天然气管道）、西北（中亚天然气管道）、西南（中缅天然气管道）和海上（马六甲海峡通道），开启了能源应急领域的国际化进程。在中国储气能力不足、国内自产气提升空间有限的前提下，增加进口气量可以有效缓解突发性天然气短缺态势。由于政治、经济等多方面因素，中国天然气进口的四大战略通道均存在不稳定因素，如中俄天然气管道东线计划于2018年投产，日输气量勉强满足北京市供暖需要，中俄管道西线谈判无限期搁置；中亚天然气管道是管道气主要进口来源，管输能力不足；中缅天然气管道供应的气量只占进口的1/20，主要满足西南地区的炼化需要，在应对“气荒”方面能力有限。同时缅甸政局不稳，管道经过缅甸国内武装冲突区域，增加了中缅天然气管道供气风险；马六甲海峡通道是中国从中东、东南亚、澳大利亚、非洲进口LNG必经之路，由于LNG进口较管道气灵活，出现“气荒”时可以大量进口LNG增加供应，该方式不够快捷，成本较高，运输通道也容易受其他国家掣肘，加之中东、非洲等地区政局动荡，对确保紧急状况下天然气稳定供给构成严峻挑战。由此可见，中国应在国际范围内寻求能源应急合作，确保出现能源短缺时进口气源可以稳定、充足供应。从国际能源合作现状来看，中国参与全球能源合作的程度比较低，目前和中国形成双边能源合作机制的国家约30个，加入的国际能源应急合作组织和国际会议机制达20多个，在世界范围内的33个国家内开展着一百多个油气合作项目，这些合作为中国提供了能源对话场所与合作平台，但其中更多的是一般性合作和对话性合作，缺乏实质性的合作，达成的更多是政治承诺，不能做出有法律约束力的决议，在发生能源供应短缺情况下不能得到有效执行。

国际能源组织（IEA）是发达石油消费国集团在经济合作和发展框架内成立的一个独立自治的国际组织，核心是应对石油供应紧急情况的紧急共享制度

和协调应急反应制度[①]，建立和发展了应对石油供应中断等突发性石油危机的有效机制。相比于其他国际能源安全制度[②]，它建立在具有法律约束力的国际条约《IEP协定》基础上，其能源合作更加正式、稳定、完善。在多次石油危机（第二次石油危机、海湾战争、卡特里娜飓风、9·11事件等）中展现了迅速、灵活、有效的应急处置能力，在应对能源供应中断方面积累了丰富的经验。近些年随着天然气资源的广泛应用，IEA对于天然气的供应安全保障极其重视。中国于2015年成为IEA联盟国，以观察员的身份参加了IEA的一些会议及应急反应演习，IEA也向中国提供了关于石油储备建设、管理以及利用等方面的建议，但在中国未成为成员国的情况下，导致无法共享其能源应急机制，双方在应急机制方面的实质性合作并不多，尤其是一些核心技术和重要信息还很难获取。IEA发布的《世界能源展望2017中国特别报告》中指出中国正在成长为全球最大的原油和天然气进口国，中国的能源安全会更容易受到国际油价、政治事件及供应中断等突发事件的影响，中国自身要加强能源应急能力，同时IEA也将与中国在能源安全与安全机制方面保持紧密联系。因此，本章主要设置若干情形分析国际能源应急协同问题。这对中国建立和完善能源应急体系，更好地寻求国际能源应急合作具有重要的借鉴意义和指导意义。

第二节　模型构建

假设模型包括两个主体，分别为中国和他国。设置不同的前提研究中国和

① IEA石油安全应急法律制度由两部分组成，一是石油紧急共享制度，二是协调应急反应制度。前者适用于石油供应量减少7%或以上的重大石油供应危机，后者适用于石油供应中断水平低于7%的小型石油危机。

② 国际层面上与能源安全有关的制度主要包括非正式的多边会议（国际能源论坛、八国集团会议）、民间性质的非政府组织（世界石油大会、世界能源理事会）、以国际条约为基础的政府间国际组织［国际能源机构（IEA）、石油输出国组织］等。

他国两个主体的能源应急协同问题。

利用状态函数 $x(t)$ 表示能源短缺量，是能源突发事件发生时（$t=0$）到能源突发事件得到控制的过程，由能源突发事件自身造成的短缺量以及中国与他国通过应急协同减少的能源短缺量组成的，具体表达式如下：

$$\overset{*}{x(t)}=x(t)+kx(t)-h(u(t),\ v(t)),\ x(t_0)=x_0 \tag{7-1}$$

其中，$x(t)$表示 t 时刻的能源短缺量，$\overset{*}{x(t)}$表示 $x(t)$的动态变化；$kx(t)$表示能源突发事件的扩散效应，k 为扩散系数，表示能源突发事件自身演化发展带来的能源短缺量的变化，当 $k>0$ 时表示能源突发事件恶化，能源短缺态势加剧，能源短缺量逐渐增大，当 $k<0$ 时，表示能源突发事件得到控制，能源短缺态势得到缓解，能源短缺量逐渐减少；$u(t)$代表中国的应急努力；$v(t)$代表他国的应急努力；$h(u(t),\ v(t))$代表中国与他国共同的应急努力产生的协同效应减少的能源短缺量，且 $h(u(t),\ v(t))=\tau u(t)+\psi v(t)+\varphi u(t)v(t)$,① 其中，$\tau$代表中国的应急努力减少的能源短缺量，$\psi$ 代表他国的应急努力减少的能源短缺量，φ 代表中国和他国协同合作效应减少的能源短缺量；x_0 代表能源突发事件发生伊始造成的能源短缺量。

中国付出的能源应急努力 $u(t)$的应急成本为 $c_1[\mu(t)]^2/2$，其中，c_1 表示中国的成本函数，$c_1>0$。他国通过应急努力付出的应急成本为 $c_2[v(t)]^2/2$，其中，c_2 表示他国能源应急的成本函数，$c_2>0$。

中国通过与他国的应急协同获得的协同收益记为 $ah(u(t),\ u(t))$，其中，a 为每减少单位能源短缺量给中国的福利收益；他国通过应急协同获得的协同收益记为 $\beta h(u(t),\ v(t))$，其中，β 代表每减少单位能源短缺量给他国带来的福利收益。

能源突发事件本身给中国及他国带来一定的损失，记为成本，分别表示为

① Naik P. A., Raman K. Understanding the impact of synergy on multimedia communication[J]. Journal of Marketing Research, 2003, 40(4): 375-388.

$\theta x(t)$、$\pi x(t)$。$t\in[0, t]$，ρ 为折现系数，假设中国和他国的折现系数相同，且取值为1。

第三节　模型解析

情形一：能源突发事件发生在中国国内，未对他国造成影响。

在能源突发事件影响范围仅限中国国内时，中国的福利函数可以表示为：

$$W_1 = \int_0^t \left\{ \alpha h(\mu(t), v(t)) - \frac{c_1}{2}[\mu(t)]^2 - \theta x(t) \right\} e^{-t} dt \tag{7-2}$$

他国的福利函数可以表示为：

$$W_2 = \int_0^t \left\{ \beta h(\mu(t), v(t)) - \frac{c_2}{2}[v(t)]^2 \right\} e^{-t} dt \tag{7-3}$$

中国和他国建立能源应急协同关系，目标是最大化整体的福利收益，整体的福利最大化问题转化为：

$$\begin{aligned} \mathrm{Max} W_0 &= \mathrm{Max}(W_1 + W_2) \\ &= \mathrm{Max} \int_0^t \left\{ \alpha h(\mu(t), v(t)) - \frac{c_1}{2}[\mu(t)]^2 - \theta x(t) + \beta h(\mu(t), v(t)) - \right. \\ &\quad \left. \frac{c_2}{2}[v(t)]^2 \right\} e^{-t} dt \end{aligned} \tag{7-4}$$

$$\text{s. t. } \overset{*}{x(t)} = x(t) + kx(t) - h(u(t), v(t)),\ x(t_0) = x_0 \tag{7-5}$$

博弈期内（$[0, t]$）中国和他国形成的应急联盟获得的福利收益为：

$$\begin{aligned} W(t,x) &= \int_0^t \left\{ \alpha h(\mu(t), v(t)) - \frac{c_1}{2}[\mu(t)]^2 - \theta x(t) + \beta h(\mu(t), v(t)) - \right. \\ &\quad \left. \frac{c_2}{2}[v(t)]^2 \right\} e^{-t} dt \end{aligned} \tag{7-6}$$

同样，运用贝尔曼方程法来求解。令：

$$
\begin{aligned}
-W_t(t,x) = \operatorname*{Max}_{\mu(t),v(t)}\int_0^t\Big\{&\alpha h(\mu(t),v(t)) - \frac{c_1}{2}[\mu(t)]^2 - \theta x(t) + \\
&\beta h(\mu(t),v(t)) - \frac{c_2}{2}[v(t)]^2\Big\}e^{-t}dt + \\
&W_x(t,x)[x(t) + kx(t) - h(\mu(t),v(t))]
\end{aligned} \tag{7-7}
$$

记中国的最优策略为$\overset{*}{\mu(t)}$，他国的最优策略为$\overset{*}{v(t)}$。由整体福利收益式（7－7）最大化原理得到：

$$
\mu(\overset{*}{t},\ x) = \frac{\alpha+\beta-W_x(t,\ x)}{c_1}(\tau+\varphi v(t)) \tag{7-8}
$$

$$
v(\overset{*}{t},\ x) = \frac{\alpha+\beta-W_x(t,\ x)}{c_2}(\psi+\varphi\mu(t)) \tag{7-9}
$$

令 $W(t,\ x) = [\hat{A}(t)\ x+\hat{B}(t)]\ e^{-t}$，可得：

$$
\mu(\overset{*}{t},\ x) = \frac{\alpha+\beta-\hat{A}(t)}{c_1}(\tau+\varphi v(t)) \tag{7-10}
$$

$$
v(\overset{*}{t},\ x) = \frac{\alpha+\beta-\hat{A}(t)}{c_2}(\psi+\varphi\mu(t)) \tag{7-11}
$$

联立式（7－10）、式（7－11），得到：

$$
\overset{*}{\mu(t)} = \frac{(\alpha+\beta-\hat{A}(t))[\tau c_2+(\alpha+\beta-\hat{A}(t))\varphi\psi]}{c_1c_2-(\alpha+\beta-\hat{A}(t))^2\varphi^2} \tag{7-12}
$$

$$
\overset{*}{v(t)} = \frac{(\alpha+\beta-\hat{A}(t))[\psi c_1+(\alpha+\beta-\hat{A}(t))\varphi\tau]}{c_1c_2-(\alpha+\beta-\hat{A}(t))^2\varphi^2} \tag{7-13}
$$

$$
\begin{aligned}
h(\overset{*}{u(t)},\ \overset{*}{v(t)}) &= \tau\overset{*}{\mu(t)}+\psi\overset{*}{v(t)}+\varphi\overset{*}{\mu(t)}\overset{*}{v(t)} \\
&= \tau\frac{(\alpha+\beta-\hat{A}(t))[\tau c_2+(\alpha+\beta-\hat{A}(t))\varphi\psi]}{c_1c_2-(\alpha+\beta-\hat{A}(t))^2\varphi^2} + \\
&\quad \psi\frac{(\alpha+\beta-\hat{A}(t))[\psi c_1+(\alpha+\beta-\hat{A}(t))\varphi\tau]}{c_1c_2-(\alpha+\beta-\hat{A}(t))^2\varphi^2} + \\
&\quad \varphi\frac{(\alpha+\beta-\hat{A}(t))[\tau c_2+(\alpha+\beta-\hat{A}(t))\varphi\psi]}{c_1c_2-(\alpha+\beta-\hat{A}(t))^2\varphi^2}\times
\end{aligned}
$$

$$\frac{(\alpha+\beta-\hat{A}(t))[\psi c_1+(\alpha+\beta-\hat{A}(t))\varphi\tau]}{c_1c_2-(\alpha+\beta-\hat{A}(t))^2\varphi^2} \tag{7-14}$$

约束条件为：

$$\begin{cases}\alpha+\beta-\hat{A}(t)>0\\ c_1c_2-(\alpha+\beta-\hat{A}(t))^2\varphi^2>0\end{cases} \tag{7-15}$$

由式（7-7）得到：

$$\hat{A}'(t)=\theta-(1+k)\hat{A}(t) \tag{7-16}$$

由式（7-16）可知：

$$\hat{A}(t)=Ce^{-(k+1)t}+\frac{\theta}{k+1} \tag{7-17}$$

情形二：能源突发事件影响范围扩散他国。

中国的目标函数可以表示为：

$$J_1=\int_0^t\left\{\alpha h(\mu(t),v(t))-\frac{c_1}{2}[\mu(t)]^2-\theta x(t)\right\}e^{-t}dt \tag{7-18}$$

他国的目标函数可以表示为：

$$J_2=\int_0^t\left\{\beta h(\mu(t),v(t))-\frac{c_2}{2}[v(t)]^2-\pi x(t)\right\}e^{-t}dt \tag{7-19}$$

中国和他国建立能源应急协同关系，目标是最大化整体收益，整体的福利最大化问题转化为：

$$\begin{aligned}\mathrm{Max}J_0&=\mathrm{Max}(J_1+J_2)\\&=\mathrm{Max}\int_0^t\left\{\alpha h(\mu(t),v(t))-\frac{c_1}{2}[\mu(t)]^2-\theta x(t)+\beta h(\mu(t),v(t))-\right.\\&\left.\frac{c_2}{2}[v(t)]^2-\pi x(t)\right\}e^{-t}dt\end{aligned} \tag{7-20}$$

$$\text{s. t. } \overset{*}{x(t)}=x(t)+kx(t)-\lambda h(u(t),\ v(t)),\ x(t_0)=x_0 \tag{7-21}$$

博弈期内（[0, t]）中国和他国形成的应急联盟获得的收益为：

$$W(t,x)=\int_0^t\left\{\alpha h(\mu(t),v(t))-\frac{c_1}{2}[\mu(t)]^2-\theta x(t)+\beta h(\mu(t),v(t))-\right.$$

$$\frac{c_2}{2}[v(t)]^2 - \pi x(t)\Big\}e^{-t}dt \tag{7-22}$$

同样，运用贝尔曼方程法来求解。构造贝尔曼方程：

$$-W_t(t,x) = \underset{\mu(t),v(t)}{\mathrm{Max}}\int_0^t\Big\{\alpha h(\mu(t),v(t)) - \frac{c_1}{2}[\mu(t)]^2 - \theta x(t) + \beta h(\mu(t),v(t)) - \frac{c_2}{2}[v(t)]^2 - \pi x(t)\Big\}e^{-t}dt + W_x(t,x)[x(t) + kx(t) - h(\mu(t),v(t))] \tag{7-23}$$

记中国的最优策略为$\overset{*}{\mu(t)}$，他国的最优策略为$\overset{*}{v(t)}$。由式（7－23）最大化原理得到：

$$\overset{*}{\mu(t)} = \frac{\alpha+\beta-W_x(t,\ x)}{c_1}(\tau+\varphi v(t)) \tag{7-24}$$

$$\overset{*}{v(t)} = \frac{\alpha+\beta-\hat{A}(t)}{c_2}(\psi+\varphi\mu(t)) \tag{7-25}$$

令 $W(t,\ x) = [\hat{A}(t)x+\hat{B}(t)]e^{-t}$，可得：

$$\overset{*}{\mu(t)} = \frac{\alpha+\beta-\hat{A}(t)}{c_1}(\tau+\varphi v(t)) \tag{7-26}$$

$$\overset{*}{v(t)} = \frac{\alpha+\beta-\hat{A}(t)}{c_2}(\psi+\varphi\mu(t)) \tag{7-27}$$

联立式（7－26）、式（7－27），得到：

$$\overset{*}{\mu(t)} = \frac{(\alpha+\beta-\hat{A}(t))[\tau c_2+(\alpha+\beta-\hat{A}(t))\varphi\psi]}{c_1c_2-(\alpha+\beta-\hat{A}(t))^2\varphi^2} \tag{7-28}$$

$$\overset{*}{v(t)} = \frac{(\alpha+\beta-\hat{A}(t))[\psi c_1+(\alpha+\beta-\hat{A}(t))\varphi\tau]}{c_1c_2-(\alpha+\beta-\hat{A}(t))^2\varphi^2} \tag{7-29}$$

$$\begin{aligned} h(\overset{*}{u(t)},\ \overset{*}{v(t)}) &= \tau\overset{*}{\mu(t)}+\psi\overset{*}{v(t)}+\varphi\overset{*}{\mu(t)}\overset{*}{v(t)} \\ &= \tau\frac{(\alpha+\beta-\hat{A}(t))[\tau c_2+(\alpha+\beta-\hat{A}(t))\varphi\psi]}{c_1c_2-(\alpha+\beta-\hat{A}(t))^2\varphi^2} + \\ &\quad \psi\frac{(\alpha+\beta-\hat{A}(t))[\psi c_1+(\alpha+\beta-\hat{A}(t))\varphi\tau]}{c_1c_2-(\alpha+\beta-\hat{A}(t))^2\varphi^2} + \end{aligned}$$

$$\varphi\frac{(\alpha+\beta-\hat{A}(t))[\tau c_2+(\alpha+\beta-\hat{A}(t))\varphi\psi]}{c_1c_2-(\alpha+\beta-\hat{A}(t))^2\varphi^2}\times$$
$$\frac{(\alpha+\beta-\hat{A}(t))[\psi c_1+(\alpha+\beta-\hat{A}(t))\varphi\tau]}{c_1c_2-(\alpha+\beta-\hat{A}(t))^2\varphi^2} \tag{7-30}$$

约束条件为：

$$\begin{cases}\alpha+\beta-\hat{A}(t)>0\\ c_1c_2-(\alpha+\beta-\hat{A}(t))^2\varphi^2>0\end{cases} \tag{7-31}$$

由方程式（7－23）得到：

$$\hat{A}'(t)=(\theta+\pi)-(1+k)\hat{A}(t) \tag{7-32}$$

根据式（7－32）求一阶线性微分方程可得：

$$\hat{A}(t)=Ce^{-(k+1)t}+\frac{\theta+\pi}{k+1} \tag{7-33}$$

综合情形一和情形二的计算结果，可以得出以下结论：

（1）当能源突发事件的影响局限在中国国内时，中国和他国的均衡应急努力程度与各自付出的应急成本负相关，下降梯度分别为 $\frac{c_2(\alpha+\beta-\hat{A}(t))[\tau c_2+(\alpha+\beta-\hat{A}(t))\varphi\psi]}{[c_1c_2-(\alpha+\beta-\hat{A}(t))^2\varphi^2]^2}$、$\frac{c_1(\alpha+\beta-\hat{A}(t))[\tau c_2+(\alpha+\beta-\hat{A}(t))\varphi\psi]}{[c_1c_2-(\alpha+\beta-\hat{A}(t))^2\varphi^2]^2}$。

证明　将$\overset{*}{\mu}(t)$关于 c_1 求一阶偏导，

$\frac{\partial\overset{*}{\mu}(t)}{\partial c_1}=\frac{-c_2(\alpha+\beta-\hat{A}(t))[\tau c_2+(\alpha+\beta-\hat{A}(t))\varphi\psi]}{[c_1c_2-(\alpha+\beta-\hat{A}(t))^2\varphi^2]^2}<0$，表示$\overset{*}{\mu}(t)$关于 c_1 为单调递减，即中国降低其能源应急成本可以提高其能源应急努力水平，会提高其应急积极性。

将$\overset{*}{\upsilon}(t)$关于 c_2 求一阶偏导$\frac{\partial\overset{*}{\upsilon}(t)}{\partial c_2}=\frac{-c_1(\alpha+\beta-\hat{A}(t))[\tau c_2+(\alpha+\beta-\hat{A}(t))\varphi\psi]}{[c_1c_2-(\alpha+\beta-\hat{A}(t))^2\varphi^2]^2}<0$，表示$\overset{*}{\mu}(t)$关于 c_2 为单调递减，即他国降低其能源应急成本可以提高其能源应急努力水平，会提高应急积极性。

（2）当能源突发事件影响到其他国家内，中国和他国的均衡应急努力程

度主要与各自付出的应急成本负相关，下降梯度分别为

$\frac{c_2(\alpha+\beta-\hat{A}(t))[\tau c_2+(\alpha+\beta-\hat{A}(t))\varphi\psi]}{[c_1c_2-(\alpha+\beta-\hat{A}(t))^2\varphi^2]^2}$、$\frac{c_1(\alpha+\beta-\hat{A}(t))[\tau c_2+(\alpha+\beta-\hat{A}(t))\varphi\psi]}{[c_1c_2-(\alpha+\beta-\hat{A}(t))^2\varphi^2]^2}$。

证明 将 $\overset{*}{\mu}(t)$ 关于 c_1 求一阶偏导，

$\frac{\partial\overset{*}{\mu}(t)}{\partial c_1}=\frac{-c_2(\alpha+\beta-\hat{A}(t))[\tau c_2+(\alpha+\beta-\hat{A}(t))\varphi\psi]}{[c_1c_2-(\alpha+\beta-\hat{A}(t))^2\varphi^2]^2}<0$，表示$\overset{*}{\mu}(t)$关于 c_1 为单调递减，即中国降低其能源应急成本可以提高其能源应急努力水平，会提高其应急积极性。

将$\overset{*}{\upsilon}(t)$关于 c_2 求一阶偏导，$\frac{\partial\overset{*}{\upsilon}(t)}{\partial c_2}=\frac{-c_1(\alpha+\beta-\hat{A}(t))[\tau c_2+(\alpha+\beta-\hat{A}(t))\varphi\psi]}{[c_1c_2-(\alpha+\beta-\hat{A}(t))^2\varphi^2]^2}<0$，表示$\overset{*}{\mu}(t)$关于 c_2 为单调递减，即他国降低其能源应急成本可以提高其能源应急努力水平，会提高应急积极性。

通过对以上两种情形的综合比较分析，得出以下结论：

（3）当能源突发事件的范围扩散到国际范围内，国家主体存在一定程度的“搭便车”行为。

证明 比较情形一和情形二$\overset{*}{\mu}(t)$、$\overset{*}{\upsilon}(t)$的大小，可知比较大小的关键在于情形一和情形二的 $\hat{A}(t)$。将 $\hat{A}(t)$看作一个参数，将$\overset{*}{\mu}(t)$、$\overset{*}{\upsilon}(t)$关于 $\hat{A}(t)$进行求导，得到：

$$\frac{\partial\overset{*}{\mu}(t)}{\partial\hat{A}(t)}=\frac{-[\tau c_2+2(\alpha+\beta-\hat{A}(t))\varphi\psi][c_1c_2-(\alpha+\beta-A(t))^2\varphi^2]}{[c_1c_2-(\alpha+\beta-\hat{A}(t))^2\varphi^2]^2}+\frac{-2\varphi^2(\alpha+\beta-\hat{A}(t))^2[\tau c_2+(\alpha+\beta-\hat{A}(t))\varphi\psi]}{[c_1c_2-(\alpha+\beta-\hat{A}(t))^2\varphi^2]^2}<0$$

$$\frac{\partial\overset{*}{\upsilon}(t)}{\partial\hat{A}(t)}=\frac{-[\psi c_1+2(\alpha+\beta-\hat{A}(t))\varphi\tau][c_1c_2-(\alpha+\beta-A(t))^2\varphi^2]}{[c_1c_2-(\alpha+\beta-\hat{A}(t))^2\varphi^2]^2}+\frac{-2\varphi^2(\alpha+\beta-\hat{A}(t))^2[\psi c_1+(\alpha+\beta-\hat{A}(t))\varphi\tau]}{[c_1c_2-(\alpha+\beta-\hat{A}(t))^2\varphi^2]^2}<0$$

$\overset{*}{\mu}(t)$、$\overset{*}{v}(t)$分别关于 $\hat{A}(t)$ 单调递减，由于 $\hat{A}_1(t) < \hat{A}_2(t)$，则$\overset{*}{\mu_2}(t) < \overset{*}{\mu_1}(t)$，$\overset{*}{v_2}(t) < \overset{*}{v_1}(t)$，同时可知 $h_2(\overset{*}{u}(t), \overset{*}{v}(t)) < h_1(\overset{*}{u}(t), \overset{*}{v}(t))$，即中国和他国的均衡努力程度分别小于能源突发事件影响范围仅限中国国内时各自的最优努力程度。这是由于当能源突发事件的范围扩散到国际范围内时，能源突发事件的外部性和能源应急的公共物品特征，导致能源应急过程中中国和他国均存在一定程度的“搭便车”行为，均意图依赖对方的应急力量，降低自身的应急投入。

情形三：在情形二基础上引入监督考核、惩罚机制。

在采取石油应急行动时，往往会涉及各自国家的政治利益和经济利益，不免会出现各国追求自身利益的短视行为。有着成熟的石油应急机制的 IEA 为了保障协定义务得到成员国的忠实履行，《IEP 协定》规定成员国应当维持无石油净进口时至少足够 90 天消费的应急储备，随时准备好一套应急石油需求抑制措施的计划，一旦石油供应减少达到规定的水平，应当按照 IEA 的要求执行需求抑制措施降低石油消费量，并且规定了具体的需求抑制水平①，一旦启动紧急共享制度或者协调应急反应制度，应当采取必要的措施，保证按照《IEP 协定》的要求进行石油分配。同时 IEA 会对成员国实际实施的措施效果进行审查和评估。

《IEP 协定》没有规定任何正式的制裁措施，但不履行义务的国家将会承担不利的后果，将处在他国控制下的即将运往不履行义务的国家的石油进行重新分配，阻止不履行义务的国家使用位于他国的石油储备，或者拒绝满足该国在后一阶段可能享有的分配权。此外，IEA 还可以对不履行义务的国家在其他能源领域的权利作出调整，或者授权个别成员国采取其他政治或经济对抗措施。

---

① 需求抑制水平取决于石油供应中断的实际情况，如果中断达到 7%，需求抑制水平必须达到 7%，如果中断达到 12%，需求抑制水平应达到 10%，如果供应中断情况极其严重且持续时间较长，理事会有权将强制性需求抑制水平提高到 10% 以上。

IEA 的应急制度规定是对成员国的一种行为约束，本质上是 IEA 与成员国之间的一种博弈结果，调和了成员国之间的利益冲突，得以有效运行。因此，基于 IEA 的应急制度规定引入监督考核机制、惩罚机制对中国与他国之间的能源应急协同问题进行研究。

在情形二的基础上增加以下假设：

（1）模型以国际能源组织（IEA）的石油供应紧急共享制度为假设基础，由两国成立的相应的组织为中国和他国制定各自的应急能源分配额和需求抑制水平，并监督和考核各国的执行情况；

（2）将 IEA 的规定“对于不履行石油应急义务的国家，风险只能由该国自身承担”假设为对于应急任务考核不合格的国家的惩罚。用 $\eta_1\varepsilon_1[g\mu(t)-g_0\mu_0(t)]/2$ 表示对中国实施的惩罚，$\eta_2\varepsilon_2[gv(t)-g_0v_0(t)]/2$ 表示对成员国实施的惩罚。其中，$\eta_i(i\in[1,2])$ 为惩罚系数，ε_i 表示 IEA 的应急监督力度，监督力度越大，代表该国的消极应急行为被发现的概率越大。$g_{10}\mu_0(t)$ 表示针对中国规定的应急考核标准，g_i 为应急绩效水平系数，当 $g_1\mu(t)$ 大于等于临界值 $g_{10}\mu_0(t)$ 时，不对中国进行惩罚，当 $g_1\mu(t)$ 小于临界值 $g_{10}\mu_0(t)$ 时，对中国进行惩罚。同样地，$g_{20}v_0(t)$ 表示针对成员国规定的应急考核标准，当 $g_2v(t)$ 大于等于临界值 $g_{20}v_0(t)$ 时，不对他国进行惩罚当 $g_2v(t)$ 小于临界值 $g_{20}v_0(t)$ 时，对他国进行惩罚。

中国的目标函数可以表示为：

$$\int_0^t\left\{\alpha h(\mu(t),v(t))-\frac{c_1}{2}[\mu(t)]^2-\theta x(t)+\frac{\eta_1\varepsilon_1}{2}[g_1\mu(t)-g_{10}\mu_0(t)]\right\}e^{-t} \tag{7-34}$$

他国的目标函数可以表示为：

$$\int_0^t\left\{\beta h(\mu(t),v(t))-\frac{c_2}{2}[v(t)]^2-\pi x(t)+\frac{\eta_2\varepsilon_2}{2}[g_2v(t)-g_{20}v_0(t)]\right\}e^{-t} \tag{7-35}$$

此时整体利益最大化为应急目标，则问题转化为：

$$\mathrm{Max}J = \underset{\mu(t)>0,v(t)>0}{\mathrm{Max}}\int_0^t\Big\{\alpha h(\mu(t),v(t)) - \frac{c_1}{2}[\mu(t)]^2 - \theta x(t) + \frac{\eta_1\varepsilon_1}{2}[g_1\mu(t) - g_{10}\mu_0(t)] + \beta h(\mu(t),v(t)) - \frac{c_2}{2}[v(t)]^2 - \pi x(t) + \frac{\eta_2\varepsilon_2}{2}[g_2 v(t) - g_{20}v_0(t)]\Big\}e^{-t}dt \tag{7-36}$$

s. t. $\overset{*}{x(t)} = x(t) + kx(t) - \lambda h(u(t),\ v(t)),\ x(t_0) = x_0$

根据贝尔曼动态方程求解，得：

$$-J_t(t,x) = \underset{\mu(t)>0,v(t)>0}{\mathrm{Max}}\int_0^t\Big\{\alpha h(\mu(t),v(t)) - \frac{c_1}{2}[\mu(t)]^2 - \theta x(t) + \frac{\eta_1\varepsilon_1}{2}[g_1\mu(t) - g_{10}\mu_0(t)] + \beta h(\mu(t),v(t)) - \frac{c_2}{2}[v(t)]^2 - \pi x(t) + \frac{\eta_2\varepsilon_2}{2}[g_2 v(t) - g_{20}v_0(t)]\Big\}e^{-t}dt + J_x(t,x)[x(t) + kx(t) - h(\mu(t),v(t))] \tag{7-37}$$

由整体福利收益最大化原理可得：

$$\overset{*}{\mu(t)} = \frac{\alpha+\beta-\hat{A}(t)}{c_1}(\tau + \varphi v(t)) + \frac{\eta_1\varepsilon_1 g_1}{2c_1} \tag{7-38}$$

$$\overset{*}{v(t)} = \frac{\alpha+\beta-\hat{A}(t)}{c_2}(\psi + \varphi\mu(t)) + \frac{\eta_2\varepsilon_2 g_2}{2c_2} \tag{7-39}$$

联立式（7－37）、式（7－38），得到：

$$\overset{*}{\mu(t)} = \frac{(\alpha+\beta-\hat{A}(t))[\tau c_2 + (\alpha+\beta-\hat{A}(t))\varphi\psi]}{c_1c_2 - (\alpha+\beta-\hat{A}(t))^2\varphi^2} + \frac{(\alpha+\beta-\hat{A}(t))\varphi\eta_2\varepsilon_2 g_2 + \eta_1\varepsilon_1 g_1 c_2}{2[c_1c_2 - (\alpha+\beta-\hat{A}(t))^2\varphi^2]} \tag{7-40}$$

$$\overset{*}{v(t)} = \frac{(\alpha+\beta-\hat{A}(t))[\psi c_1 + (\alpha+\beta-\hat{A}(t))\varphi\tau]}{c_1c_2 - (\alpha+\beta-\hat{A}(t))^2\varphi^2} + \frac{(\alpha+\beta-\hat{A}(t))\varphi\eta_1\varepsilon_1 g_1 + \eta_2\varepsilon_2 g_2 c_1}{2[c_1c_2 - (\alpha+\beta-\hat{A}(t))^2\varphi^2]} \tag{7-41}$$

$$h(\overset{*}{u(t)},\ \overset{*}{v(t)}) = \tau\overset{*}{\mu(t)} + \psi\overset{*}{v(t)} =$$

$$\tau\left[\frac{(\alpha+\beta-\hat{A}(t))[\tau c_2+(\alpha+\beta-\hat{A}(t))\varphi\psi]}{c_1c_2-(\alpha+\beta-\hat{A}(t))^2\varphi^2}+\right.$$

$$\left.\frac{(\alpha+\beta-\hat{A}(t))\varphi\eta_2\varepsilon_2g_2+\eta_1\varepsilon_1g_1c_2}{2[c_1c_2-(\alpha+\beta-\hat{A}(t))^2\varphi^2]}\right]+$$

$$\psi\left[\frac{(\alpha+\beta-\hat{A}(t))[\psi c_1+(\alpha+\beta-\hat{A}(t))\varphi\tau]}{c_1c_2-(\alpha+\beta-\hat{A}(t))^2\varphi^2}+\right.$$

$$\left.\frac{(\alpha+\beta-\hat{A}(t))\varphi\eta_1\varepsilon_1g_1+\eta_2\varepsilon_2g_2c_1}{2[c_1c_2-(\alpha+\beta-\hat{A}(t))^2\varphi^2]}\right]+$$

$$\varphi\left[\frac{(\alpha+\beta-\hat{A}(t))[\tau c_2+(\alpha+\beta-\hat{A}(t))\varphi\psi]}{c_1c_2-(\alpha+\beta-\hat{A}(t))^2\varphi^2}+\right.$$

$$\left.\frac{(\alpha+\beta-\hat{A}(t))\varphi\eta_2\varepsilon_2g_2+\eta_1\varepsilon_1g_1c_2}{2[c_1c_2-(\alpha+\beta-\hat{A}(t))^2\varphi^2]}\right]\times$$

$$\left[\frac{(\alpha+\beta-\hat{A}(t))[\psi c_1+(\alpha+\beta-\hat{A}(t))\varphi\tau]}{c_1c_2-(\alpha+\beta-\hat{A}(t))^2\varphi^2}+\right.$$

$$\left.\frac{(\alpha+\beta-\hat{A}(t))\varphi\eta_1\varepsilon_1g_1+\eta_2\varepsilon_2g_2c_1}{2[c_1c_2-(\alpha+\beta-\hat{A}(t))^2\varphi^2]}\right] \tag{7-42}$$

令 $J(t,\ x) = [\hat{A}(t)x+\hat{B}(t)]e^{-t}$

则可得：

$$\hat{A}'(t) = \theta+\pi-(1+k)\hat{A}(t) \tag{7-43}$$

根据式（7-43）求得一阶线性微分方程：

$$\hat{A}(t) = Ce^{-(k+1)t}+\frac{\theta+\pi}{k+1} \tag{7-44}$$

根据以上结果可以得出以下结论：

（1）中国和他国的应急努力程度与各自的应急成本负相关，下降梯度分别为 $\frac{c_2(\alpha+\beta-\hat{A}(t))[\tau c_2+(\alpha+\beta-\hat{A}(t))\varphi\psi]}{[c_1c_2-(\alpha+\beta-\hat{A}(t))^2\varphi^2]^2}+\frac{c_2[(\alpha+\beta-\hat{A}(t))\varphi\eta_2\varepsilon_2g_2+\eta_1\varepsilon_1g_1c_2]}{2[c_1c_2-(\alpha+\beta-\hat{A}(t))^2\varphi^2]^2}$、$\frac{c_1(\alpha+\beta-\hat{A}(t))[\psi c_1+(\alpha+\beta-\hat{A}(t))\varphi\tau]}{[c_1c_2-(\alpha+\beta-\hat{A}(t))^2\varphi^2]^2}+\frac{c_1[(\alpha+\beta-\hat{A}(t))\varphi\eta_1\varepsilon_1g_1+\eta_2\varepsilon_2g_2c_1]}{2[c_1c_2-(\alpha+\beta-\hat{A}(t))^2\varphi^2]^2}$。

证明　将$\overset{*}{\mu}(t)$、$\overset{*}{\upsilon}(t)$分别关于c_1、c_2求一阶偏导，得到：

$$\frac{\partial\overset{*}{\mu}(t)}{\partial c_1}=\frac{-c_2(\alpha+\beta-\hat{A}(t))[\tau c_2+(\alpha+\beta-\hat{A}(t))\varphi\psi]}{[c_1c_2-(\alpha+\beta-\hat{A}(t))^2\varphi^2]^2}+$$

$$\frac{-c_2[(\alpha+\beta-\hat{A}(t))\varphi\eta_2\varepsilon_2g_2+\eta_1\varepsilon_1g_1c_2]}{2[c_1c_2-(\alpha+\beta-\hat{A}(t))^2\varphi^2]^2}<0$$

$$\frac{\partial\overset{*}{\upsilon}(t)}{\partial c_2}=\frac{-c_1(\alpha+\beta-\hat{A}(t))[\psi c_1+(\alpha+\beta-\hat{A}(t))\varphi\tau]}{[c_1c_2-(\alpha+\beta-\hat{A}(t))^2\varphi^2]^2}+$$

$$\frac{-c_1[(\alpha+\beta-\hat{A}(t))\varphi\eta_1\varepsilon_1g_1+\eta_2\varepsilon_2g_2c_1]}{2[c_1c_2-(\alpha+\beta-\hat{A}(t))^2\varphi^2]^2}<0$$

结果表示$\overset{*}{\mu}(t)$关于c_1为单调递减，$\overset{*}{\upsilon}(t)$关于c_2为单调递减，即各国降低其能源应急成本可以提高其能源应急努力水平，会提高应急积极性。

（2）中国和他国的应急努力均与监督力度正相关，上升梯度分别为$\frac{\eta_1g_1c_2}{2[c_1c_2-(\alpha+\beta-\hat{A}(t))^2\varphi^2]}$、$\frac{\eta_2g_2c_1}{2[c_1c_2-(\alpha+\beta-\hat{A}(t))^2\varphi^2]}$。

证明　将$\overset{*}{\mu}(t)$关于ε_1求一阶偏导，$\frac{\partial\overset{*}{\mu}(t)}{\partial\varepsilon_1}=\frac{\eta_1g_1c_2}{2[c_1c_2-(\alpha+\beta-\hat{A}(t))^2\varphi^2]}$，由于$\eta_1$、$g_1$、$c_2$均大于0，则$\frac{\eta_1g_1}{2c_1}>0$，即$\frac{\partial\overset{*}{\mu}(t)}{\partial\varepsilon_1}$恒大于0，表示$\overset{*}{\mu}(t)$关于$\varepsilon_1$为单调递增；将$\overset{*}{\upsilon}(t)$关于$\varepsilon_2$求一阶偏导，$\frac{\partial\overset{*}{\upsilon}(t)}{\partial\varepsilon_2}=\frac{\eta_2g_2c_1}{2[c_1c_2-(\alpha+\beta-\hat{A}(t))^2\varphi^2]}$，由于$\eta_2$、$g_2$、$c_1$均大于0，则$\frac{\eta_2g_2}{2c_2}>0$，即$\frac{\partial\overset{*}{\upsilon}(t)}{\partial\varepsilon_2}$恒大于0，表示$\overset{*}{\upsilon}(t)$关于$\varepsilon_2$为单调递增，说明各国在能源应急中付出的努力会随着监督力度的增加而增加，从而各国能够以更加积极的姿态参与到能源应急工作中去。

（3）中国和他国的应急努力均与应急绩效考核水平正相关，上升梯度分别为$\frac{\eta_1\varepsilon_1c_2}{2[c_1c_2-(\alpha+\beta-\hat{A}(t))^2\varphi^2]}$、$\frac{\eta_2\varepsilon_2c_1}{2[c_1c_2-(\alpha+\beta-\hat{A}(t))^2\varphi^2]}$。

证明 将$\overset{*}{\mu}(t)$关于 g_1 求一阶偏导，$\frac{\partial\overset{*}{\mu}(t)}{\partial g_1}=\frac{\eta_1\varepsilon_1c_2}{2[c_1c_2-(\alpha+\beta-\hat{A}(t))^2\varphi^2]}$，由于 ε_1、η_1、c_2 均大于0，则$\frac{\eta_1\varepsilon_1c_2}{2[c_1c_2-(\alpha+\beta-\hat{A}(t))^2\varphi^2]}>0$，即$\frac{\partial\overset{*}{\mu}(t)}{\partial g_1}$恒大于0，表示$\overset{*}{\mu}(t)$关于 g_1 为单调递增；将$\overset{*}{v}(t)$关于 g_2 求一阶偏导，$\frac{\partial\overset{*}{v}(t)}{\partial g_2}=\frac{\eta_2\varepsilon_2c_1}{2[c_1c_2-(\alpha+\beta-\hat{A}(t))^2\varphi^2]}$，由于 ε_2、η_2、c_1 均大于0，则$\frac{\eta_2\varepsilon_2c_1}{2[c_1c_2-(\alpha+\beta-\hat{A}(t))^2\varphi^2]}>0$，即$\frac{\partial\overset{*}{v}(t)}{\partial g_2}$恒大于0，表示$\overset{*}{v}(t)$关于 g_2 为单调递增，表明各国在能源应急中付出的努力会随着应急绩效考核水平的提高而增加，从而各国能够以更加积极的姿态参与到能源应急工作中去。

（4）中国和他国的应急努力均与惩罚力度正相关，上升梯度分别为$\frac{g_1\varepsilon_1c_2}{2[c_1c_2-(\alpha+\beta-\hat{A}(t))^2\varphi^2]}$、$\frac{g_2\varepsilon_2c_1}{2[c_1c_2-(\alpha+\beta-\hat{A}(t))^2\varphi^2]}$。

证明 将$\overset{*}{\mu}(t)$关于 η_1 求一阶偏导，$\frac{\partial\overset{*}{\mu}(t)}{\partial\eta_1}=\frac{\varepsilon_1g_1}{2c_1}$，由于 ε_1、g_1、c_2 均大于0，则$\frac{g_1\varepsilon_1c_2}{2[c_1c_2-(\alpha+\beta-\hat{A}(t))^2\varphi^2]}>0$，即$\frac{\partial\overset{*}{\mu}(t)}{\partial\eta_1}$恒大于0，表示$\overset{*}{\mu}(t)$关于 η_1 为单调递增；将$\overset{*}{v}(t)$关于 η_2 求一阶偏导，$\frac{\partial\overset{*}{v}(t)}{\partial\eta_2}=\frac{g_2\varepsilon_2c_1}{2[c_1c_2-(\alpha+\beta-\hat{A}(t))^2\varphi^2]}$，由于 ε_2、g_2、c_1 均大于0，则$\frac{g_2\varepsilon_2c_1}{2[c_1c_2-(\alpha+\beta-\hat{A}(t))^2\varphi^2]}>0$，即$\frac{\partial\overset{*}{v}(t)}{\partial\eta}$恒大于0，表示$\overset{*}{v}(t)$关于 η_2 为单调递增。各国在能源应急中付出的努力会随着惩罚力度的增加而增加，从而各国能够以更加积极的姿态参与到能源应急工作中去。

（5）引入考核机制、惩罚机制能够约束应急主体的“搭便车”行为，提高各个国家的能源应急积极性，增加应急协同收益。

证明 通过比较分析情形二和情形三的$\overset{*}{\mu}(t)$、$\overset{*}{v}(t)$、$h(\overset{*}{u}(t),\ \overset{*}{v}(t))$，情形三 $\overset{*}{\mu}(t)$与情形二 $\overset{*}{\mu}(t)$差值为$\dfrac{c_2[(\alpha+\beta-\hat{A}(t))\varphi\eta_2\varepsilon_2 g_2+\eta_1\varepsilon_1 g_1 c_2]}{2[c_1c_2-(\alpha+\beta-\hat{A}(t))^2\varphi^2]^2}>0$，情形三 $\overset{*}{v}(t)$与情形二 $\overset{*}{v}(t)$差值为$\dfrac{c_1[(\alpha+\beta-\hat{A}(t))\varphi\eta_1\varepsilon_1 g_1+\eta_2\varepsilon_2 g_2 c_1]}{2[c_1c_2-(\alpha+\beta-\hat{A}(t))^2\varphi^2]^2}>0$，同时可知情形三 $h(\overset{*}{u}(t),\ \overset{*}{v}(t))$大于情形二 $h(\overset{*}{u}(t),\ \overset{*}{v}(t))$，说明监督考核机制、惩罚机制可以约束主体的“搭便车”行为，提高中国和他国的能源应急积极性，增加协同收益。

综上所述，中国在与其他国家建立能源应急合作关系时，不能仅停留在政治承诺，要作出有法律约束力的决议，建立监督考核机制、惩罚机制以约束国家主体的应急行为，使中国在出现能源突发事件时可以获得来自其他国家稳定的能源供给，或者国际范围内出现能源突发事件时，中国可以与其他国家共同应对，降低能源突发事件带来的损失和风险，避免其他国家在能源供应短缺情况下，违背应急合作关系，不能有效执行能源应急合作决议。

第四节 本章小结

本章基于国际能源应急合作的时代背景，分析国家主体间的利益博弈关系，借鉴国际能源组织（IEA）成熟的石油紧急共享制度研究了国际范围内的能源应急协同问题，假设了三种研究情形：情形一是能源突发事件发生在中国国内，未对他国造成影响；情形二是能源突发事件影响范围扩散他国；情形三是在情形二基础上引入监督考核、惩罚机制等三种情形下中国与他国的能源应急协同微分博弈模型，并进行两两比较分析。三种情形下均得到国家主体的应急努力程度均与各自的应急成本负相关。比较情形一和情形二下各主体的应急努力程度，得到情形二国家主体的应急努力程度小于情形一，说明国家主体间在能源应急合作过程中存在“搭便车”行为。比较情形二和情形三下各主体的应急努力程度，得到情形三国家主体的应急努力程度大于情形二，说明监督考核、惩罚机制的引入可增强国家主体的应急积极性，提高应急协同效率。

第八章　能源应急多主体协同效应研究

——以天然气短缺为例

能源应急协同效应是能源应急协同系统各要素在协同机制的作用下实现的，本章解析了能源应急协同效应的内涵以及应急协同效应产生、演化机理。同时运用社会网络分析方法，选取协同度、协同熵、协同效率等指标，并以 2017 年 11 月出现的天然气短缺为例，对此次天然气应急的协同效应进行综合评价。

第一节　内涵界定

在纷繁的自然系统或者社会系统中均存在着协同，基于协同论可以探求系统内部暗含的原理。协同论的实践研究已经扩展到不同部门或主体之间的合作与协调。应急系统是一种动态系统，该系统包含多个系统实体，这些实体之间存在着复杂的相互作用关系。根据协同学理论可知协同机制的有效运行导致系统向有序方向发展。有序是组成系统的各个部分通过交互作用，与外界进行物质和能量交换，产生协同效应，在时间、空间以及功能上形成一种整体协同和有序结构。其强调的是系统通过各职能子系统的相互关系和作用产生的结构性效应，即协同效应，而非单体职能效应。① 对于系统而言，系统内的各个要素

① 王孟钧，刘慧，张镇森，等．重大建设工程技术创新网络协同要素与协同机制分析［J］．中国工程科学，2012，14（12）：106－112.

通过协同和合作获得仅依靠自身无法获得的效益，同时自身能获得更好的发展，整个系统功能也会得到增强，这就是协同合作所产生的协同效应。能源应急协同是指在能源应急过程中，运用法律法规、应急方案、组织制度等方式使各个主体相互沟通、相互协作，使由相关主体子系统构成的整个应急系统达到有序状态，实现高效协同地应对能源突发事件，促进能源行业稳定发展，维护社会、企业及公众的利益的目标，即是能源应急协同效应。

能源应急协同系统包括的协同要素有应急主体、能源突发事件（客体）、协同资源、协同活动、环境等。能源应急协同效应是这些子要素在协同机制的作用下实现的。将协同效应用公式表示为：

$$SE = F(\text{Agents}, \text{Incidents}, \text{Resources}, \text{Activities}, \text{Environment}) \qquad (8-1)$$

其中，SE 代表协同效应，Agents 代表主体要素，Incidents 代表客体要素，Resources 代表资源要素，Activities 代表活动要素，Environment 代表环境要素，$F(x_1, x_2, \cdots, x_n)$代表协同机制作用下能源应急协同效应函数。

能源应急协同效应包括三种情况：

（1）$SE>0$，即正协同效应，指系统各要素在协同机制的作用下产生整体效应的增值，代表着能源应急成本的节约，资源得到有效利用，能源应急协同效率提高。

（2）$SE<0$，即负协同效应，指能源应急系统各要素在协同机制的作用下产生整体效应的贬值，代表着资源浪费、高应急成本、能源应急协同效率低下。

（3）$SE=0$，即无协同效应，指能源应急系统各要素并未构成协同关系或应急成本恰好抵消了协同增值收益。

第二节 机理分析

根据耗散结构理论，能源应急协同效应的正负是协同熵引起的熵增效应和

协同负熵引起的熵减效应共同作用的结果。

于丽英（2014）在研究城市公共危机协同治理的研究中，定义协同熵是衡量政府、非政府组织、企业、媒体、公民等相关主体在城市群公共危机应急过程中，在信息沟通、重大治理决策、筹调应急资源等应急工作环节中系统整体的有序协同度逐渐降低的一个状态函数；协同负熵是一个系统的有效能不断增加、无效能耗逐渐减少，导致系统有序度的增加大于自身无序度增加的状态函数。它是在一个开放的、远离平衡的城市危机治理多主体系统内，各组成要素之间存在复杂的非线性作用，且要素间通过信息共享、应急决策、资源配置等应急工作活动，与外界进行信息、能量、物资、技术人员等应急资源的输入与输出来实现的。周凌云（2011）提出了“协同熵”的概念，认为协同熵是指区域物流多主体系统中物流供给、需求和环境等主体在功能、结构、管理、物流服务、方案设计等协同工作环节所呈现的系统协同无序程度的状态函数。在无外部负熵流入的情况下，随着系统的发展，协同熵逐渐增大，系统的协同效率逐渐下降，主体间不能实现高效协同，这种现象称为协同熵增效应。可见协同熵是阻碍系统往协同有序方向发展的因素。其定义的协同负熵指征系统有序协同度逐渐增加的函数，即在一个开放的、远离平衡的区域物流多主体系统内，各组成要素实现协同交互，从外界获取或者向外界输出物质、资金、技术、人员、信息等资源，使系统变得更加有序，这一过程称为协同负熵的强增效应。可见协同负熵是促进系统向有序协同方向发展的动力。

借鉴现有学者提到的协同熵的概念，定义能源应急协同熵为能源应急系统中中央政府及职能部门、地方政府及职能部门、能源供应链企业等主体在应急预警、应急准备、应急决策、应急预案制定、应急响应、应急恢复等应急工作中呈现出有效能转换效率下降，无效能耗增加的系统状态函数。熵增效应表现为能源应急系统处于相对封闭状态，不积极地进行应急组织制度、应急方法、应急技术以及应急法律制度等的建设和完善，应急主体故步自封、消极应对，不积极与外界进行物质、信息、能量的传递，能源应急系统内部会因为熵增效应而更加混乱，能源突发事件的态势将逐渐恶化，系统将无法实现有序协同。

能源应急协同负熵为能源应急系统中中央政府及职能部门、地方政府及职能部门、能源供应链企业等主体在应急预警、应急准备、应急决策、应急预案制定、应急响应、应急恢复等应急协同工作中呈现出有效能转换效率提高，无效能耗被抵消的系统状态函数。熵减效应表现为能源应急系统涉及众多利益相关者，这些主体不断地向外部环境输出物质、能量和信息，并不断地从外部环境获取所需的物质、能量和信息，实现主体内部、主体之间相互沟通、相互协作，使系统从低度协同向高效协同变化，在有限的时间、空间以及资源的条件下控制能源突发事件态势。要使能源应急协同实现正协同效应，需要与外界进行物质、能量、信息的交换，获取更多的协同负熵来抵消系统内部自身产生的协同熵。在能源应急过程中，产生协同熵和协同负熵的因素有很多，具体如表 8 - 1 所示。

表 8 - 1　能源应急过程中正熵因子和负熵因子

序号	协同正熵因子	协同负熵因子
1	应急组织权责不明，缺乏规章制度约束	明确各应急主体的权责，建立有效的协同制度
2	应急主体间信息沟通不畅	加强应急主体间信息沟通和信息共享
3	各个应急主体缺乏大局意识，更注重自身利益	积极开展能源应急相关知识的宣传，提高各主体的应急意识，促进各主体形成共同的利益追求
4	政府对于能源应急主体缺乏应急政策、法律方面的支持和约束	政府积极完善能源应急方面的法律法规
5	自然环境的持续恶化	积极关注环境变化并建立有效的风险规避机制
6	相对落后的应急技术	积极引进和应用先进的应急技术
7	能源应急储备不足	加速投建应急基础设施
8	对能源市场的波动反应不够灵敏	针对能源的产运销储建立有效的监测预警制度，及时掌握能源供应链发展态势
9	各应急主体的应急行动随意性强，不能有效衔接	按时开展能源应急演练，规范应急流程和应急行为
10	应急资源浪费严重，不能得到有效配置	建立应急资源信息库，并对应急物流中心和运输路线进行合理规划

能源应急过程中，要尽可能避免协同熵的增加，积极引入有效的协同负熵流，维持能源应急系统耗散结构的稳定。将能源应急系统的协同熵记为 S^+，能源应急系统的协同负熵记为 S^-。依据耗散结构的总熵变理论，能源应急协同系统的协同总熵变可用公式表示为：

$$S = S^+ + S^- \tag{8-2}$$

其中，S 表示能源应急系统协同总熵变，表征系统的协同效应。S 的值越小，说明系统的无序度越低，系统协同效应更高；S^+ 是能源应急系统协同熵值，代表熵增效应；S^- 是能源应急系统协同负熵值，代表熵减效应。假设熵增速率为 r_1，熵减速率为 r_2，依据系统动力学相关理论，建立能源应急的系统动力学模型，如图 8－1 所示。

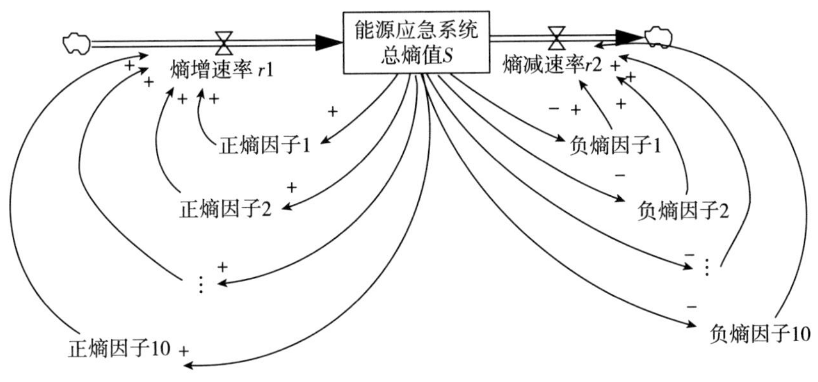

图 8－1　能源应急的系统动力学模型

其中，图 8－1 中正熵因子 1、正熵因子 2，…，正熵因子 10 以及负熵因子 1、负熵因子 2，…，负熵因子 10 分别对应表 7－1 中的正熵因子及负熵因子。

对于能源应急系统来说，应急协同效应的产生是协同熵带来的协同熵增效应和协同负熵带来的熵减效应共同作用的结果。由于 $S^+ > 0$，S^- 可正可负，应急协同总熵值可分为以下三种情况：

（1）当 $S = 0$ 时，表明 $S^- < 0$，$S^+ = |S^-|$，对应系统无协同效应。这种情况说明能源应急系统受到的协同熵和协同负熵的作用是对等的，引起的无序度

和有序度相互抵消，应急系统处于停滞状态。随着系统自身状态的改变以及外部环境的影响，系统不会一直停滞，最终都会表现为有序或者无序的状态。

（2）当 $S<0$ 时，表明 $S^{-}<0$，$S^{+}<|S^{-}|$，对应系统正协同效应。这种情况说明系统受到的协同负熵作用大于协同熵作用，系统从无序向有序方向发展，应急主体之间协同合作能力增强，协同效率高。

（3）当 $S>0$ 时，对应系统负协同效应。存在两种情况：一种情况是 $S^{-}<0$，$S^{+}>|S^{-}|$，即系统受到的协同熵的影响作用大于协同负熵的影响作用，系统从整体上呈现出无序状态；另一种情况是 $S^{-}>0$，说明流入系统的负熵流并不是有效的。这些负熵的流入不但不会促进多主体应急协同效率的提高，反而会增加系统的无序度。

由上可知，协同熵增效应和协同效应的关系如图 8－2 所示。

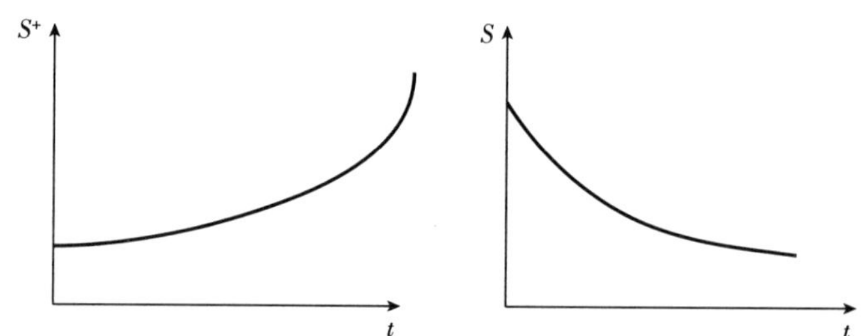

图 8－2　能源应急系统协同熵增效应与协同效应递减效应

当能源应急系统从外部环境引入大量有益于多主体应急协同的负熵流时，系统的协同效应将呈现递增趋势，协同熵减效应与协同效应的关系如图 8－3 所示。

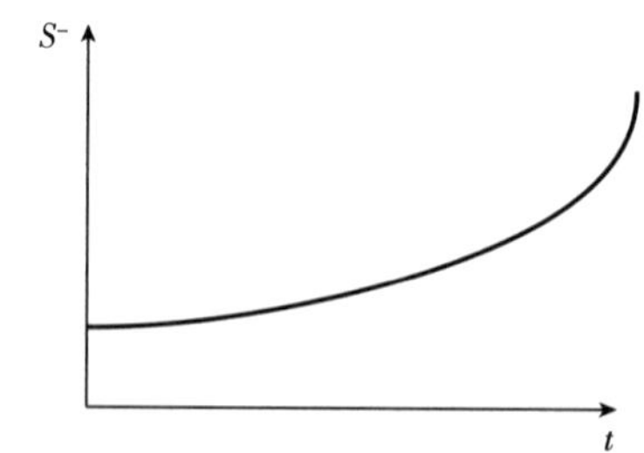

图 8－3　负熵流入后能源应急协同效应递增效应

协同学一般使用非线性动力学方程描述系统的演化机制。运用二次非线性微分方程描述能源应急协同效应：[①]

$$\frac{\mathrm{d}x}{\mathrm{d}t}=ax-bx^2 \tag{8-3}$$

其中，状态变量 x 代表能源短缺缩减量，$\frac{\mathrm{d}x}{\mathrm{d}t}$表示瞬时能源短缺缩减量，由于瞬时能源短缺缩减量能够直接反映能源应急效率，因此选取此指标为主要状态变量进行协同效应分析。由于能源应急过程中协同系统内存在正负反馈机制，状态变量 x 不会无限制发展，发展到一定水平后会保持稳定。对参数 a，b 进行取值，$a=k$，$b=\frac{k}{R}$。其中，R 为可释放能源应急资源量的最大约束，k 代表状态参量的增长率，假设 $k=k_1+k_2$，其中，k_1 为加速因子，代表有效协同负熵对应急系统协同效应带来的影响，k_2 为减速因子，代表协同熵对应急协同效应带来的影响。由此可得：

$$\frac{\mathrm{d}x}{\mathrm{d}t}=kx-\frac{kx^2}{R}\ (k>0) \tag{8-4}$$

由式（8－4）求解得：

$$x=\frac{R}{1-Ce^{-kt}} \tag{8-5}$$

其中，C 为积分常数，对式（8－5）两边同时求导得：

$$\frac{\mathrm{d}^2x}{\mathrm{d}^2t}=k\left(1-\frac{2x}{R}\right)\frac{\mathrm{d}x}{\mathrm{d}t} \tag{8-6}$$

将式（8－4）代入式（8－6），得到：

$$\frac{\mathrm{d}^2x}{\mathrm{d}^2t}=k^2x\left(1-\frac{2x}{R}\right)\left(1-\frac{x}{R}\right) \tag{8-7}$$

令式（8－7）等于0，解得：

① 张浩．基于混沌理论与协同学的企业战略协同机制优化研究［D］．哈尔滨工程大学博士学位论文，2009.

$$x=\begin{cases}0\\ \dfrac{R}{2}\\ R\end{cases} \tag{8-8}$$

（1）当 $k=k_1+k_2>0$，$0\leqslant x\leqslant R$，即加速因子 k_1 代表的有效协同负熵在应急协同系统中起到的作用大于减速因子 k_2 代表的协同熵，且资源得到合理利用，方程有两个平衡点：$x_1=0$ 和 $x_3=R$。当 $x_1=0$，存在特征根 $f'(0)=k>0$，能源短缺缩减量 x 是递增的；当 $x_3=R$ 时，存在特征根 $f'(R)=-k<0$，$x_3=R$ 为渐进稳定的平衡点，且此时可利用能源资源达到约束极限。$x_2=\dfrac{R}{2}$ 为协同效应演化曲线的拐点，对应最大的协同效应演化速度 $\dfrac{kR}{4}$。此情况对应的协同效应演化曲线如图 8-4 中曲线 f_1。

（2）当 $k=k_1+k_2>0$，$x>R$，即加速因子 k_1 代表的有效协同负熵在应急协同系统中起到的作用大于减速因子 k_2 代表的协同熵，但能源短缺缩减量超出了最大可利用能源资源约束，能源应急协同效应呈下降趋势，对应的演化曲线如图 8-4 中曲线 f_2。

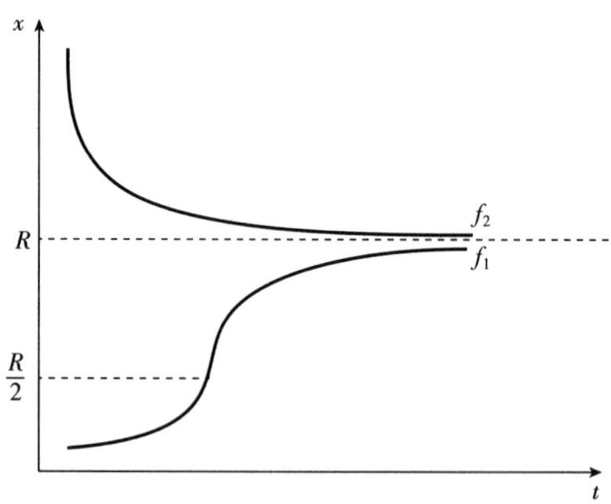

图 8-4　能源应急协同效应演化曲线

（3）当 $k=k_1+k_2<0$，即减速因子 k_2 代表的协同熵在应急协同系统中起

到的作用大于加速因子 k_1 代表的有效协同负熵，能源应急协同效应呈递减趋势，系统并未实现有效协同。

对式（8－7）进行求导，可得：

$$\frac{d^3x}{d^3t}=k^3x\left(1-\frac{x}{R}\right)\left(1-\frac{6x}{R}+\frac{6x^2}{R^2}\right) \tag{8-9}$$

令式（8－9）等于0，可得：

$$x=\begin{cases}0\\ \dfrac{R}{2}+\dfrac{\sqrt{3}R}{6}\\ \dfrac{R}{2}-\dfrac{\sqrt{3}R}{6}\\ R\end{cases} \tag{8-10}$$

除去 $x=0$ 和 $x=R$ 两种极限情况，具体分析能源应急协同效应演化过程见图8－5。

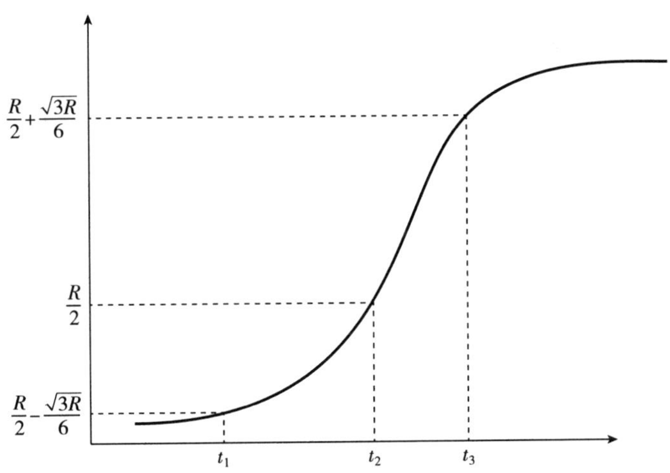

图8－5　能源应急协同效应演化过程

由图8－5可知：

（1）当 $0<x<\frac{R}{2}-\frac{\sqrt{3}R}{6}$ 时，能源应急协同效应呈缓慢上升趋势，在 $x=\frac{R}{2}-$

$\frac{\sqrt{3}R}{6}$处能源应急协同效应增长速度为$\frac{kR}{6}$。此时能源应急系统开始引入外部的物质、能量、信息等资源，各应急主体开始进行资源的筹措配置，开展应急活动，加速因子 k_1 代表的有效协同负熵在应急协同系统中逐渐发挥作用。

（2）当$\frac{R}{2}-\frac{\sqrt{3}R}{6}<x<\frac{R}{2}$时，能源应急协同效应呈快速上升趋势，$x=\frac{R}{2}$时，能源应急协同效应增长速度达到最大$\frac{kR}{4}$。该阶段加速因子 k_1 代表的有效协同负熵在应急协同系统发挥的作用越来越大，能源应急协同效应明显，即能源短缺缩减量较大。

（3）当$\frac{R}{2}<x<\frac{R}{2}+\frac{\sqrt{3}R}{6}$时，能源应急协同效应保持上升趋势，但增长速度放缓，$x=\frac{R}{2}+\frac{\sqrt{3}R}{6}$处能源应急协同效应增长速度为$\frac{kR}{6}$。随着能源应急工作的开展，能源短缺缩减量逐渐增加，能源突发事件逐渐得到控制。

（4）当$\frac{R}{2}+\frac{\sqrt{3}R}{6}<x<R$时，能源应急协同效应上升缓慢并趋于平缓。由于能源应急已投入大量的人力、物力、财力、信息、技术等资源，可利用的能源资源也将达到约束极限，有效的协同负熵增长空间有限，协同成本迅速上升，能源应急协同效应上升空间极小。鉴于以上分析，$\frac{R}{2}-\frac{\sqrt{3}R}{6}<x<\frac{R}{2}$和$\frac{R}{2}<x<\frac{R}{2}+\frac{\sqrt{3}R}{6}$两个阶段是能源应急协同效应提高、发挥最佳时期。若保持较长区间内较高的能源应急协同效应，需要增大 $g_2v(t)$ 的值。由当前能源应急采取的主要措施，即释放能源储备、抑制能源需求、扩大能源生产、能源替代可知提高 $g_{20}v_0(t)$ 值需要加快技术革新，提高资源利用率，投建国家应急设施，增加能源储备，建立可靠的国际应急合作关系，等等。

第三节　案例研究

能源突发事件的应急过程中，不同的主体承担不同角色并通过协同达到控制能源短缺态势的目的。本节构建社会网络模型，并以 2017 年 11 月中下旬中国爆发的天然气短缺事件为例，通过协同度、协同熵及协同效率等的计算综合分析应急主体间的协同效应，以期对能源突发事件应急协同提供理论基础和分析方法参考。

一、案例分析

2017 年入冬以来，全国多地爆发天然气供应短缺事件，如北京、天津、山西、山东、河南、宁夏、内蒙古，贵州、湖北、湖南等地出现了天然气供应紧张态势，一些天然气产地，如新疆、四川、青海、陕西等地也发生了“天然气荒”。中国范围内绝大多数地区（西藏、两广地区、福建以及东北等地除外）爆发了不同程度的天然气供需失衡事态，严重影响了社会生产生活，图 8 - 6、图 8 - 7按照时间节点记录了此次天然气短缺应急过程。从需求侧来看，此次“气荒”发生的导火索一方面是过快过猛的煤改气工程的推进。全国在 2017 年为完成《大气污染防治行动计划》规定的任务目标，大力开展“煤改气”工作。另一方面北京、天津、石家庄等地均制定了具体的煤改气量化指标，而各地的煤改气数量远超规定的量化指标，更有甚者，不在“2 + 26”之列的地区也强制开展“煤改气”活动；另外，2017 年天然气发电、工业燃料升级、交通燃料升级等天然气项目陆续上马，导致天然气需求激增。从供给侧来看，气源供应不足加剧了天然气短缺态势。一部分原因是定于 2017 年投运的中石化天津 LNG 接收站无法按计划投产，减少日供应能力 2000 万 ~ 3000 万立方米/日；中亚地区为保障国内用气，天然气供应量相比计划减少了 4000 万 ~ 5000 万立方米/日。由图 8 - 6、

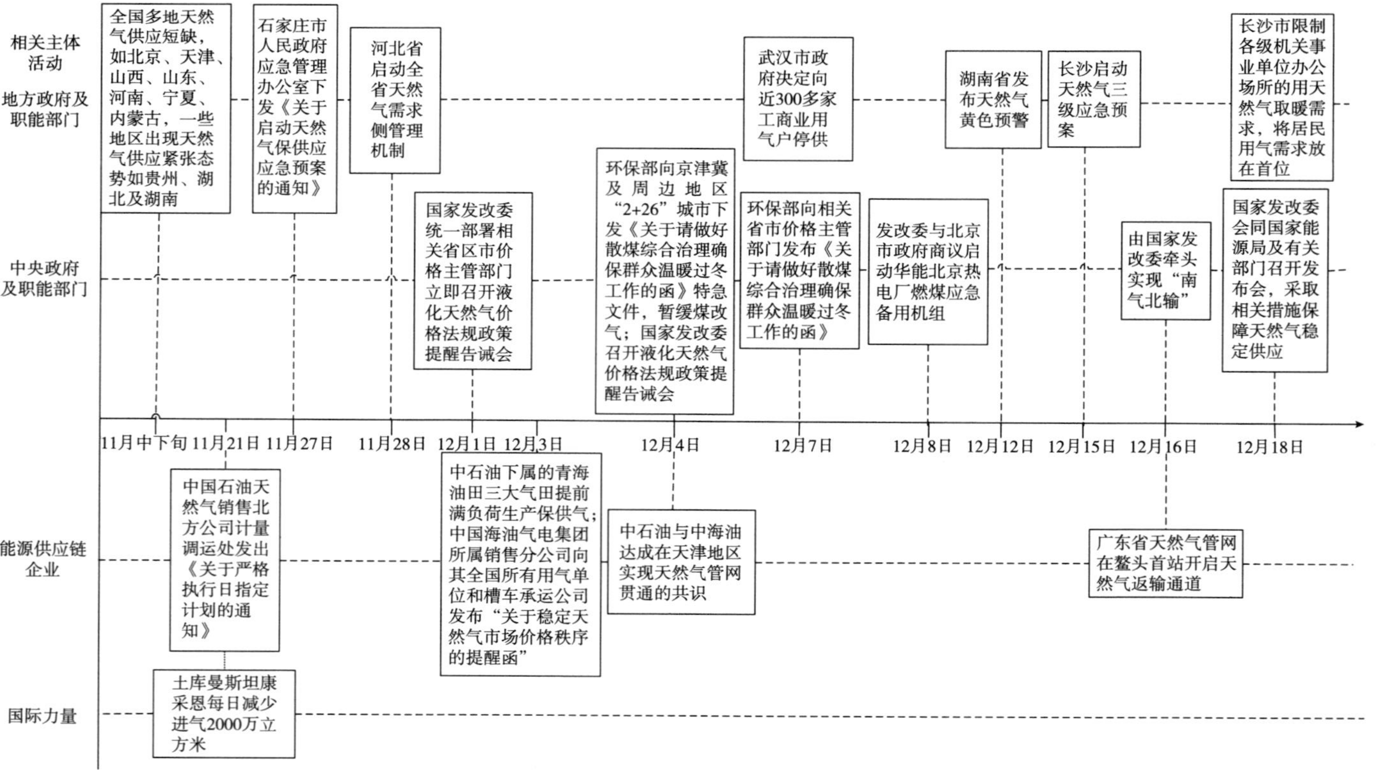

图 8-6　天然气短缺应急过程（1）

时间	地方政府及职能部门	中央政府及职能部门	能源供应链企业	国际力量
12月19日		国家发展改革委印发《关于进一步加强冬季采暖价格监管切实保障群众温暖过冬的通知》	长沙对天然气出租车采取停供措施	
12月25日				天津液化天然气接收码头迎来了从秘鲁远道而来的液化天然气
12月27日				中国政府及中石油集团派出特使协调，土库曼斯坦增加对华天然气日出口量
1月2日			青海油田及时上调民用日供气量	
1月4日	湖北省经信委发布消息称民生用气基本得到保障，工商企业继续实施错峰用气			
1月5日			调整居民用户购气量	
1月13日			陕京管道系统上下联动	
1月下旬				中亚气源压减
1月29日			中石油甘肃代表处要求公司进一步压减工业、商业、CNG、集中采暖等用气	
1月30日	北京油气调控中心开始执行到量关阀			
1月31日			中石油下发严格执行日供气量的计划的通知	
2月2日			中石油启动天然气应急预案，于2月2日恢复了进气量	

相关主体活动

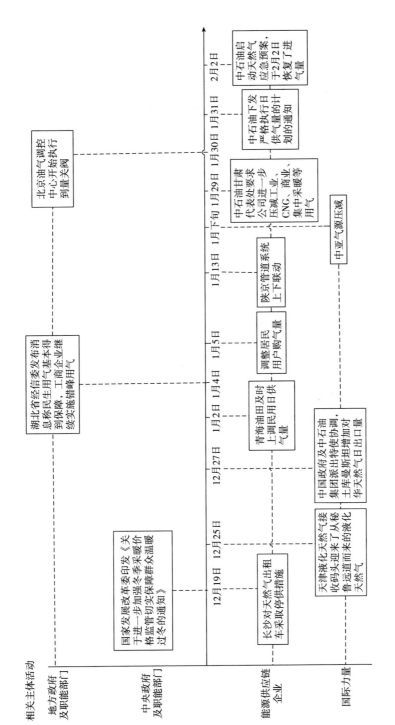

图8-7　天然气短缺应急过程（2）

图8－7可知，为应对此次“气荒”，中央政府、各级地方政府以及天然气行业相关企业（天然气生产企业、天然气运输企业、天然气消费企业）、公众、国际应急力量等众多主体各司其职、共同努力，而不是某个主体能够独自完成的。

中央政府及职能部门，包括国家发展和改革委员会、环保部、国家能源局及其他相关部门做出保民生、限制工业用气、扩大天然气供应、加强天然气价格监管等重要指示和应急工作方针，部署各级地方政府及天然气上、中、下游企业的应急工作。各级地方政府响应中央政府及职能部门的应急政策方针，如相关地方政府和职能部门制定天然气应急保障预案、部署地方天然气供应链企业的具体应急工作等，加快储气调峰等基础设施建设，合理化“煤改气”政策规划，尽快完善基础设施公平开放实施细则，为稳定天然气市场价格的稳定和交易的有序性，召集LNG供应链企业及相关组织举行专项提醒告诫会议。作为天然气供应方的中石油、中石化及中海油根据政府的应急指示采取了相应的举措，包括供气优先保证民用，优化国内油气田运行，确保主力气田满负荷生产；与进口国密切沟通协调，避免出现停供、无序下载等情况，从秘鲁进口的LNG以及中亚管道气正常供气大大缓解了天然气短缺态势；液化天然气接收站最大化接船能力，发挥可气化的上限阈值向市场供气；为保障天然气应急调峰，最大化利用储备库容量；引入价格机制，促使天然气价格遵循市场发展规则，如在上海建设的石油天然气交易中心促成各天然气销售公司开展天然气气量竞拍工作；中石油还与中石化、中海油等企业建立联保机制，缓解冬季供气缺口。

在天然气的跨区域调运中，“南气北输”是由国家发改委牵头，协同广东省政府、中石油、管网企业，实现了国内首次由省级管网向国家主干管网返输天然气，同时中海油为满足中石油在广东省用气需求，筹调了南海海气和珠海液化天然气。从天然气消费端来看，油企为了保证民用，牺牲工业用户，收紧终端管道气气量，对部分地区的LNG工厂限气。例如，长沙市停止企事业单位办公单位采暖供气，停止出租车的天然气CNG（压缩天然气）供气，优先保障公交车供气；责令有两种或多种供能来源的工商用户暂时启用其他类型能源，限制其用气需求；年购气量达1500立方米的居民用户限制其日购气量不超过15立方米。北京市启动华能北京热电厂燃煤应急备用机组，置换出天然气200万立方米/日，组织地方和电力企业适量压减燃气发电机组用气。表8－2列出了各主体的应急表现。

表8－2 天然气短缺应急过程中各个主体的应急表现

相关主体	主体表现
政府主体	国家发改委多次统一部署相关省区市价格主管部门立即召开液化天然气价格法规政策提醒告诫会
	河北省政府于2017年11月28日启动全省天然气需求侧管理机制，发布全省天然气供应橙色预警
	环保部门向京津冀及周边地区“2＋26”城市下发《关于请做好散煤综合治理确保群众温暖过冬工作的函》特级文件，暂缓煤改气
	由国家发改委牵头，实现“南气北输”
	2017年12月18日，国家发改委会同国家能源局及相关部门召开发布会，采取相关措施保障天然气稳定
	在中国政府及中石油集团派出特使协调后，土库曼斯坦对华天然气日出口量恢复到正常水平，2017年12月27日土库曼斯坦对华输气量达到1亿立方米
	2017年12月19日国家发改委部署各级价格主管部门开展全国供气、供暖领域价格重点检查
生产主体	中石油通过要求青海油田子公司的三个气田满载运行实现保供目标
	压减中石油、中石化、中海油企业系统内部炼厂、油田热采、LNG液化厂用气，增加社会资源供应
	2018年1月2日，青海油田将民用日供气量调制1580万立方米以上，日增加天然气供气量250万立方米
运输主体	广东省天然气管道在鳌头首站开启天然气返输通道，这是中国首次实现省级管网向国家主干管网返输天然气，实现南气北输
	陕京管道为保障首都及沿线地区用气需求，启用运行了两座压气站的备用压缩机，实现了天然气日平均增输提量1600万立方米
	天津液化天然气接受码头于2017年11月25日迎来从秘鲁远道而来的液化天然气运输船
	中海油采取乐对外输气措施，实现了天然气从临港分输站输往滨达燃气管道
批发/销售主体	中国石油天然气销售北方公司计量调运处从2017年11月21日起严格执行日指定计划，每日减量供应
	各地天然气销售企业努力争取上游气量，多方采购高价气源、液化天然气保证居民用气

续表

相关主体	主体表现
用能企业	电力企业适当压减燃气发电机组用气
	停止对出租车供应天然气，率先满足公共交通的用气需求
	武汉市近300家工商业用气户被迫停供
	压减直供化工、甲醇、LNG液化厂化肥等非居民用气1500万立方米/日
	长沙市各级机关事业单位办公场所停止采暖供气
公众	长沙市限制年用气量超出1500立方的居民用户的用气需求
	把民生用气需求放在首位，相关部门发出通告及时告知居民冬季采暖时间延迟或限定日采暖时间
替代主体	华能北京热电厂启动燃煤应急备用机组，置换出天然气200万立方米/日

二、评价模型

学者们关于协同效应评价的研究较多地是选取相关的评价指标，结合实际的数据或问卷调查进行的，由于能源应急协同过程中数据的获得难度较大，因此选取新的思路进行协同效应的评价研究。系统协同效应的本质为系统中各子系统内部、子系统间的协同度，协同度越高，代表系统的协同效应越大，协同度是一个可以衡量系统协同效应的指标。① 当协同度等于1时，系统的协同效应最大；当协同度介于0~0.3时，系统的协同水平较低；当协同度介于0.5~0.8时，系统随着与外部环境的物质、信息、能量的交换实现良好协同；当协同度介于0.8~1时，系统已经达到了较高水平的协同。同时根据协同学理论，系统协同效应变化由协同熵、协同负熵共同作用。此外，协同效率的高低与系统的协同效应大小是对应的。因此本章选取协同度、协同熵、协同效率三个指标综合全面地对能源应急系统的协同效应进行分析。借用吴俊（2007）结构熵表示各能源应急要素的协同熵：

$$H_{ijq} = -C_{ijd}\log C_{ijd} \tag{8-11}$$

$$H_{ijf} = -(1-C_{ijd})\log(1-C_{ijd}) \tag{8-12}$$

① 郭琴．多式联运型物流企业并购的网络协同效应研究［D］．北京交通大学博士学位论文，2011.

其中，H_{ijq}表示应急协同要素 T_{ij}的协同熵，H_{ijf}为非应急协同要素 T_{ij}的协同熵，C_{ijd}表示各应急要素的协同度。此处的协同度是基于社会网络分析得到的。假设主体 T_i 存在若干能源应急要素 T_{ij}，C_{ijq}表示应急要素 T_{ij}在协同网络中的连接路径，即为该影响因素的绝对度数中心度。C_{iq}为处于应急协同状态的 T_{ij}的个数，C_{if}为未处于应急协同状态的 T_{ij}的个数，C_i 为应急主体 T_i 的影响因素总数，即 $C_i = C_{iq} + C_{if}$，能源应急过程中影响因素总个数为 $N = C_1 + C_2 + \cdots + C_n$。其中，$n$ 为能源应急主体个数。将能源应急主体协同要素之间的协同程度用协同矩阵表示，协同矩阵汇总的各元素为“0”或“1”。其中，“0”表示两个元素之间未达到协同，即没有协同路径；“1”表示两元素处于协同状态，即存在协同路径。协同矩阵表示为：

$$\varepsilon = \begin{bmatrix} \mu_{11} & \mu_{12} & \cdots & \mu_{1j} & \cdots & \mu_{1n} \\ \mu_{21} & \mu_{22} & \cdots & \mu_{2j} & \cdots & \mu_{2n} \\ \vdots & \vdots & \vdots & \vdots & \vdots & \vdots \\ \mu_{i1} & \mu_{i2} & \cdots & \mu_{ij} & \cdots & \mu_{in} \\ \vdots & \vdots & \vdots & \vdots & \vdots & \vdots \\ \mu_{n1} & \mu_{n2} & \cdots & \mu_{nj} & \cdots & \mu_{nn} \end{bmatrix} \tag{8-13}$$

其中，$\mu_{ij} = \begin{cases} 1 & \text{应急协同要素 } i\text{、}j \text{ 处于协同状态且 } i \neq j \\ 0 & \text{否则} \end{cases}$

借助社会网络的绝对度数中心度概念来表示各协同要素在能源应急协同过程中的直接影响力。其中绝对度数中心度越大表明该节点的影响力越大，而相对度数中心度则为绝对度数中心度的标准化，表示应急要素在应急协同过程中与其他应急要素的协同程度。应急要素 $\mathrm{T_{ij}}$的协同度表示为：

$$C_{ijd} = \frac{C_{ijq}}{N-1} \tag{8-14}$$

应急主体 T_i 的协同度为：

$$C_{ij} = \frac{\sum C_{ijd}}{C_i} \tag{8-15}$$

各应急主体的协同熵表示为：

$$H_{iq} = \sum H_{ijq} \tag{8-16}$$

$$H_{if} = \sum H_{ijf} \tag{8-17}$$

H_{ijq}和 H_{ijf}反映应急要素间协同的偏离程度，用协同效率表示主体及应急要素之间的整体的协调程度。应急协同要素的协同效率为：

$$R_C = 1 - \frac{H_{ijq}}{H_{ijq} + H_{ijf}} \tag{8-18}$$

R_C 越大，表明应急过程中各要素协同程度越高。当 $C_{ij} = 1$ 时，所有要素均处于协同状态。

各应急主体的应急协同效率 A_C 表示为：

$$A_C = 1 - \frac{\sum H_{ijq}}{\sum H_{ijq} + \sum H_{ijf}} \tag{8-19}$$

为验证网络构建的合理性，运用网络结构熵和网络基尼系数两个指标度量网络一致性。网络结构熵越大表明网络间因素差异越小，网络越均匀；标准网络结构熵取值为 0 ~ 1，标准网络结构熵越大，表明网络异质性越小，网络连通性越好。网络结构熵为：

$$E = -\sum_{i=1}^{N} \frac{C_{ijq}}{\sum C_{ijq}} \ln\left(\frac{C_{ijq}}{\sum C_{ijq}}\right) \tag{8-20}$$

其中，N 为网络的节点总数：

$$E_{\max} = \ln N \tag{8-21}$$

$$E_{\min} = \frac{1}{2}\ln 4\ (N-1) \tag{8-22}$$

标准网络结构熵为：

$$\overline{E} = \frac{E - E_{\min}}{E_{\max} - E_{\min}} \tag{8-23}$$

基尼系数在国家上被广泛用来衡量一个国家的政策效应和收入分配不均等

程度。借用王林等（2004）提出的网络基尼系数概念衡量网络节点度分布不均匀程度。基尼系数公式表示为：

$$G = \sum_{i=1}^{[\frac{N}{2}]} \frac{\left(\frac{N+1}{2} - i\right)(d_{N+1-i} - d_i)}{\frac{N}{2}\sum_{i=1}^{N} d_i} \tag{8-24}$$

其中，G 为网络基尼系数，N 为网络中节点个数，$d_1 < d_2 < \cdots < d_N$ 为网络中节点经过排序的各影响因素 T_{ij} 的度值，$\left[\frac{N}{2}\right]$ 为不超过 $\frac{N}{2}$ 的最大整数。

三、评价分析

根据第三章对能源应急协同活动的分析，将政府主体、生产主体、运输主体、批发/销售主体、用能企业、国际力量主体、公众、能源应急专家分别用 T1、T2、T3、T4、T5、T6、T7、T8 表征，各主体的应急活动同时进行相应的表征，如图 8－8 所示。

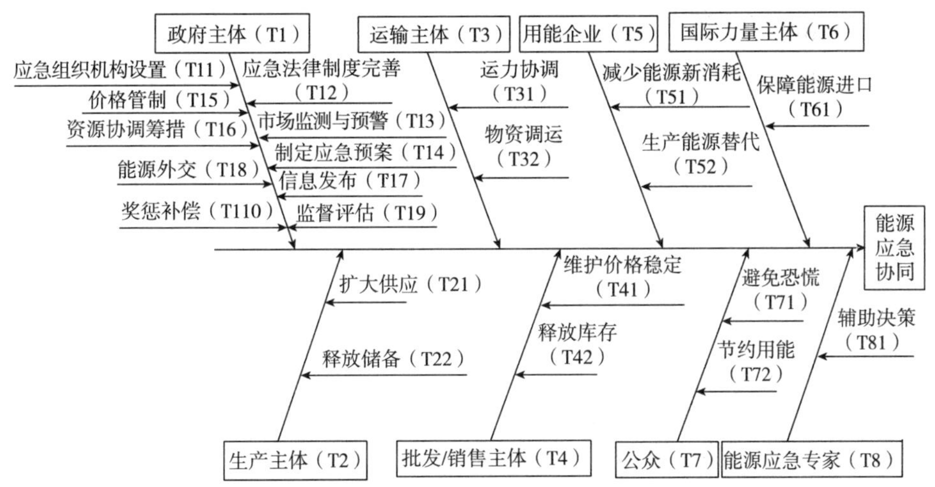

图 8－8　能源应急协同主体及应急任务

根据表 8－2 的天然气应急过程中各个主体应急表现，找出各主体及主体应急任务间的协同关系，构建天然气短缺应急协同矩阵，如表 8－3 所示。

表 8-3　2017 年 11 月中国天然气短缺应急协同矩阵

影响因素	T11	T12	T13	T14	T15	T16	T17	T18	T19	T110	T21	T22	T31	T32	T41	T42	T51	T52	T61	T71	T72	T81
T11	0	1	1	1	1	1	1	0	1	0	0	0	0	0	0	0	0	0	0	0	0	1
T12	1	0	0	0	0	0	0	0	1	1	0	0	0	0	0	0	0	0	0	0	0	1
T13	1	0	0	1	1	0	0	0	0	0	0	0	0	0	1	0	0	0	0	0	0	1
T14	1	0	1	0	1	1	0	1	1	0	1	1	1	1	1	1	1	1	1	1	1	1
T15	1	0	1	1	0	0	1	0	1	0	0	0	0	0	1	0	0	0	0	1	0	0
T16	1	0	0	1	0	0	0	1	0	0	1	1	1	1	0	1	1	1	1	0	0	0
T17	1	0	0	0	1	0	0	0	0	0	0	0	0	0	0	0	0	0	0	0	0	0
T18	0	0	0	1	0	1	0	0	0	0	0	0	1	1	0	0	0	0	1	0	0	0
T19	1	0	0	1	1	0	0	0	0	0	1	1	1	1	1	1	1	1	0	0	0	0
T110	0	0	0	0	0	0	0	0	0	0	0	0	0	0	0	0	0	0	0	0	0	0
T21	0	0	0	1	0	1	0	0	1	0	0	0	0	0	0	0	0	0	0	0	0	0
T22	0	0	0	1	0	1	0	0	1	0	0	0	0	1	0	0	0	0	0	0	0	0
T31	0	0	0	1	0	1	0	1	1	0	0	0	0	1	0	0	0	0	1	0	0	0
T32	0	0	0	1	0	1	1	1	1	0	0	1	1	0	0	1	0	1	0	0	0	0
T41	0	0	1	1	1	0	0	0	1	0	0	0	0	0	0	0	1	0	0	1	0	0
T42	0	0	0	1	0	1	0	0	1	0	0	0	0	0	0	0	0	0	0	0	0	0
T51	0	0	0	1	0	1	0	0	1	0	0	0	0	0	1	0	0	0	0	0	0	0
T52	0	0	0	1	0	1	0	0	1	0	0	0	0	0	0	0	0	0	0	0	0	0
T61	0	0	0	1	0	1	0	1	0	0	0	0	1	0	0	0	0	0	0	0	0	0
T71	0	0	0	1	1	0	1	0	0	0	0	0	0	0	0	0	0	0	0	0	0	0
T72	0	0	0	1	0	0	0	0	0	0	0	0	0	0	0	0	0	0	0	0	0	0
T81	1	1	1	1	0	0	0	0	0	0	0	0	0	0	0	0	0	0	0	0	0	0

运用社会网络分析软件 Ucient，将如表 8－3 所示的协同矩阵代入，生成了能源应急协同网络，如图 8－9 所示。

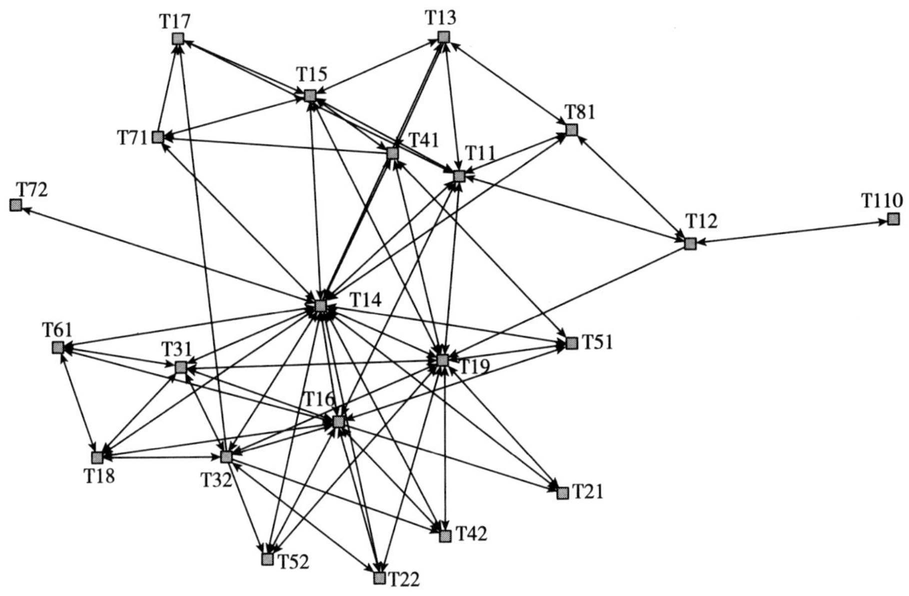

图 8－9　天然气短缺应急主体协同网络

运用 Ucient 软件进行网络的中心度分析，得到表 8－4。

表 8－4　能源应急协同网络节点中心度

任务节点	绝对中心度
T14	18
T19	12
T16	11
T32	9
T11	8
T15	7
T31	6
T41	6
T18	5
T13	5
T17	4

续表

任务节点	绝对中心度
T81	4
T12	4
T22	4
T71	4
T42	4
T51	4
T52	4
T61	4
T21	3
T72	1
T110	1

如表 8－4 所示，T14 所指征的应急预案制定在应急网络中占据重要地位，在能源应急过程中，政府及时制定正确的应急预案对于各主体实现应急协同存在重要影响。其次 T19 指征的监督评估、T16 指征的资源协调筹措也具有较高的绝对中心度，T72 指征的公众主体节约用能、T110 指征的奖惩补偿的绝对中心度最低。

根据前文所述的数学模型，计算得到天然气应急协同网络各节点协同熵、协同度以及协同效率。如表 8－5 所示。

表 8－5　天然气应急协同网络各节点协同度、协同熵及协同效率

任务节点	协同度	协同熵	协同效率
T11	0. 3810	0. 1597	0. 2845
T12	0. 1905	0. 1372	0. 2873
T13	0. 2381	0. 1484	0. 2859
T14	0. 8571	0. 0574	0. 2967
T15	0. 3333	0. 1590	0. 2846
T16	0. 5238	0. 1471	0. 2861
T17	0. 1905	0. 1372	0. 2873
T18	0. 2381	0. 1484	0. 2859

续表

任务节点	协同度	协同熵	协同效率
T19	0.5714	0.1389	0.2871
T110	0.0476	0.0630	0.2959
T21	0.1429	0.1207	0.2892
T22	0.1905	0.1371	0.2873
T31	0.2857	0.1554	0.2850
T32	0.4286	0.1577	0.2847
T41	0.2857	0.1554	0.2850
T42	0.1905	0.1372	0.2873
T51	0.1905	0.1372	0.2873
T52	0.1905	0.1372	0.2873
T61	0.1905	0.1372	0.2873
T71	0.1905	0.1372	0.2873
T72	0.0476	0.0630	0.2959
T81	0.1905	0.1372	0.2873

由表8－5可知，天然气短缺应急过程中，政府主体应急预案制定任务节点的协同度和协同效率最高，说明政府及时制定天然气应急预案，统筹部署应急举措在应急过程中发挥了重要作用，该节点对于系统协同效应的实现具有关键的促进作用。例如，国家发改委会同国家能源局及有关部门针对保障天然气供应制定一系列应急措施。其次政府主体的监督评估、资源协调筹措两个节点，以及天然气运输主体物资调运节点的协同度较高，协同效率较高，说明该节点协同程度较高，在此次天然气应急过程中这些节点在增强系统的协同效应方面发挥了积极的作用。例如，在此次天然气荒的应急过程中，由国家发改委牵头实现了“南气北输”，对于天然气应急过程中天然气价格持续监控，中海油通过天津液化天然气临港分输站外输管道向滨达燃气管线正式对外输气，广东省天然气管道在鳌头首站开启天然气返输通道等。政府的奖惩补偿任务节点和公众节约能节点协同度最低，对于政府来说，由于能源应急奖惩补偿机制的缺失导致了其较低的协同度。对于公众，虽然节约用能节点协同度较低，但节

点较低的协同熵提高了其协同效率。此外，能源生产主体、用能主体、批发/零售主体及国际力量等的任务节点协同度较低，如此次“气荒”发生的一部分原因是中亚地区为保障国内用气，天然气供应量相比计划减少了4000万～5000万立方米/日，以及天然气应急过程中出现作为批发/零售主体的燃气公司以民用气的名义申请天然气，再高价销售给工业企业赚取差价等现象，这些节点的无序性导致了较低的协同度和协同效率，降低系统的协同效应。

同时由表8－5可知，天然气应急协同网络各任务节点的协同效率均在0.3以下，平均协同效率仅为0.2878，说明各主体应急任务的完成过程并未实现有效协同，协同效应较低。此外，各任务节点的协同熵均大于零，说明各个任务节点均存在无序性，造成协同网络内耗，降低了各任务节点的协同效率，阻碍系统实现较高的协同效应。同时由图8－10可以看出，协同效率相对较高的任务节点对应的协同熵较低，协同效率相对较低的任务节点对应的协同熵较高，如制定应急预案任务节点的协同熵最低，其协同效率最高，对于节点实现的协同效应较高；政府主体应急组织机构设置节点协同度较高，然而由于其协同熵较高，降低了其协同效率和协同效应。

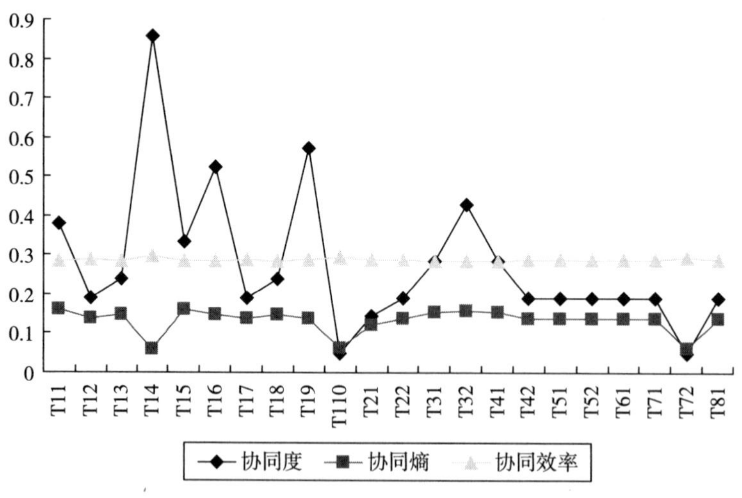

图8－10　天然气短缺应急协同网络各任务节点协同度、协同熵及协同效率

同时根据上述数学模型，计算得到天然气应急各主体的协同熵、协同度以及协同效率。结果如表8－6所示。

表8－6　天然气短缺应急主体协同度、协同熵及协同效率

应急主体	协同度	协同熵	协同效率
T1	0.3571	1.2962	0.2870
T2	0.1667	0.2579	0.2882
T3	0.3571	0.3132	0.2849
T4	0.2381	0.2926	0.2861
T5	0.1905	0.2743	0.2873
T6	0.1905	0.1372	0.2873
T7	0.1190	0.2001	0.2900
T8	0.1905	0.1372	0.2873

表8－6列出了天然气短缺应急主体的协同度、协同熵以及协同效率。由表可知，天然气应急协同网络各主体的协同效率均在0.3以下，平均协同效率仅为0.2872，说明整个应急协同网络协同效应低下，并未实现有效协同。政府主体和运输主体的协同度最高，说明在此次的“气荒”应急过程中，政府和能源运输主体发挥了积极的重要作用，对系统整体的协同效应贡献较大。这与政府主体制定应急预案、资源协调筹措集运输主体物资调运较高的协同度一致，然而由于二者各自内部的协同熵较高，降低了它们的协同效率和协同效应，如政府主体包含了10个任务节点，每个节点都存在较高的协同熵，导致政府主体协同熵较高。其次批发/零售主体协同度较高，但其内部协同熵较高，如燃气公司以民用气的名义申请天然气，再高价销售给工业企业赚取差价的现象等增加了主体内部的无序性，使其子系统协同效应降低。公众主体避免恐慌和节约用能两个任务节点较高的协同度和较低的协同熵使得其协同效率较高，即该节点子系统的协同效应较大。

同时由表8－6可知各主体的协同熵均大于零，说明各主体内部均存在无序性，造成协同网络内耗，降低了各主体的协同效率，使系统整体的协同效应降低。由图 8－11 可以看出，协同效率相对较高的主体对应的协同熵较低，协同效率相对较低的主体对应的协同熵较高，印证了前文关于协同效应的机理分析结果。如政府主体的协同度最高，但较高的协同熵降低了其协同效应；国际应急力量主体的协同度较低，但由于其内部协同熵较低使该主体子系统协同效应较高；公众主体的协同度最低，然而由于其协同熵较低，该主体子系统其协同效应最高。

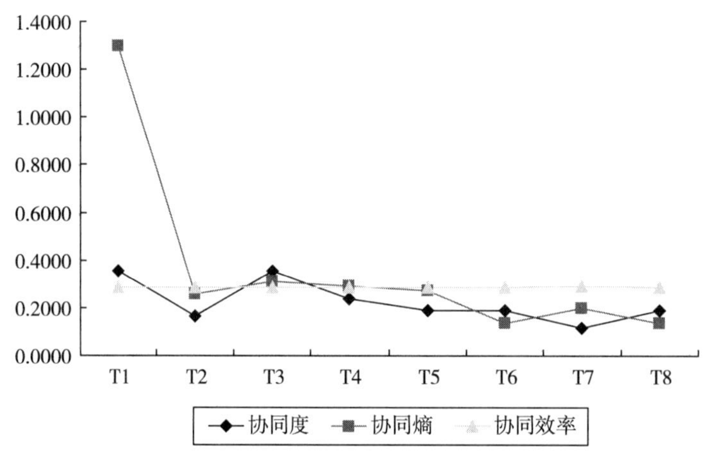

图 8－11　天然气短缺应急主体协同度、协同熵及协同效率

根据上述的数学模型对天然气应急协同网络进行检验，结果如表 8－7 所示。

表 8－7　天然气应急协同网络检验结果

应急协同网络	网络密度	网络结构熵	标准网络结构熵	网络基尼系数
数值	0. 2625	2. 9063	0. 7890	0. 3203

由表 8－7 可知天然气应急协同网络密度为 0. 2625，说明各个主体及应急任务之间联系并不紧密，各主体的应急表现不尽人意。协同网络的网络结构熵

为2.9063，标准网络结构熵为0.7890，表明该协同网络存在一定程度的异质性，但异质性较小，说明该协同网络构建较为合理。协同网络的网络基尼系数为0.3203，说明能源应急主体及各个主体的应急任务节点较为合理，可对具体的能源应急提供一定的参考价值。

通过结合天然气短缺案例进行协同效应的综合分析，可知此次天然气应急中政府主体和运输主体发挥了重要作用。同时中国能源应急系统协同效率偏低，要增强系统的协同效应，要提高任务节点及主体的协同度，需要降低协同熵的流入，主体之间要加强沟通交流，各个主体积极发现应急协同过程中存在的问题，如政府主体完善应急法制和体质、提高应急通信技术、投建国家应急设施、促进国际应急合作等，能源生产企业提高生产效率，用能企业提高能源利用率和能源替代效率，能源运输企业加快实现管网互通，公众提高应急意识等增加外部物质、能量、信息的流入，使能源应急协同从无序走向有序，提高应急协同度，使系统实现较大的协同效应。

第四节　本章小结

本章首先定义了能源应急协同效应内涵，提出能源应急协同效应是协同熵与协同负熵共同作用的结果，分析了能源应急过程中的正熵因子、负熵因子，基于系统动力学模型构建了能源应急的协同动力学模型阐述了能源应急协同效应产生机理。将协同熵和协同负熵分别作为减速因子和加速因子引入二次非线性动力学方程描述系统的演化机制，得到三种加速因子和减速因子关系，即①$k=k_1+k_2>0$，$0\leqslant x\leqslant R$；②$k=k_1+k_2>0$，$x>R$；③$k=k_1+k_2<0$的能源应急协同效应演化曲线。同时通过公式求导得到能源应急协同效应演化的四个阶段，其中，$\frac{R}{2}-\frac{\sqrt{3}R}{6}<x<\frac{R}{2}$和$\frac{R}{2}<x<\frac{R}{2}+\frac{\sqrt{3}R}{6}$两个阶段是能源应急协同效应

提高、发挥最佳时期，增大 R 的值，即可利用的应急资源量可以在较长区间内保持较高的应急协同效应。以 2017 年 11 月爆发的天然气短缺各主体的应急表现进行案例分析，基于各主体的应急活动为节点运用社会网络分析方法构建能源应急协同网络，计算得到了各应急任务节点、各应急主体的协同度、协同熵及协同效率。根据计算结果得到政府主体制定应急预案、资源协调筹措、监督评估以及运输主体物资调运节点在系统实现协同效应方面发挥了重要的作用，同时各任务节点以及各主体均存在无序性，应急协同效率偏低，整个应急协同网络并未实现较大的协同效应。

第九章　研究结论与对策建议

第一节　研究结论

基于以上研究，本书的研究结论主要包括以下七个方面：

（1）中国能源应急实践现状的总结。首先整理了当前中国在能源应急协同机制方面取得的一些成就，包括成立了能源应急组织机构、制定了部分能源应急预案、初步确立了监测预警制度、初步确立了应急协同响应程序。同时对能源应急协同机制存在的问题进行阐述，主要包括协同主体权责不明、应急主体过度依赖中央政府力量以及能源应急协同具有极强的临时性等，并认为产生这些问题的原因包括能源应急法律制度的缺失、能源应急组织制度缺陷、能源应急主体利益冲突、应急协同激励机制的缺失及能源应急常态化机制缺失五个方面。

（2）能源应急协同要素及内涵。作者提出能源应急协同要素包括应急主体、应急客体、应急活动、应急资源、环境等。应急客体是能源供应突发事件。应急主体包括政府及职能部门（中央政府及职能部门、地方政府及职能部门）、能源供应链企业（生产企业、运输企业、用能企业）、相关能源专家、能源行业协会等非政府组织、公众、国际范围内能源应急组织等。界定各主体在应急过程中的职能和角色，根据 Mitchell 提出的权利—合法—紧急的利益相关者分析模型析出能源应急的关键利益主体，包括中央政府及职能部门、地方政府及职能部门、能源供应链企业，并分析了它们之间的利益共同点和冲突点。利益共同点是尽快控制能源突发事件发展态势，降低能源突发事件给自身经济和日常活动带来的损失。利益冲突存在于中央政府及职能部门与地方政府及职能部门之间、政府与能源供应链企业之间，其中中央政府和地方政府间的利益冲突主要在于全局利益与地方经济、官员政绩之间的矛盾无法调和，政府和能源供应链企业间的利益冲突主要在于企业应急成本投入无法得到有效补偿方面。应急资源包括有形资源（人力资源、物资资源、财力资源）和无形资源（信息资源、技术资源）两种，且不同主体掌握不同的应急资源。环境要素是由能源突发事件自身、政策环境、自然环境、社会人文环境、技术、国际环境等组成的宏观环境系统。应急活动由各主体在应急过程中的职能和角色决定。同时提出了各要素相互作用的协同机制理论框架，包括动力机制、运行机制以及保障机制。其中动力机制在内部动力因素（自身利益需求、能力互补需求、资源整合需求、降低应急成本需求）和外部动力因素（能源突发事件特性、政府政策制度、能源资源的不对称性、国际能源环境、科学技术发展、社会人文环境）共同作用下形成；能源应急协同运行机制本质上是能源应急活动与应急资源的优化配置；应急协同保障机制包含信息协同、组织协同、监督奖惩、补偿等。各协同要素在机制的作用下实现应急协同效应，形成能源应急协同机制理论框架。

（3）政府和能源供应链企业应急协同行为作用机制。通过对政府和能源供应链企业应急协同行为的演化博弈模型分析，得到不同参数条件下复制动态系统的演化稳定策略。结果表明在能源应急的长期博弈过程中，政府和能源供应链企业两个主体的长期演化稳定策略受到能源供应链企业应急成本协同收益三者之间的关系以及政府协同收益和政府惩罚力度三者之间的关系影响。把握能源应急博弈系统的演化方向，促使能源供应链企业在长期博弈过程中选择积极应对策略需要考虑能源供应链企业的应急成本、政府的惩罚力度和两个主体

之间的协同度三个影响因素。

（4）考虑能源供应突发事件影响的三方应急主体协同行为作用机制。通过对中央政府、地方政府、能源供应链企业三方的应急协同微分博弈模型分析，得到各个主体的应急努力程度与应急成本负相关，地方政府的应急努力程度与中央政府的考核标准、监督力度、惩罚力度、补偿力度正相关，能源供应链企业的应急努力程度与地方政府的考核标准、监督力度、惩罚力度、补偿力度正相关，同时引入奖惩补偿机制可以增强主体的应急努力程度，提高能源应急协同效率。通过数值模拟，得到应急成本是影响地方政府、能源供应链企业应急积极性的重要因素，补偿措施相比于监督考核、奖惩措施更能有效提高地方政府、能源供应链企业的应急积极性。地方政府的应急努力水平随着突发事件的逐渐恶化而提高，但该情形下采取监督考核、奖惩等措施不能有效地提高地方政府应急积极性。企业的应急努力水平随着突发事件的逐渐恶化而逐渐提高，且采取监督考核、奖惩补偿措施可有效提高能源供应链企业的应急努力水平。地方政府的应急努力水平随着突发事件的逐渐得到控制而迅速降低并趋于平缓，引入监督考核、奖惩等措施可提高地方政府的应急积极性，能源供应链企业的应急努力水平随着突发事件的逐渐得到控制而迅速降低并趋于平缓，引入监督考核、奖惩等措施可提高能源供应链企业的应急积极性。

（5）基于资源投入的能源应急协同行为作用机制。通过从资源投入角度对政府和能源供应链企业间的应急协同问题建模分析，得到日常应急协同资源投入使应急主体在面对具体的能源突发事件时能够实现高效协同，提高应急响应效率，但要保障日常应急资源投入的有效性。能源供应链企业消极应对能源突发事件并不能为自己带来更多好处，政府承担过多的应急工作会带来更多的不必要的资源投入，增加应急成本。建设能源应急补偿机制，制定合理的补偿力度，可提高能源供应链企业应急主观能动性，但需规避可能出现的更多资源浪费风险，才能提高能源应急协同效率。

（6）国家与国家之间能源应急协同合作行为作用机制。通过对国家主体间应急协同的微分博弈模型求解分析，发现当能源突发事件影响扩散到他国时，主体的应急努力程度降低，出现“搭便车”现象。第三种情形基于IEA成熟的石油应急体系引入了惩罚因素，通过比较第二、第三种情形的结果可知惩罚机制可以提高国家主体的应急努力程度，促进国家主体间实现应急协同。

（7）制约中国能源应急协同效率的应急环节。通过对能源应急协同效应的内涵分析和案例研究，得到政府以及能源运输主体在此次“气荒”的应急工作中发挥了重要的积极作用，政府主体应急预案制定、监督评估、资源协调筹措三个任务节点协同度较高。同时由结果可知各任务节点以及各主体均存在无序性，导致应急协同效率偏低，整个应急协同网络并未达到高效协同。

第二节　对策建议

根据以上研究结论，从以下四个方面介绍构建能源应急协同机制、提高能源应急协同效率的对策建议。

（1）明确主体的权利、责任与义务。能源应急涉及多区域、多层级、多部门、多主体，明确各主体在能源应急中的权利、义务与责任，才能保证能源应急的高效协同。要加快能源应急管理法制的建设，明确各个主体在能源应急中的法律地位、相互间的权利分配关系，规范各主体的能源应急活动和措施，各主体如何通过科学的组织与协调各方面的资源及能力，以更好地防范应对能源突发事件，为应对能源突发事件提供有力的法律依据。同时也能有效地约束各应急主体的应急行为，避免出现“多头领导、互相推诿”以及“搭便车”等现象。同时，能源供应链企业应意识到自身消极应对能源突发事件并不能为自己带来更多好处，政府承担过多的应急工作会带来更多不必要的资源投入，这需要加快中国能源应急管理体系的建设和完善，明确各参与主体在应急过程

中的职责与权限，分工协作；政府应逐渐实现权力下放，给予能源供应链企业更多的主动权，使其充分地参与到应急工作中，提高应急协同效率。

（2）降低能源应急成本。能源应急主体在应急过程中在保障完成应急任务的前提下尽可能寻求降低应急成本的途径，提高应急主观能动性。在能源短缺应急过程中，能源供应链企业主要负责增加能源产量、协调运力保障能源运输以及降低能源消耗等工作，要降低其应急成本需要能源生产企业研发和采用先进高效的能源开采技术降低生产成本；能源运输企业建立专业的运输团队，开辟专门的应急运输专线，避免应急过程中能源运输迟滞，消耗较多人力、物力和财力，徒增应急运输成本；能源消费企业提高能源利用效率，降低能源消耗，同时储备适当规模的能源，应急过程中既能保证自身生产发展的需要，也能响应政府号召，投身应急工作，避免应急过程中不能有效协调自身发展需要和应急需要造成企业混乱，增加应急成本。与能源进口国签订具体的“保供”合同，避免能源短缺时出口国哄抬气价，增加中国能源应急成本。此外，基于能源突发事件后信息的极度不对称性，建立主体应急沟通平台，如能源产运销储、物资供应需求等信息平台，以便各应急主体能够及时全面了解各项应急资源的需求和供应情况，快速、准确地做出应急决策，降低了能源应急的时间成本，提高各应急主体的应急积极性，实现有效协同。

（3）加快构建能源应急的激励机制。能源应急的激励机制包括监督机制、考核机制、奖惩机制以及补偿机制。国家发展和改革委员会、能源局等能源主管部委应当明确地方政府在能源应急中的责任，根据各省市的具体情况制定相应的能源储备、调峰填谷任务指标，并进行考核和监督。这对于建立中央政府在能源应急工作中的权威和执行力，提高地方政府应急的主观能动性，减少地方政府的自利性，提高能源应急协同效率具有重要意义。然而在针对地方政府采取激励措施时，需要动态地考察能源突发事件的发展态势，使得激励措施能够真正发挥其作用，避免举措的无效性。地方政府在构建针对能源供应链企业的监督考核机制、奖惩机制时，需要充分考虑到能源供应链企业的利益诉求，匹配相应的补偿机制。政府除要明确能源供应链上、中、下游企业的责任，制定具体的应急指标并进行监督外，还应对能源供应链企业承担的成本进行合理分析，对企业额外承担的成本进行补偿。例如，在项目审批、金融政策方面予以补贴支持；在运营管理方面，政府应承担储备运行费用等；在能源价格、税收等方面，定价过程中应充分涵括储备库的建设费、调峰费等费用，提供优惠的税收政策；终端民用能源价格应适时进行调整，缓解供能企业经营压力，这样才能充分调动能源供应链企业的应急积极性。在补偿制度的构建过程中，要制定合理的补偿力度，规避可能出现的更多资源浪费风险。在国际能源应急合作过程中，不能仅仅停留在一般性合作和对话性合作，借鉴国际能源组织成熟的应急共享机制，引入惩罚机制，约束对于在紧急状态下国家主体的“搭便车”行为。

（4）建立常态化的能源应急协同机制。常态下的能源应急机制主要是指常态下各主体的应急工作准备以及相互之间的沟通交流，包括应急意识的教育和普及、组织机构的建设、应急演练和培训、预案编制、应急保障准备、常规沟通会议等。通过常态下的这种工作，应急主体内部以及主体之间对于其应急职责、应急人员、技术、设备、物资、应急行动及如何与其他主体建立协同关系进行了充分的了解和掌握，发现应急过程中可能遇到的问题及时解决，进而可以在具体的能源应急过程中避免不必要的慌乱。当能源突发事件发生后，将日常应急准备工作和紧急状态下应急协同工作的有机结合，各主体能够在能源突发事件发生时迅速地实现常态到紧急状态下工作重心的转移，主体内部成员以及主体之间能够短时间内建立协同沟通关系，明确地知道应急工作由谁来做、怎么做、何时做、所需的资源等，能够迅速整合各项应急资源，大大压缩了应急反应时间，应急协同效率也会大大提高。同时，保障日常应急资源投入的有效性，避免常态化的能源应急管理流于形式，这样常态化应急机制才能真正发挥提高能源应急协同效率的作用。

第三节　研究创新

本书的研究创新主要包括以下四个方面：

（1）能源应急管理理论的丰富。能源应急实现有效协同对于提高能源应急协同效率具有重要意义，因此构建了能源应急协同机制的理论框架模型，分析了能源应急协同要素，包括环境、应急主体、客体、应急资源、应急活动。同时，刻画了要素间交互作用的协同机制，包括动力机制、运行机制和保障机制。这些研究是对能源应急管理理论的一种尝试，丰富了能源应急管理理论。

（2）研究视角的创新。针对能源应急主体的主观能动性差的问题，以主体间的利益冲突为切入点，构建政府与能源供应链企业间、中央政府、地方政府及能源供应链企业间、国家主体间的博弈模型，研究应急协同机制问题。发现应急成本是影响地方政府、企业应急积极性的重要因素；激励机制（监督考核、奖惩补偿、补偿机制）有助于提高主体的应急积极性，但在能源突发事件恶化的情形下激励措施并不能有效提高地方政府的应急积极性；补偿机制相比于监督、考核、奖惩等措施在提高主体应急积极性方面作用更显著；国际能源应急合作中引入监督考核及奖惩可以有效避免“搭便车”现象。这些研究尝试性地对能源应急主体的博弈关系和协同策略进行探索，成果也很好地解释了应急实践过程中出现的应急积极性不高的问题，对于改善能源应急协同现状，提高主体应急积极性，指导政府建设和完善能源应急体系政策具有重要参考价值。

（3）研究内容的创新。针对能源应急协同临时性问题，借鉴灾害经济学中的“守业投入”概念将能源应急资源投入减少的能源短缺量作为能源应急经济效益，构建仅有先期资源投入与有先期和当期资源投入两种情形体现能源应急协同临时性，从资源投入角度进行政府和能源供应链企业的应急协同研究。研究发现应急主体不能依赖日常应急协同资源的投入，面对具体能源突发事件时需全力以赴；常态化的能源应急协同机制有利于提高能源应急协同效率，但要保障日常应急资源的高效利用；应急主体应权责分明、合理分工，政府实现权力下放可降低应急成本，促进企业应急积极性的提高；建设有效的能源应急补偿机制，要平衡应急资源投入成本、能源供应链企业的参与度等方面。这些成果推动了供应链管理理论与方法在能源安全领域的运用，结论可以指导主体的能源应急行为，对能源应急常态化机制的建立给出一定的启示。

（4）评价方法的创新。能源应急协同要素在协同机制作用下实现整体协同效应，提出能源应急协同熵、能源应急协同负熵概念，基于协同学耗散结构理论构建了能源应急的动力学模型，分析得到能源应急协同效应的形成、演化机理。构建社会网络模型，选取协同度、协同熵及协同效率以天然气短缺为例综合评价了应急系统的协同效应。研究发现能源应急协同效应演化可分为四个阶段，增加可利用的应急资源是使系统实现较高协同效应的一个重要途径，目前中国的能源应急并未实现有效协同，系统整体的协同效应较低。该研究基于协同学理论，揭示了能源应急协同效应的内涵，案例研究对于能源应急主体明晰应急实践过程中哪些任务节点、哪些主体制约了能源应急协同效应提高，以期进行针对性的改进具有重要意义。

第四节　研究局限与展望

一、研究局限

本书在研究的过程中力求科学严谨。由于诸多因素的限制导致研究存在一定的不足之处，但同时也为该领域的研究提供了研究方向。具体的不足之处如下：

(1) 应急主体及影响因素的局限性。本书在进行能源应急协同机制模型的构建时考虑到模型的复杂性，更多地只纳入了政府和能源供应链企业两个主体，如何进行模型假设的扩展，将更多的应急主体纳入模型中有待进一步研究。同时本书排除了能源价格因素引起的能源短缺事件，假设能源短缺过程中能源价格不发生变化，需在模型中增加能源价格因素对能源应急协同进行深入研究。

(2) 实证研究的局限性。由于实际能源应急过程中应急资源投入、能源短缺量等各项可量化指标数据收集难度很大，使研究结论更多地停留在理论层面，无法通过实证结果进行验证，在后续的研究中可深入对量化指标进行选取及进行数据收集和挖掘。

(3) 模型假设的局限性。本书在从资源角度对能源应急协同机制进行研究时，模型假设应急协同绩效函数受到政府和能源供应链企业应急协同资源投入的影响，随着应急资源投入的增加，协同绩效逐渐增加并会达到理论饱和。现实中可获得的应急协同资源是有限的，在进一步的研究中考虑增加可利用应急协同资源这一约束条件，使模型更加贴合实际。

二、研究展望

根据本书的研究局限性，结合在研究实践中发现的问题，对未来可能的研究方向及内容提出以下展望：

(1) 纳入更多应急主体和影响因素。扩展和细化应急主体，增加能源价格参数，提高模型与实际情况的拟合度，增加研究结论的可靠性。

(2) 实证分析数据收集。将模型中的参数结合实际选取可量化指标，并开展数据收集，通过实证分析验证研究结论的可靠性和普适性。

(3) 政策仿真模拟。建立仿真模型，通过政策模拟对奖惩机制、补偿机制具体如何作用于能源应急协同进行研究，使研究能够切实地指导政府出台相关的应急奖惩和补偿政策。

（4）丰富能源应急协同问题的研究。影响能源应急主体应急积极性的因素众多，找出各个应急主体任务节点的关键影响因素，采取开展问卷调查或者专家访谈等方法收集数据，研究影响因素之间的相互作用关系以及这些因素是如何作用于能源应急协同的。

（5）研究对象具体化。不同的能源种类、不同的能源突发事件在应急过程中参与的主体、应急的重点以及应急措施各有不同，选取不同的能源种类，或者不同因素导致的能源突发事件进行有针对性的研究。

参考文献

[1] A. E. Farrell, Hisham Z., Hadi D. Energy infrastructure and security [J]. Annual Review Environment and Resources, 2004 (29): 421-429.

[2] Allwinkle S., Cruickshank P. Creating smarter cities: An overview [J]. Journal of Urban Technology, 2011, 18 (2): 1-16.

[3] Boin A., Rhinard M. Managing boundary crisis: What role for the european union? [J]. International Studies Review, 2008, 10 (1): 1-26.

[4] Boin A., Magnus E. Preparing for the world risk society: Towards a new security paradigm for the European Union [J]. Journal of Contingencies and Crisis Management, 2009, 17 (4): 285-294.

[5] Boin A. Meeting the challenges of boundary crisis: Building blocks for institutional design [J]. Journal of Contingencies and Crisis Management, 2009, 17 (4): 203-205.

[6] Bharosa N., Lee J. K., Janssen M. Challenges and obstacles in sharing and coordinating information during multi-agency disaster response: Propositions from field exercises [J]. Information Systems Frontier, 2010 (12): 49-65.

[7] Blair M. M. Ownership and control: Rethinking corporate governance for the twenty-first century [M]. Washington DC: The Brooking Institution, 1995.

[8] Crow P. SPR raids signaling demise of US emergency oil stockpile? [J]. Oil and Gas Journal, 1997, 95 (2): 20-24.

[9] Comfort L. K. , Zaforecki A. Coordination in rapidly evolving disaster response systems the role of information [J] . American Behavioral Scientist, 2004, 48 (3): 295 -313.

[10] Chung J. K. H. , Kumaraswamy M. M. , Palaneeswaren E. Improving megaproject briefing through enhanced collaboration with ICT [J] . Automation in Construction, 2009, 18 (7): 966 -974.

[11] Curnin S. , Owen C. , Paton D. , et al. A theoretical framework for negotiating the pathof emergency management multi - agency coordination [J] . Applied Ergonomics, 2015 (47): 300 -307.

[12] Chen R. , Sharman R. , Rao H. R. , et al. Coordination in emergency response management [J] . Communications of the ACMM, 2008, 51 (5): 66 -73.

[13] Chao H. P. , Alan S. M. Oil stockpiles and import reductions: A dynamic programming approach [J] . Operations Research, 1983, 31 (4): 632 -651.

[14] Clarkson M. A stakeholder framework for analyzing and evaluating corporate social performance [J] . Academy of Management Review, 1995, 20 (1): 92 -117.

[15] Dan G. , Zheng L. , Cheng G. Y. , et al. China oil price - gdp elasticity coefficient and optimal strategic petroleum reserve scale analysis [J] . Advanced Materials Research, 2011 (10): 98 -102, 347 -353.

[16] David R. LNG trade: A review of markets, projects and issues in the changing world of LNG [M] . London: SMI Publishing Co. , 2001.

[17] Donaldson T. , Preston L. E. The stakeholder theory of the corporation: Concepts, evidence and implications [J] . Academy of Management Review, 1995, 20 (1): 65 -91.

[18] F. A. Lindsay. Plan for the next energy emergency [J] . Harvard Business Review, 1981 (1): 9 -10.

[19] Farahani R. Z. , Hekmatfar M. , Fahimnia B. , et al. Hierarchical facility location problem: Models, classifications, techniques, and applications [J] . Computers & Industrial Engineering, 2014, 68 (1): 104 – 117.

[20] Freeman R. E. Strategic management: A stakeholder perspective [M] . Boston: Pitman, 1984.

[21] Glenn R. H. Oil supply shocks and international policy coordination [J] . European Economic Review, 1986 (30): 91 – 106.

[22] Grewe J. Auswirkungen der liberalisierung auf die erdgasspeicherung [M] . Muenster: Sonderpunkt Verlag, 2005.

[23] Gonzalez R. A. , Nitesh B. A framework linking information quality dimensions and coordination challenges during interagency crisis response [R] . Proceedings of the 42nd Hawaii International Conference on System Sciences, Hawaii, 2009.

[24] Hoffler F. , Madjid K. Demand for storage of natural gas in Northwestern Europe: Trends 2005 – 2030 [J] . Energy Policy, 2007 (35): 5206 – 5219.

[25] J. H. Sorensen. Managing energy emergencies [J] . Geoforum, 1983 (14): 15 – 24.

[26] James E. K. The strategic petroleum reserve: Technology and policy implementation [J] . Energy, 1981, 6 (9): 927 – 932.

[27] Janssen M. , Lee J. K. , Bharosa N. , et al. Advances in multi – agency disaster management: Key elements in disaster research [J] . Information Systems Frontiers, 2010, 12 (1): 1 – 7.

[28] Jonseher C. An economic study of the information technology revolution [M] . Oxford: Oxford University Press, 1994.

[29] Jackson B. A. , Peterson D. J. , Bartis J. T. , et al. Protecting emergency responders: Lessons learned from terrorist attacks [R] . Santa Moniea, RAND, 2002.

[30] Kathy L., Brian L., Keith C. Observations on local governments' preparedness for fuel supply disruptions [R]. Energy Bulletin, 2010.

[31] Kuenne R. E., Blankenship J. W., Mccoy P. F. Optimal drawdown patterns for strategic petroleum reserves [J]. Energy Economics, 1979, 1 (1): 3-13.

[32] Leiby P. N., David B. Planning APEC strategic oil reserves: Assessment of efficient stock sizes [R]. Presentation to APEC Annual Conference, 1999.

[33] Murphy. A stochastic dynamic nash game analysis of policies for managing the strategic petroleum reserves of consuming nations [J]. Management Science, 1987, 33 (4): 484-499.

[34] Marrewijk A. V., Clegg S. R., Pitsis T. S. Managing public private megaprojects: Paradoxes, complexity, and project design [J]. International Journal of Project Management, 2008, 26 (6): 591-600.

[35] McMaster R., Baber C. Multi-agency operations: Co-operation during flooding [J]. Applied Ergonomics, 2012, 43 (1): 38-47.

[36] Machairis C., Turcksin L., Lebeau K. Multi actor multi criteria analysis (MAMCA) as a tool to support sustainable decisions: State of use [J]. Decision Support Systems, 2012, 54 (1): 610-620.

[37] N. L. Ginn. Energy emergency preparedness: An overview of state authority [R]. Department of Energy, 1978.

[38] Naim K., Tolga A., Fatih D. Collaborative emergency management and national emergency management network [J]. Disaster Prevention and Management, 2010, 19 (4): 452-468.

[39] Oren W. Optimal strategic petroleum reserve policies: A Steady state analysis [J]. Management Science, 1986, 32 (1): 14-29.

[40] Oren S. S., Wan S. H. Optimal strategic petroleum reserve policies: A

steady state analysis [J]. Management Science, 1986, 32 (1): 14-29.

[41] Petter S., Fruhling A. Evaluating the success of an emergency response medical information system [J]. International Journal of Medical Informatics, 2011, 80 (7): 480-489.

[42] Qurantelli E. L. Disaster crisis management: A summary of researches findings [J]. Journal of Management Studies, 1988, 25 (4): 373-385.

[43] Rick M. Oil supply emergencies: An annotated bibliography [R]. Energy Bulletin, 2010.

[44] Rick M. Preparedness for fuel supply disruptions [R]. Energy Bulletin, 2010.

[45] Rick M. Fuel emergency part 2: IEA plan [R]. Energy Bulletin, 2009.

[46] Rick M. Fuel emergency part 1 [R]. Energy Bulletin, 2008.

[47] Razavi H. E. Security and environmental aspects of energy supply: A conceptual framework for strategic analysis of fossil fuels, commissioned by the pacific asia regional [J]. Energy Security Project, 1997 (12): 1-17.

[48] Read E. G. Economic oil stockpiles: Analytical solution for minima [J]. Energy Economics, 1982, 4 (1): 29-35.

[49] Rolando M., Tomasini, Luk N., et al. From preparedness to partnerships: Case study research on humanitarian logistics [J]. International Transactions in Operation Research, 2009, 16 (5): 549-559.

[50] Rosenthal U., Boin A., Comfort L. K. Managing crisis: Threats, dilemmas, oppoptunities [M]. Springfield: Charles C. Thomas Publisher, 2001.

[51] Rosmuller N., Beroggi C. E. G. Group decision making in infrastructure safety planning [J]. Safety Science, 2004, 42 (4): 325-349.

[52] Samouilidis J. E., Berahas S. A. A methodological approach to strategic

petroleum reserves [J]. Omega, 1982, 10 (5): 565-574.

[53] Samaddar S., Kadiyala S. S. An analysis of inter organizational resource sharing decisions in collaborative knowledge creation [J]. European Journal of Operational Research, 2006, 170 (1): 192-210.

[54] Teisberg T. J. A dynamic programming model of the U. S. strategic petroleum reserve [J]. The Bell Journal of Economics, 1981, 12 (2): 526-546.

[55] Vugteveen P., Van K. M., Rouwette E., et al. How to structure and prioritize information needs in support of monitoring design for integrated coastal management [J]. Journal of Sea Research, 2014 (86): 23-33.

[56] V. A. Lappalainen. The new security of energy supply directives - A first response to some big questions [J]. ERA Forum, 2007 (8): 427-434.

[57] Warn D. Local government collaboration for a new decade [J]. State and Local Government Review, 2011, 43 (1): 60-65.

[58] Yi W., Zdamar L. A dynamic logistics coordination model for evacuation and support in disaster response activities [J]. European Journal of Operational Research, 2007, 179 (3): 1177-1193.

[59] Zweifel P., Bonomo S. Energy security coping with multiple supply risks [J]. Energy Economics, 1995, 17 (3): 179-183.

[60] 陈安，马建华，李季梅，等. 现代应急管理应用与实践 [M]. 北京：科学出版社，2010.

[61] 陈安，陈宁，倪慧荟. 现代应急管理理论与方法 [M]. 北京：科学出版社，2009.

[62] 何建敏，刘春林，曹杰，等. 应急管理与应急系统：选址调度与算法 [M]. 北京：科学出版社，2005.

[63] 刘铁民. 应急体系建设和应急预案编制 [M]. 北京：企业管理出版社，2004.

［64］刘恩东．美国石油应急机制的特点［N］．学习时报，2009－07－20.

［65］刘恩东．国际能源机构能源应急反应机制［J］．新远见，2012（12）：13－20.

［66］刘恩东．美国能源应急管理体系及借鉴［J］．中国应急管理，2011（7）：40－47.

［67］李昕．国际能源机构应急石油管理制度对我国的启示［J］．西南石油大学学报（社会科学版），2015，17（6）：9－18.

［68］杨敏英．IEA 各国的石油安全应急对策体系（一）——制定石油安全应急对策体系的必要性［J］．中国能源，2002（3）：15－17.

［69］杨敏英．IEA 各国的石油安全应急对策体系（二）——石油安全紧急对策体系的主要内容及对策的实施［J］．中国能源，2002（4）：14－17.

［70］冯春艳．发达国家的石油供应应急机制［J］．中国石化，2007（1）：45－47.

［71］钟宪章．1973 年冬尼克松政府能源应急对策研究［J］．黑龙江社会科学，2010（2）：121－124.

［72］张华娟．我国进口原油运输的应急机制研究［D］．大连海事大学硕士学位论文，2008.

［73］吕涛．突发性能源短缺的应急体系研究［J］．中国人口·资源与环境，2011（4）：105－110.

［74］张仕荣．关于完善中国能源应急管理体制的几点思考［J］．新远见，2011（5）：39－43.

［75］程荃．论能源危机对欧盟能源应急法律政策发展的影响［J］．暨南大学（哲学社会科学版），2015（1）：25－33.

［76］吴菲．气候变化背景下我国能源应急法律制度面临的挑战及对策［D］．暨南大学硕士学位论文，2014.

[77] 廖建凯．日本的能源储备制度与应急法律制度及其借鉴［J］．环境资源法论丛，2009，8（00）：166－181.

[78] 廖建凯．我国能源储备与应急法律制度及其完善［J］．西部法学评论，2010（2）：111－115.

[79] 于文轩．论我国石油储备法律机制之构建［J］．中国政法大学学报，2014（6）：90－99.

[80] 苑立杰．论石油战略储备法律制度的构建［D］．东北林业大学硕士学位论文，2011.

[81] 朱喜洋．我国煤炭应急管理存在的问题与对策［J］．中国能源，2011，33（1）：38－41.

[82] 李峰，张超，张正辉．中国石油数字化应急预案系统研究［J］．中国安全生产科学技术，2013，9（9）：142－147.

[83] 李凌峰．我国石油供应安全危机预警管理研究［D］．西南石油大学博士学位论文，2006.

[84] 郑言．我国天然气安全评价与预警系统研究［D］．中国地质大学博士学位论文，2013.

[85] 陈湞．区域能源安全外生警源影响因素分析及预警研究［D］．重庆理工大学硕士学位论文，2018.

[86] 牛伟伟．城市燃气管道事故应急救援系统研究［D］．首都经济贸易大学硕士学位论文，2012.

[87] 陈聪．城镇燃气系统应急调峰方式分析研究［D］．北京建筑大学硕士学位论文，2015.

[88] 陈虹，雷婷，张灿，等．美国墨西哥湾溢油应急响应机制和技术手段研究及启示［J］．海洋开发与管理，2011，28（11）：51－54.

[89] 王祖纲，董华．美国墨西哥湾溢油事故应急响应、治理措施及其启示［J］．国际石油经济，2010，18（6）：1－4.

［90］朱维娜．突发性石油短缺的演化机理及多主体应急响应研究［D］．中国矿业大学硕士学位论文，2015.

［91］焦雨洁，穆东．能源应急物流系统可靠性的分析与度量［J］．物流技术，2010，29（1）：87－89.

［92］张超逸．地震灾害成品油应急运输优化［D］．西南石油大学硕士学位论文，2012.

［93］王利铭．呼和局煤炭运输应急物流中心选址研究［D］．北京交通大学硕士学位论文，2009.

［94］李家斌．煤炭应急物流体系的构建分析［J］．物流工程与管理，2014，36（4）：9－11.

［95］李家斌．煤炭应急物流管理结构模型研究［J］．物流工程与管理，2014，36（3）：101－102＋113.

［96］刘文全．基于 GIS 的海上石油平台溢油应急决策支持系统结构与应用研究［D］．中国海洋大学博士学位论文，2010.

［97］郭杰，董秀成，皮光林．突发性天然气供应中断的应急决策［J］．天然气工业，2015，35（3）：129－134.

［98］郭庆．突发性石油短缺演化过程及应急决策研究［D］．中国矿业大学硕士学位论文，2017.

［99］周德群，孙立成，万红．考虑石油替代品和关税配额政策的石油储备模型研究［J］．中国管理科学，2010，18（1）：149－155.

［100］林伯强，杜立民．中国战略石油储备的最优规模［J］．世界经济，2010，33（8）：72－92.

［101］吴刚，魏一鸣．突发事件情景下的中国战略石油储备应对策略研究［J］．中国管理科学，2011，19（2）：140－146.

［102］陈鑫．中国多层次石油储备体系机制与对策研究［D］．大连理工大学博士学位论文，2014.

[103] 白洋. 基于供给风险视角的战略石油储备策略建模研究 [D]. 南京航空航天大学博士学位论文，2012.

[104] 尹峰. 给定期限下的煤炭应急储备中心选址模型研究 [J]. 中国煤炭，2012，38 (4)：5-12.

[105] 孙金玉. 基于系统动力学的我国区域煤炭应急储备轮库研究[D]. 南京航空航天大学硕士学位论文，2013.

[106] 刘满芝，屈传智，周梅华，等. 福利经济视角下国家煤炭应急储备规模模型构建及敏感性分析 [J]. 自然资源学报，2014，29 (7)：1145-1158.

[107] 刘满芝，屈传智，冯颖. 国家煤炭应急储备布局模型构建及应用 [J]. 中国安全科学学报，2014，24 (8)：113-118.

[108] 刘满芝. 国家煤炭应急储备规模和布局研究 [D]. 中国矿业大学博士学位论文，2012.

[109] 刘满芝. 基于空间聚类方法的煤炭应急储备布局研究 [J]. 中国煤炭，2012，38 (9)：17-21.

[110] 王树文，韩鑫红. 政府协同治理安全危机双重整合机制及政策建议 [J]. 中国行政管理，2015 (12)：85-88.

[111] 夏一雪，郭其云. 公共危机应急救援力量管理体系研究 [J]. 中国软科学，2012 (11)：1-10.

[112] 周宏. 协同治理视角下城市暴雨内涝应急管理研究 [D]. 云南大学硕士学位论文，2016.

[113] 吕向峰. 协同治理视角下的灾害性公共危机治理研究 [D]. 郑州大学硕士学位论文，2013.

[114] 陈婧，陈鹤阳. 基于众包的应急管理信息主体协同机制研究[J]. 情报理论与实践，2016，39 (5)：69-73.

[115] 李墨舒. 我国突发自然灾害应对中政企协同治理研究 [D]. 河南大学硕士学位论文，2016.

［116］周之婷．城市轨道交通突发事件应急管理政企协同问题研究［D］．华东师范大学硕士学位论文，2016.

［117］郭秋雁．辽宁省环境群体性事件及其协同治理机制研究［D］．大连海事大学硕士学位论文，2016.

［118］崔延鑫．非常规突发事件多主体应对协作关系的研究［D］．大连理工大学硕士学位论文，2013.

［119］钱洪伟，洪誉文．政府与民间救援组织协同发展瓶颈与治理策略［J］．技术与创新管理，2017，38（5）：542－546.

［120］孙佰清，朱晓鑫，洪鑫磊．基于合作博弈理论的应急物流协同机制研究［J］．灾害学，2017，32（2）：181－184.

［121］刘奕，周琦，苏国锋，等．基于 Multi－Agent 的突发事件多部门协同应对建模与分析［J］．清华大学学报（自然科学版），2010（2）：165－169.

［122］曾庆田，鲁法明，刘聪，等．基于 Petri 网的跨组织应急联动处置协同建模与分析［J］．计算机工程，2013，36（11）：2290－2302.

［123］康伟，杜蕾，曹太鑫．组织关系视角下的城市公共安全应急协同治理网络——基于“8.12 天津港事件”的全网数据分析［J］．公共管理学报，2018，15（2）：141－152＋160.

［124］陈述，余迪，郑霞忠，等．重大突发事件的协同应急响应研究［J］．中国安全科学学报，2014，24（1）：156－162.

［125］陈述，余迪，郑霞忠．重大突发事件的动态协同应急决策［J］．中国安全科学学报，2015，25（3）：171－176.

［126］王莉．核电站事故应急协同决策系统可靠性建模与仿真［D］．哈尔滨工程大学硕士学位论文，2012.

［127］宋艳，王博石．我国地震灾害应急协同决策系统可靠性建模与仿真［J］．自然灾害学报，2014，23（6）：171－180.

［128］戴湘龄．面向机场冲/偏出跑道事件的应急协同决策仿真研究

[D]．南京航空航天大学硕士学位论文，2017.

[129] 王海霞，王琳，侯云先．基于动态决策的突发灾害事件多主体多阶段应急协同研究 [J]．科技与经济，2017 (1)：81－85.

[130] 何新华，胡文发，周溪召，等．震后应急供应问题与交通路网的协同优化模型 [J]．中国管理科学，2017，25 (4)：104－114.

[131] 王雷，王欣，赵秋红，等．多低点协同恐怖袭击下的多目标警务应急物流调度 [J]．系统工程理论与实践，2017，37 (10)：2680－2689.

[132] 康凯，陈涛，袁宏永．多层级应急救援协同调度模型 [J]．清华大学学报 (自然科学版)，2016，56 (8)：830－835.

[133] 朱昌峰，李海军，张玉召，等．虚拟应急物流体系协同的运作机理及耦合性分析 [J]．统计与决策，2014 (8)：54－56.

[134] 朱莉，丁家兰，马铮．应急条件下异构运输问题的协同优化研究 [J]．管理学报，2018，15 (2)：309－316.

[135] 陈业华，马晓玉．突发事件情景下串联式需求系统应急物资协同调度研究 [J]．运筹与管理，2017，26 (4)：89－95.

[136] 段倩倩，白鹏飞，张小咏，等．协同视角下多级救灾物资体系中的储备库选址模型 [J]．数学的实践与认识，2018，48 (21)：141－148.

[137] 朱莉，郭豆，顾珺，等．面向重大传染病疫情的应急物资跨区域协同调配动力学研究——以长三角联防联控抗甲型 HINI 流感疫情为例 [J]．系统工程，2017，35 (6)：105－112.

[138] 孙昌玖，裴虹，刘丹，等．考虑横向转运的震后应急物资协同调度研究 [J]．武汉理工大学学报 (信息与管理工程版)，2018，40 (4)：389－395.

[139] 潘潇，樊博．应急管理中跨部门协同能力的影响因素研究 [J]．软科学，2014，28 (2)：52－60.

[140] 陈玉梅．协同治理下应急管理协作中的信息共享值关键影响因素分析 [J]．暨南学报 (哲学社会科学版)，2018，40 (12)：35－49.

［141］肖花．协同理论视角下的突发事件应急处置信息资源共享研究［J］．现代情报，2019，39（3）：109－114.

［142］樊博，杨文婷，尹鹏程．应急资源协同对联动信息系统构建的影响机理［J］．系统管理学报，2017，26（5）：801－808.

［143］林冲，赵林度．城际重大危险源应急管理协同机制研究［J］．中国安全生产技术，2008，4（5）：60－65.

［144］沈星辰，樊博．信息共享、应急协同与多元物资储备的关系研究［J］．科技管理研究，2015，35（15）：216－221.

［145］樊博，杨文婷，尹鹏程．应急资源协同对联动信息系统构建的影响机理——基于IS成功模型的分析［J］．系统管理学报，2017，26（5）：801－808.

［146］任国友．京津冀区域一体化应急协同主题脆弱性分析［J］．电子科技大学学报（社会科学版），2015，17（6）：32－36.

［147］宋英华，卢婷婷，方丹辉，等．网络视角下应急产业集群协同创新能力评价研究［J］．科技进步与对策，2017，34（15）：107－113.

［148］王永军．突发事件应急协同决策主体评价与选择研究［D］．哈尔滨工程大学硕士学位论文，2011.

［149］江新，朱沛文．大坝群安全应急协同度的动态综合评价［J］．中国安全科学学报，2015，25（8）：157－163.

［150］王景春，林佳秀，张法．基于ISM二维云模型的应急管理协同度研究［J］．中国安全生产科学技术，2019，15（1）：38－44.

［151］任国友，周昭睿，杨鑫刚，等．应急志愿服务组织应急协同能力研究［J］．中国公共安全（学术版），2018（4）：35－40.

［152］于丽英，蒋宗彩．城市群公共危机协同治理机制研究［J］．系统科学学报，2014，22（4）：53－56.

［153］夏超．服务型制造网络节点质量行为协同性评价和控制策略研究

[D]. 南昌航空大学硕士学位论文，2016.

[154] 白礼彪，白思俊，Victior S.，等. 基于熵的项目组合配置协同度研究 [J]. 科技管理研究，2017 (7)：164－171.

[155] 蒋定福. 基于协同熵的汽车后服务链评价模型及方法研究 [D]. 上海大学博士学位论文，2015.

[156] 周凌云. 区域物流多主体系统演化与协同发展研究 [D]. 北京交通大学博士学位论文，2011.

[157] 谢百帅，张卫国，廖萍康，等. 政府协调下群体性突发事件的演化博弈分析及应用 [J]. 运筹与管理，2014，23 (5)：243－249.

[158] 李勇建，王治莹. 突发事件中舆情传播机制与演化博弈分析 [J]. 中国管理科学，2014，22 (11)：87－96.

[159] 刘德海，王维国，孙康. 基于演化博弈的重大突发公共卫生事件情景预测模型与防控措施 [J]. 系统工程理论与实践，2012，32 (5)：937－946.

[160] 张嗣瀛. 微分对策 [M]. 北京：科学出版社，1987.

[161] 洪江涛，黄沛. 基于微分博弈的供应链质量协调研究 [J]. 中国管理科学，2016，24 (2)：100－107.

[162] 赵黎明，陈喆芝，刘嘉玥. 基于微分对策的政企合作低碳策略 [J]. 系统工程，2016，34 (1)：84－90.

[163] 周倩倩. 雾霾跨域治理的行为博弈与多元协同机制研究 [D]. 南京信息工程大学硕士学位论文，2016.

[164] 王长峰，满颖. 基于动态博弈理论的重大工程应急管理决策研究 [J]. 中国管理科学，2013，21 (S1)：172－176.

[165] 王长峰，庄文英. 基于动态微分博弈理论的工程应急决策研究 [J]. 中国管理科学，2017，25 (10)：179－186.

[166] 庄文英. 基于动态微分博弈理论的工程应急决策研究 [D]. 山东

大学硕士学位论文，2014.

［167］姜雪，张召珍．微博舆论引导与控制的微分博弈模型研究［J］．图书情报工作网刊，2012（5）：44－49.

［168］樊博．基于利益相关者理论的应急响应协同研究［J］．理论探讨，2013（5）：150－153.

［169］刘征驰，石庆书，张晓换．不同决策模式下服务供应链知识协作机制研究［J］．科技进步与对策，2015，32（4）：124－128.

［170］陈洪转，刘思峰，何利芳．“主制造商—供应商”协同主体双重努力最优合作协调［J］．系统工程，2012，30（7）：30－34.

［171］熊榆，张雪斌，熊中楷．合作新产品开发资金及知识投入决策研究［J］．管理科学学报，2013，16（9）：53－63.

［172］时茜茜，朱建波，盛昭瀚．重大工程供应链协同合作利益分配研究［J］．中国管理科学，2017，25（5）：42－51.

［173］陈洪转，方志耕，刘思峰，等．复杂产品制造商—供应商协同合作最有成本分担激励研究［J］．中国管理科学，2014，22（9）：98－105.

［174］王林，戴冠中，胡海波．无标度网络的一个新的拓扑参数［J］．系统工程理论与实践，2004，24（6）：1－3.

［175］仝鹏．健全地方政府应急管理的协同体系机制研究［J］．中国管理信息化，2016，19（22）：176－177.

［176］陈静，石殊妹．福建省突发事件应急管理机制——基于协同创新视角［J］．管理观察，2016（21）：62－66.

［177］岳清春．我国应急救援多元协同机制研究［J］．中国应急救援，2016（3）：26－28.

［178］王兴鹏，吕淑然．基于知识协同的跨区域突发事件应急协作体系研究［J］．科技管理研究，2016，36（8）：216－221.

［179］谢俊贵．灾变危机管理中的社会协同：以巨灾为例的战略构想

[M]. 北京：中国社会科学出版社，2016.

[180] 赵隽. 基于大区制的重庆市应急管理协同机制研究 [D]. 重庆师范大学硕士学位论文，2012.

[181] 雷喆. 应急管理中的协同机制研究 [D]. 中共中央党校硕士学位论文，2010.